AUFGABEN

DER

EISENBAHN-POLITIK.

AUFGABEN

DER

EISENBAHN-POLITIK

VON

ALEXANDER DORN.

BERLIN.
VERLAG VON JULIUS SPRINGER.
Monbijouplatz 3.

1874.

ISBN 978-3-642-88867-0 ISBN 978-3-642-90722-7 (eBook)
DOI 10.1007/978-3-642-90722-7

solche kaum ernsthaft ins Feld führen; und dass sie sicherlich beseitigt werden, sobald sich die Nothwendigkeit hiezu ergibt, davon wird wohl Jeder überzeugt sein, der mit aufmerksamem Auge überblickt, was uns die letzten Decennien an Fortschritten der Technik gebracht.

Die hier entwickelten Erwägungen führen uns zur Ueberzeugung, dass das Princip der freiesten Transportkonkurrenz auf der Bahnlinie sicherlich zum Durchbruche gelangen wird; es ist eben eine wirthschaftliche Nothwendigkeit und würde demzufolge auch dann den endlichen Sieg erringen, wenn sich ihm noch grössere Hindernisse in den Weg stellen würden, als in der That vorhanden sind. Es wird eben mit der Zeit sicherlich dahin kommen, dass gerade das geschehen wird, was die hier besprochene Broschüre so entschieden perhorrescirt; man wird die Eisenbahnen als öffentliche Strassen betrachten, deren Benützung Jedermann, der die geeigneten Mittel dazu haben wird, erlaubt sein wird. Durch das in den Koncessionen festgesetzte Heimfallsrecht wird der Staat ohnehin nach und nach Eigenthümer sämmtlicher Bahnen, und von seinem Standpunkte aus ist es dann das Beste, wenn er auch bei dieser neueren Gattung Staatsstrassen für weiter nichts zu sorgen hat, als für die geeignete Instandhaltung und die Verhütung einer missbräuchlichen oder gefährlichen Benützungsweise.

Vorläufig ist dies freilich nur ein Bild der Zukunft und mancher Kämpfe wird es noch bedürfen, bis dasselbe zur Thatsache wird, da eben noch eine zu grosse Summe von Vorurtheil und Liebe zum Hergebrachten zu überwinden ist. Dass übrigens heute die Gesammtsumme der auf den Bahntransport bezüglichen Unternehmungen in der Hand der einzelnen Bahnverwaltungen vereinigt ist, daraus wollen wir Niemandem einen Vorwurf machen; jede Geschäftsbranche fasst im Beginne, im Stadium geringerer Entwickelung alle Unterabtheilungen zusammen, welche sich erst bei weiteren Fortschritten zu selbstständigen Thätigkeitszweigen heranbilden; auch verdanken wir gerade diesem Zugeständnisse des natürlichen Monopols die Entstehung des heute so sehr entwickelten Eisenbahnnetzes, denn ohne dieses Zugeständniss der alleinigen Benützung hätte sich der Muth und das Kapital für so grossartige Investitionen gewiss nicht gefunden. Es ist uns erinnerlich, dass vor etwa 8 Jahren eine französische Gesellschaft der türkischen Regierung den Antrag gemacht hat, von Trapezunt nach Erzerum eine fahrbare Strasse auf eigene Kosten zu bauen, wenn man ihr das Privilegium gebe, 50 Jahre hindurch allein mit ihren Vehikeln und unter Ausschluss aller fremden Wagen die Strasse befahren zu dürfen. Die türkische Regierung ist auf dieses Offert nicht eingegangen, und so existirt auf dieser Strecke bis heute noch keine fahrbare Srasse, und wird in weiteren 42 Jahren wahrscheinlich auch nicht existiren. Dasselbe wäre wahrscheinlich der Fall mit unseren Eisenbahnen, wenn man den Bahnunternehmungen nicht die ausschliessliche Benützung ihrer Linie zugestanden hätte. Wir müssen daher unter allen Umständen froh sein, dass wir die Eisenbahnen überhaupt haben; nun sich aber der Verkehr so derzeit allerdings unbequemen Gedanken mit einigen Worten abthun zu können; er sagt nämlich Folgendes:

„Allerdings erscheint die Theorie sehr anlockend, welche eine Eisenbahn lediglich als öffentliche, allen Jenen zugängliche und offenstehende Strasse betrachtet, die darauf ihre Fahrbetriebsmittel cirkuliren lassen wollen, und welche somit den Schienenweg einer ungebundenen Konkurrenz ausliefert. Die Eisenbahnunternehmungen wären dann nur zur Einhebung einer Strassengebühr berechtigte Eigenthümer. Diese Organisation würde jedoch offenbar wiederum die Existenz einer anderen Unternehmung voraussetzen, welche Jenen, die die Bahnen benützen wollen und keine Maschienen und Wagen haben, solche beistellen würde, und endlich noch eine dritte Unternehmung, welche den Verkehrsdienst zu besorgen hätte. Zu dieser Kombination müsste man unfehlbar gelangen, wenn man die bestehende Betriebs-Organisation, oder wenn man will, das bestehende Monopol durch das System des freien Transportes ersetzen wollte. Leider finden eben die am klügsten ausgesonnenen und anscheinend liberalsten Theorien ihre Grenzen in den Anforderungen des praktischen Lebens. Mit Utopien werden volkswirthschaftliche Fragen nicht gelöst, sondern durch die nüchterne Erwägung dessen, was thatsächlich nothwendig und praktisch ausführbar ist.“

Den hier ausgesprochenen Ansichten müssen wir nun auf das Allerentschiedenste widersprechen; freilich vereinigen sich nach der heutigen Organisation des Eisenbahnwesens die von dem Herrn Verfasser angeführten drei Arten von Unternehmungen in einer Hand, aber eben diese Vereinigung ist vom Uebel und ist das Kennzeichen einer volkswirthschaftlich noch niedrigen Entwicklungsstufe des Eisenbahnwesens. Wir müssen nun füglich darüber staunen, dass der H. Verfasser, welcher seine Argumentation so gerne mit Berufung auf volkswirthschaftliche Principien zu verstärken sucht, zwei der wichtigsten Grundsätze, welche die moderne Forschung als unumgänglich nothwendige Elemente jeder gesunden Volkswirthschaft unwiderleglich aufgestellt hat, vollständig ignorirt: die Grundsätze der freien Konkurrenz und der Theilung der Arbeit. Sowie die nothwendig werdende Vergrösserung der Produktion innerhalb eines bestimmten Produktionszweiges zu einer immer grösseren Vertheilung und Selbstständigmachung der einzelnen Theilarbeiten führt, — so führt auch die Entwickelung des Verkehres zu einer immer weitergehenden Mannigfaltigkeit der einzelnen dem Gesammtverkehrszwecke dienenden Geschäftszweige. Die Macht der Gewohnheit ist aber leider stets ein Feind der fortschreitenden Theilung der Arbeit und wird in ihrem Streben, die fortschrittliche Weiterentwicklung zu hindern, durch den Mangel an Phantasie unterstützt, welcher eine klare Vorstellung von den aus dem Fortschritte hervorgehenden Vortheilen nur selten aufkommen lässt; daraus entwickelt sich nun jener ewigwährende sonderbare Kampf zwischen Theorie und Praxis, und die Vertreter der Letzteren lassen sich dann leicht hinreissen, etwas, was sie sich nicht vorstellen können, weil sie es noch nicht gesehen haben, als Utopie zu bezeichnen.

Kehren wir zu unserem Thema zurück. Die freie Konkurrenz regelt alle Preise, bringt sie auf das richtige den Verhältnissen entsprechende Maass und passt sie rasch und genau den jeweils bestehenden Umständen an. Das allgemeine volkswirthschaftliche Interesse verlangt also, wie für alle Leistungen so auch für die des Transportes die Ermöglichung der freiesten Konkurrenz. Im Eisenbahnverkehre kann nun diese Wirkung durch den Eisenbahnen parallele Strassen gar nicht, und durch Konkurrenzlinien nur unvollkommen erreicht werden. Die Konkurrenz muss auf die Schiene selbst hingetragen werden, wenn sie ihre volle Macht soll entfalten können, und das Motto der Zukunft im Eisenbahnwesen muss unserer Ueberzeugung nach nicht Konkurrenzlinie, sondern Konkurrenz auf der Linie heissen.

Auch ein anderes Motiv als das der Konkurrenz muss zur Freigebung des Verkehrs auf der Schiene führen; der Apparat einer Eisenbahnverwaltung nach dem heutigen Systeme ist ausserordentlich komplicirt und muss durch die in rascher Progression steigenden Anforderungen des Verkehrs immer komplicirter werden, so dass es endlich nicht mehr möglich sein wird, die ganze Leitung aller dabei in Betracht kommenden Geschäftszweige in einer Hand zu vereinigen. Vernachlässigung, mindere Sorgfalt oder ungleiche Vertheilung der Obsorge auf die einzelnen Zweige muss daraus folgen, und ist wohl auch schon daraus gefolgt; da muss sich endlich das unwiderstehliche Princip der Arbeitstheilung Bahn brechen, und es wird zunächst wahrscheinlich jene Dreitheilung eintreten, welche Herr Schüler selbst in richtiger Erkenntniss der Sachlage angedeutet hat.

Gegen die Durchführung der hier angeregten Idee sprechen vornehmlich zwei Faktoren, nämlich: das Interesse der Eisenbahnunternehmung und die technischen Betriebsschwierigkeiten. Auf beide Faktoren legen wir jedoch kein grosses Gewicht. Das Interesse der Bahnunternehmung besteht darin, dass sie als Eigenthümerin des Bahnkörpers diesen nach Möglichkeit allein und monopolistisch ausbeuten möchte. Ob nun das ein wahres Interesse ist, oder vermeintlich — weil gewohnt — darüber müssten erst genaue Berechnungen angestellt werden. Wir unseren Theils sind überzeugt, dass der Eigenthümer des Bahnkörpers durch Ueberlieferung der Benützung des letzteren an die freikonkurrirende Transportthätigkeit selbst den grössten Nutzen ziehen würde; wo man aber nur aus Vorurtheil am Althergebrachten wird festhalten wollen, wird man bald genug Gelegenheit haben, den eigenen Schaden zu spüren, und man wird es sich endlich gefallen lassen müssen, dass die ewig siegende Wahrheit über selbst gewollten Ruin dahinschreite; und wer der Logik der Gedanken starren Widerstand entgegensetzen wird, den wird die Logik der Thatsachen eines Besseren belehren — wenn es auch für ihn zu spät ist. Was aber die technischen Schwierigkeiten betrifft, so kann man heutzutage entwickelt hat, dass in der That jede der drei mit ihm beschäftigten Unternehmungsgattungen selbstständig existiren könnte, so würde es auch gut sein, so bald als möglich zur Trennung überzugehen.

Schon ist man von den Details des Speditionsgeschäftes bei den Bahnen abgekommen, und hat die Vermiethung ganzer Wagen und damit die billigeren Wagenladungstarife eingeführt. Die Tarife für ganze Züge schliessen sich als nächster Fortschritt an, endlich wird man nicht umhin können, auch fremdes Rollmaterial zuzulassen und blos die eigene Zugskraft zu vermiethen; dann ist man aber auch schon auf dem besten Wege, auch — zuerst vielleicht ausnahmsweise und später regelmässig — fremde Lokomotiven auf der Bahn verkehren zu lassen, bis man endlich durch die praktische Erfahrung selbst darauf kommen wird, dass es in der That am besten ist, lediglich für die Benützung der Schienen eine Vergütung einzuheben, und sich bezüglich alles dessen, was auf den Schienen geschieht, höchstens um die gewissenhafte Einhaltung jener Reglements zu kümmern, welche für die Hintanhaltung von Betriebsstörungen nothwendig sind."

Ein Jahr später hatte ich in einer Artikel-Serie, welche ich im „Pester Lloyd" aus Anlass der damals in Wien tagenden Transport-Enquête veröffentlichte, neuerdings Gelegenheit, auf diese Frage zurück zu kommen und stellte abermals die in dem hier mitgetheilten Artikel vertretene Meinung in den Vordergrund.

Im Jahre 1872 hatte ich die Ehre, auf dem volkswirthschaftlichen Kongresse in Danzig über die Frage: „Eisenbahnpolitik mit besonderer Berücksichtigung der Konkurrenz verschiedener Frachtführer auf den Schienenwegen" Referent zu sein. In Vorbereitung dessen entwickelte ich dieselbe Idee in etwas ausführlicherer Weise in einem Artikel-Cyclus in der „Triester Zeitung", wovon ich einen Separat-Abdruck unter die Mitglieder des Kongresses vertheilte.

Die Resolution, welche ich damals auf dem Kongresse beantragte, lautete wie folgt:

1. Eine befriedigende Abhülfe gegen die Uebelstände des heutigen Eisenbahnwesens ist nur von völliger Freiheit des Verkehrs auf den Schienenwegen unter Beachtung der technisch und sicherheitspolizeilich nöthigen Rücksichten zu erwarten.
2. Zur Durchführung dieses Grundsatzes ist es nothwendig:

a) dass das Eigenthum und die Verwaltung der Schienenwege an den Staat übergehe;

b) dass der Staat selbst nur jenen Theil des Verkehrs besorge, dessen regelmässiger Betrieb — wie beim Postverkehr — vorzugsweise öffentlichen Interessen dient;

c) dass das Befahren der Schienenwege mit geeigneten Verkehrsmitteln unter Beobachtung einer die allgemeinen Interessen wahrenden Betriebsordnung und gegen Entrichtung einer entsprechenden Vergütung für die Benützung der Bahn Jedermann freistehe.

Mein Antrag wurde erst am letzten Tage zur Diskussion gestellt; dem zufolge wurde die Debatte über denselben nicht beendigt, und die Entscheidung auf den nächsten Kongress vertagt. Aus der Debatte selbst so wie aus den Besprechungen, welche ausserhalb des Kongresses über diese Frage stattfanden, konnte ich entnehmen, dass es im Interesse der Sache gelegen sei, die Frage des Principes von der Frage des Durchführungsmodus zu trennen; und ich brachte daher für den XIV. Kongress deutscher Volkswirthe, welcher 1873 in Wien tagte, eine Resolution ein, welche sich vollständig auf die principielle Seite der Frage beschränkte. Sie lautete:

„Eine befriedigende Abhülfe gegen die Uebelstände des Eisenbahnwesens ist nur von völliger Freiheit des Verkehrs auf den Schienenwegen, somit von der Beseitigung des Traktionsmonopols der Eisenbahnunternehmer zu erwarten."

Ich gestehe, dass ich mich selbst niemals der Illusion hingegeben habe, die Resolution in ihrer schroffen Fassung von dem Kongresse angenommen zu sehen; allein ich hielt es für nothwendig, sie einzubringen, um wenigstens eine dem Principe günstige Resolution in einer wenn auch mildern Form beim Kongresse zu erzielen, und dies ist mir auch gelungen. In Verbindung mit der von meinem verehrten Freunde Dr. Gensel (Leipzig) eingebrachten Resolution, wurde als Punkt 6 folgende von Dr. Alexander Meyer (Berlin) beantragte und den Grund der Dinge gehen und in den Elementen des Transportwesens nachsuchen, was zusammengehört und was getrennt werden muss!

Auch von Denen, welche mir auf das Gebiet der theoretischen, principiellen Untersuchung folgen, werden meine Schlussfolgerungen und Anregungen vielfache Anfechtung zu erfahren haben; ich werde seinerzeit, wenn ich nicht etwa selber davon „bekehrt" werden sollte, versuchen, meine Position zu vertheidigen: Um dies besser thun zu können, bitte ich alle Jene, welche in irgend einer Form der Publikation entgegengesetzte Ansichten vertreten, gefälligst dafür Sorge tragen zu wollen, dass mir die betreffende Auseinandersetzung zukomme; es liegt mir sehr viel daran, dass mir kein Einwand entgehe. Durch den Streit führt der Weg zur Wahrheit, und zur Auffindung dieses Weges beigetragen zu haben, soll mir Befriedigung geben — auch dann, wenn die Wahrheit selbst am Ende sich anders darstellen sollte, als ich sie heute zu sehen glaube.

Dorn.

INHALT.

BEILAGEN.

Eisenbahn und Staat.

Am 12. August 1873, demselben Tage, an welchem der XIV. Kongress deutscher Volkswirthe in Wien sich mit der Eisenbahnfrage in lebendiger Debatte beschäftigte, hielt Gouverneur Newton Booth in San Francisco eine Wahlrede, deren Thema der Einfluss der Eisenbahnen, „dieses grossen Verkehrmittels, welches alles Eigenthum und jeden Werth afficirt“ auf die Staatsangelegenheiten bildete. Nachdem er dargelegt, dass die alten Grundlagen für die Bildung politischer Parteien nicht mehr existiren, geht er zu folgender Auseinandersetzung über:

„Vor der Einführung der Eisenbahnen standen alle öffentlichen Strassen zu Lande und zu Wasser Allen unten denselben Bedingungen offen. Die Reise- und Transport-Gelegenheiten waren ungenügend, die Methode oft roh und unvollkommen, aber die Mittel waren frei. Der Austausch war schwierig, stand aber unter keiner Kontrole. Mit der Einführung der Eisenbahnen hat sich dies alles verändert. Die Verkehrsmittel sind in den Händen einer Macht, welche vom Gesetz und von der öffentlichen Meinung unabhängig zu sein beansprucht, einer Macht, welche oft im Stande ist, Gesetze der öffentlichen Meinung zum Trotze zu diktiren. Es ist ebenso leicht wie brutal zu sagen: „Wenn ihr unsere Eisenbahnen nicht liebt, so könnt ihr wieder zu euren Achsen und Packeseln zurückkehren.“ Die alte Ordnung der Dinge ist durch die neue zerstört worden, und die Eisenbahn ist über unsere öffentlichen Strassen, durch öffentliche Ländereien, durch Privatbesitz geführt worden, durch Ausübung der höchsten Prärogative der Regierung, des Rechtes nämlich, Privateigenthum zum öffentlichen Gebrauch wegzunehmen. Sie wurde gebaut zum öffentlichen Gebrauch, zu einem billigen, gleichmässigen und nothwendigen öffentlichen Bedarf und mit dem vollen Bewusst-

Höhe; in der Grube schlagen sich die Leute nach Herzenslust todt; die armen Leute frieren am kalten Ofen, Alles, damit Anthrazit den Mammuth noch reicher machen kann. Diese Illustration mag sich wiederholen, bis jede Kohlengrube in den Vereinigten Staaten unter der absoluten Herrschaft derer steht, welche den Transport beherrschen, und Kohlen sind die Urquelle der Industrie, Kohlen hauchen jedem häuslichen Heerd das Leben und den Reiz ein."

„Aber Mammuth begnügte sich damit nicht. Er wirft jetzt sein Auge auf Weizen; er baut Speicher und Elevatoren. Der Weizen, der durch diese passirt, kann seine speciellen Raten bekommen und in den Eisenbahnwaggons mit rothen oder blauen Sternen auf den Markt gelangen, während der Farmer, der nicht Ordre pariren will, seinen Weizen in einem Wagen ohne Stern findet, welcher niemals den Markt rechtzeitig erreicht. Gibt es eine Wahl und werden Wahlzettel mit einem rothen oder blauen Stern herumgereicht, glauben Sie nicht, es wird dem Farmer schwer halten, diesen Wahlzettel zurückzuweisen? Dann ereignet sich's, dass Oppositions-Speicher und Elevatoren keinen Pächter finden. Käufer, die anderswo kaufen, finden sich ruinirt, und jedes Pfund Weizen bezahlt seinen Zoll, ehe es in die Mühle kommt. Dies mag eine unnöthige Komplikation der Maschinerie sein, da die Eisenbahn den höheren Tarif auf den Weizen direkt schlagen könnte, und so würde es auch in Kalifornien sein, wo die Direktoren die Bahn sind. Wichtiger aber ist es anderswo, z. B. in Illinois, wo den Direktoren der Bahn die Speicher und Elevatoren gehören, die blauen Sterne und die rothen Sterne und eine grössere Anzahl Aktionäre die Bahn besitzen. Dort ist es eines der sinnreichen Mittel, durch welche der innere Ring sich allmälig in den Besitz der sämmtlichen Aktien setzt, denn es kommt oft vor, dass Diejenigen, welche am lautesten das Prinzip der Heiligkeit des Eigenthums anrufen, handeln, als ob sie glaubten, diese Heiligkeit sei eine ausschliesslich ihrem und nicht auch dem Eigenthume anderer Leute anhängende Eigenschaft. — Denken wir uns nun einen anderen Fall, natürlich einen rein fingirten. Angenommen in Nevada würde eine Saline entdeckt, aus welcher Salz an die Comstock-Minen billiger geliefert werden könnte, als von der Seeküste. Nun ist Salz an der Küste sehr billig, eine spezielle Rate würde es in Virginia-City so billig machen, dass Niemand damit konkurriren könnte. Der Eigenthümer der Saline würde die Wahl erhalten zwischen dem allgemeinen Tarif und Packeseln. Glauben Sie, wenn der Mann sich gefügt hat, das Salz würde billiger werden, weil wieder ein Mittelsmann ausgequetscht worden? Was mit einer Saline geschehen kann, kann mit anderen geschehen, und wir sehen, dass Salz zu den Kohlen und dem Weizen gekommen ist, welches unter die Herrschaft eines Transport-Monopols gelangt ist, das nicht unter dem Gesetze steht. Jemand besitzt ein Bergwerk in der Nähe der Eisenbahn; kann er sein Erz zu billigen Raten nach den Schmelzhütten bringen, so ist sein Bergwerk werthvoll. Es gelingt ihm aber nicht, Raten zu erlangen, welche er bezahlen kann; eine Weile zögert er, seine Gläubiger dringen auf ihn ein, seine Kinder schreien um Brod. Wenn bei der nächsten Wahl die Eisenbahn ein Ticket im Felde hat, glauben Sie, der Eigenthümer des Bergwerks wird sich weigern, dafür zu stimmen, und wenn er es thäte, wer würde das Bergwerk besitzen, nachdem es unter den Hammer gekommen? Doch man sagt uns: „Unsere Eisenbahnen stellen keine Tickets auf, sie wollen kein Bergwerk für sich oder ihre Freunde haben.“ Vielleicht nicht, aber ihre Nachfolger mögen es wollen und thun. Es ist nicht Gnade, was wir verlangen, es ist Gerechtigkeit. Aber warum soll ich Sie noch weiter mit Beispielen aufhalten? Gehen Sie die ganze Liste der Gegenstände durch, die Sie zum Leben brauchen, oder die das Leben angenehm machen: es gibt keinen Artikel, welcher sich dieser Alles beherrschenden Macht entziehen könnte.“

„Die Grösse dieses Resultats ist ein Beweis dafür, dass es praktisch sei. Vier Fünftel der Vorbereitungen sind offenbar absichtslos gemacht worden. Man betrachte einmal die 70,000 Meilen Eisenbahn in den vereinigten Staaten — die ungeheure Quantität dieses Eigenthums wird so absolut verwaltet und behandelt, als ob sie im Besitz von weniger als 10 Kompagnien wäre und die Leitung dieser Kompagnie umfasst noch nicht einmal hundert Männer. Wenn das gegenwärtige Verhältniss der Anziehung fortdauert, so wird sich bald die ganze Verwaltung in einer Person vereinigen. Es könnte jetzt schon in einem Tage geschehen. Man nehme an, die Eisenbahn-Kompagnien würden sich noch mehr vereinigen und beschliessen, dass ein Grund-Kapital von 3000 Millionen Dollars dahin „placirt würde, wo es am meisten nützt,“ so läge der Gedanke nahe, dass es nirgends mehr nützen würde, als in den Händen der Direktoren. Diese Männer würden dann als Eisenbahn-Direktoren die verschiedenen Eisenbahnen, welche unter ihrer Kontrole stehen, miethen und die Sache wäre, fertig. Aber ein solcher Kontrakt, wird man einwenden, wäre unmoralisch und ungesetzlich. Ich sehe nicht ein, worin das sich prinzipiell von einem Kontrakt unterscheiden würde, der die Direktoren einer Eisenbahngesellschaft ermächtigt, eine Eisenbahn zu bauen. Man wird sagen, die Inhaber von Eisenbahn-Obligationen würden das nicht zugeben. Warum nicht, wenn ihre Dividenden durch den Miethsvertrag gesichert sind? Aber das Volk, wendet man ein, würde es nicht zugeben: Es würde ein Aufruhr, eine Revolution entstehen. Dann wären die Leute Kommunisten und Revolutionäre. Wir wünschen nicht die blutige Macht der Revolution, sondern die Majestät einer Willensäusserung des Volkes unter den bestehenden Formen des Gesetzes. Setzt man voraus, dass diese Centralisationsgefahr eine Chimäre, das Erzeugniss eines überhitzten Gehirns sei, dass die Tendenz nach Centralisation ihre Grenzen erreicht habe — was ist dann der praktische und reale Unterschied? Was Vanderbilt als einziger Besitzer thun würde, das vollbringen die verschiedenen Sektionen der verschiedenen Gesellschaften zu einem gemeinsamen Zweck, mit einem gemeinschaftlichen Interesse. Es ist nur der Unterschied zwischen dem König und den Satrapen."

„Es gibt in jeder civilisirten Gesellchaft eine Tendenz zur Koncentration des Kapitals. Diese Tendenz ist durch die Verwirrungen des letzten Krieges noch viel grösser geworden. Das Eigenthum in den Händen des Volkes, bei dem Mittelstand, ist immer noch hundertmal grösser als die grossen Kapitalien, allein es wird zu zehntausend verschiedenen Zwecken verwerthet. Das koncentrirte Kapital erkennt durch den Instinkt des Geldsinnes, dass die Behandlung der Eisenbahnen des Landes ihm die Herrschaft über sämmtliches Eigenthum des Landes geben wird, dass zur Erreichung dieses Zweckes politische Macht, politische Suprematie nöthig sind und dass es die Fähigkeit hat, das Alles durch einen ungeheuren Druck auf die Rechte und auf die materiellen Interessen durchzuführen. Darin liegt die ungeheure Gefahr, dass wir geistige Sklaven werden, indem wir den Geist der männlichen Unabhängigkeit verlieren, welche die Quintessenz der Freiheit ist und das mag geschehen, während wir uns noch der äusseren Formen erfreuen und den einseitigen materiellen Wohlstand des Landes bewundern. Noch sind wir nicht so weit, allein die mächtige Tendenz, welche uns unter ein Haupt und unter eine eiserne Hand bringen wird, hat sich so nachdrücklich gezeigt, dass man blind sein müsste, um die Gefahr nicht zu erkennen."

„Dass diese Ansicht weder übertrieben noch aus der Luft gegriffen sei, das zeigt die Erfahrung eines jeden Geschäftsmannes in diesem Gemeinwesen, welcher an den öffentlichen Interessen Antheil nimmt. Man versammle ein Komité zum Zweck der Berathung einer wichtigen politischen Frage und man berühre dabei das Eisenbahnwesen, dann wird man sehen, wie viele sich vor Angst und Schrecken zurückziehen werden. Man mache den Versuch, eine Organisation zu gründen mit der Absicht, einem bestimmten Verlangen einer mächtigen Eisenbahn-Kompagnie entgegenzutreten, wie Viele werden dann sagen: „Ich wollte“ gern dabei sein, aber es würde meinem Geschäfte schaden; die Eisenbahn kann Special-Raten aufheben, oder sie kann dieselben meinen Koncurrenten gewähren; sie kann ihren Angestellten verbieten, mit mir Geschäfte zu machen; sie kann Kaufleute ruiniren, welche sich nicht ihren Befehlen fügen. Es würde eine Frage des Ruins, des Bankrotts, eine Brodfrage in Bezug auf meine Familie sein.“

„Der Kampf seiner Manneswürde ist aufrichtig und schmerzlich, aber das Joch ist auf seinem Nacken und das Eisen in seiner Seele. Andere werden sich mit Ihnen verbinden, mit Ihnen handeln in aller Aufrichtigkeit. Dann kommt eine Zeit, wo ein verführerisches Aufgebot bekannt gemacht wird; eine neue Bahn oder Brücke soll bestellt werden, welche lokalen Nutzen und auch Privatvortheil bringen; Verbesserungen sind in Aussicht genommen, die den Werth des Privateigenthums erhöhen — dann gibt es wieder offene Stellen, plötzliche Veränderungen und geniale Kompromisse, wo eine Partei die Austern, die andere die Schalen bekommt.“

„Der Einfluss erstreckt sich noch weiter auf den Stimmkasten. Die Leute werden sagen: „„Ich weiss, dass es nicht recht ist — es ist eine Schande; aber all mein Eigenthum liegt in der Stadt und ist verpfändet; die Gesellschaft könnte durch Drohungen den Werth herabsetzen und ich hätte in diesem Falle den Sheriff an meiner Thüre. Ich gebe also nach. Ich will kein Märtyrer sein. Wenn ein Räuber seine Pistole an meinen Kopf halten würde, gäbe ich ihm meine Börse.““

„Gibt es noch ein Interesse, das den eisernen Druck nicht verspürt? Allein als ob es zu langweilig wäre, die verschiedenen Interessen im Detail an sich zu reissen, wenden sich die Eisenbahnfürsten an den Kongress und verlangen Goat Island. Da es für Militärzwecke bestimmt ist, werden sie kaum diese Bestimmung ändern; sie haben nur die Absicht, die Stadt zu bombardiren, wenn sie ihr Begehren zurückweist.“

„Grosser Gott! Sie sind zweihunderttausend und der Magnaten sind drei. Haben sie einen Haken im Rachen des Leviathan, dass sie nach Belieben ziehen dürfen?“

„Ich habe gute Männer gekannt, welche den Kampf aufgaben,

weil er erfolglos war. Wieder Andere haben lieber ihr eigenes Stück Schwarzbrod gegessen als Pfannkuchen vom Tische Anderer. Dann gibt es Leute, die obschon sie vermöge ihrer Talente u. s. w. eine geachtete Stellung in der Gesellschaft einnehmen könnten, sich für einen fixen Gehalt dem Dienst der Kompagnien hingeben und den Eisenbahnbaronen die Hände küssen."

„Diese Einflüsse machen sich hauptsächlich in Städten und Fabrikorten geltend, kommen aber auch anderswo vor. Selbst auf dem Lande werden Ihnen die Farmer sagen, dass die Eisenbahnen die Route verändern, die Stationen versetzen, die Accomodationen beschränken können. Während man ein Gemeinwesen durch Hoffnungen täuscht, schüchtert man ein anderes durch Drohungen ein. Geht durch den Staat: Auf jedem Puls der Industrie ruht ein Eisenfinger, der die Schläge zählt; an jeder Kohle befindet sich eine Eisenhand, welche würgt und loslässt, wie es der eiserne Wille anbefiehlt."

„Gibt es ein Projekt, die Gewässer eines grossen Thales zu monopolisiren, so dass einem das Land gehört, wie wenn man es durch Besitztitel sein eigen nennen könnte? Die Eisenbahn ist es im Stande. Sie befreundet sich mit den Männern der Ungerechtigkeit und alle Systeme lagern sich um sie her als um ein neues Centrum. Sie verwirft dieselben, wenn sie ihr nicht helfen können und der Handel ist abgemacht. Sie hat ihre eigenen Lobbies und ihre Presse. Sie hat eine grössere Macht des Veto als die Exekutive, indem sie das Schicksal der Gesetzvorlagen entscheidet, bevor dieselben passiren. Vielleicht sollten wir den Eisenbahnen dafür, dass sie einen so mässigen Gebrauch von ihrer Macht machen, dankbar sein. Jetzt verstehen wir nicht nur die Motive ihres Strebens nach politischer Macht, sondern auch die Mittel und Wege, wodurch dieselbe erreicht wird. Jetzt können wir begreifen, wie eine Central-Office in San Francisco durch Drähte mit einem County verbunden, ihre politischen Vorschriften an jede Konvention und an alle Parteien absendet. Wir haben die Erlaubniss zu stimmen, aber es ist nicht immer gestattet, die Stimmen zu zählen, wenn ein eifriger Superrevisorenrath Wahlbehörden einsetzt. Manchmal ist es uns gestattet, für gute Männer zu stimmen, Männer, die wir, wenn es auf uns ankäme, wählen würden, die aber, wenn sie wirklich erwählt sind, sich in einer solchen Minorität befinden, dass sie weder Hand noch Fuss regen können. Es ist uns gestattet durch alle Formen zu gehen: die Unabhängigkeitserklärung und die Emanzipationsproklamation werden am 4. Juli immer noch gelesen und das „„Hoffnungsbanner des freien Herzens für die Gesetzgebung stimmen müssen, welche durch einen Klubbeschluss dahin wirken, dass unser Staat die Appropriation erhält. Der logische Schluss dieses Arguments ist, dass wir für ein besonderes Ticket stimmen müssen, und zwar auf eine besondere Weise in einer wohl bekannten Office, andernfalls würden unsere Festungen niedergerissen und unsere Posten aufgehalten werden. Karl der Erste hatte in seinen kühnsten Momenten nicht gewagt gegen das Unterhaus Grossbritanniens eine solche Sprache zu führen. Wenn Louis XIV., welcher sagte: „der Staat bin ich", eine solche Politik befolgt hätte, wäre er um seinen Kopf gekommen. Ich glaube nicht, dass irgend eine durch das amerikanische Volk erwählte Administration je einen solchen Vorwurf verdient hat — sollte es dennoch der Fall sein, so sind wir jetzt schon Sklaven. Allein schon die Anwendung eines solchen Arguments durch einen intelligenten Mann in einem öffentlichen Blatte sollte uns zur Besinnung bringen, und wir sollten die Frage bezüglich der Vermehrung der Regierungsgewalt wohl bedenken, wenn wir nicht auch eine Vermehrung der Garantieen erhalten. Wir haben endlich den Punkt erreicht, wo wir sagen können: Wenn die Regierung die Bahnen baut, so soll sie dieselben besitzen und betreiben für das öffentliche Wohl, und wenn die Regierung Kredit und Ländereien für den Bau von Eisenbahnen hergegeben hat und wenn sie um Darlehne betrogen wird, so hat sie das Recht, die Bahnen in Besitz zu nehmen."

„Wenn bis jetzt Niemand eine Lösung der ganzen Frage gefunden hat, so weiss doch Jedermann den ersten Schritt, der gethan werden muss, bevor eine Lösung möglich ist. Die politische Macht und Diktatur dieser Korporation, ob kleiner oder grösser, muss gebrochen werden. Diese Tyrannei, welche so sehr auf Individuen und Interessen lastet, muss durch eine allgemeine Erhebung des Volkes, welche durch eine neue Unabhängigkeitserklärung angekündigt wird, zerstört werden."

„Die Amerikaner sind ein gerechtes Volk, das die Gesetze achtet und die Schulden bezahlen will. Es ist nicht nöthig für irgend eine Korporation, im Besitz der Regierung zu sein, um ihre Rechte zu schützen; dies ist nur nöthig, wenn das Unrecht verewigt werden soll. Die Zeit ist gekommen, wo das Volk seine Rechte wieder ausüben muss. Es muss sich jetzt entscheiden, ob das Volk oder die Eisenbahn-Korporationen regieren sollen."

*

* *

Die hier mitgetheilte Rede charakterisirt in schlagender Weise und an der Hand thatsächlich bestehender Verhältnisse, wie nachgerade das Monopol der in Privathänden befindlichen Eisenbahnen zu einer unwiderstehlichen Macht im Staate heranwachsen kann, welche alle Interessen und die gesammte Organisation des Staatswesens selbst den eigennützigen Zwecken einzelner leitender Persönlichkeiten unterthan zu machen im Stande ist. Der Umstand, dass es in Amerika auch wirklich schon so weit gekommen ist, zeigt deutlich, dass in der That aus der zunehmenden Macht der Eisenbahn-Unternehmer die höchste Gefahr für die gedeihliche Entwickelung des Staatswesens in Bezug auf seine höheren Zwecke droht, und die treffliche Auseinandersetzung des Gouverneurs von S. Francisco mag als ein Warnungsruf für Alle, welche etwa jene Gefahr zu unterschätzen geneigt wären, gleichzeitig aber als Waffe gegen Jene, welche aus persönlichen Gründen die Gefahr abzuläugnen oder doch geringer erscheinen zu lassen versuchen, ihre Dienste thun; zu diesem Zwecke wurde sie an die Spitze dieser Darlegung gestellt.

In England ist zwar die Lage noch nicht so weit gediehen, aber gleichwohl fühlt man auch dort mit grösster Unbehaglichkeit das fortwährende Wachsen der Macht jener Faktoren, welche über das einzig massgebende Landverkehrsmittel unserer Zeit nach Willkühr und eigenem Ermessen verfügen. Bei der bekannten Schwerfälligkeit, welche sich in England der Aenderung des Bestehenden immer entgegenstellt, und deren hindernde Kraft durch den Einfluss mächtiger Interessen in dieser Angelegenheit erheblich verstärkt wird, ist man zwar trotz vielfacher, seit Jahren wiederholter Enquêten und Kommissionen noch immer zu keiner rettenden That gekommen — allein lauter und zahlreicher werden von Jahr zu Jahr die Stimmen, welche ein endliches Brechen mit der augenscheinlich zu den schlimmsten Konsequenzen führenden Tradition eindringlich verlangen. In den Verhandlungen des gemischten Ausschusses der beiden Häuser, welcher im Jahre 1872 für das Studium der Frage der Koncurrenz im Eisenbahnwesen und der in steigenden Dimensionen verlangten und durchgeführten Fusionen (amalgamations) eingesetzt worden war, trat auch aus den Aeusserungen vieler Experten die Erkenntniss der bedrohlichen Sachlage klar zu Tage, und war es insbesondere Kapt. Tyler, seit 19 Jahren Inspections-Beamter des Board of Trade, der unumwunden das Ding beim rechten Namen nannte. Schon im J. 1871 hatte er in einem ausführlichen Berichte an das Board of Trade nachgewiesen, dass die Ingerenz des Staates auf die Eisenbahnen im Interesse des Publikums eine ziemlich ohnmächtige sei, und dass ihre geringe Wirksamkeit in dem Verhältnisse noch mehr abnehme, als durch fortschreitende Fusionen die Ausdehnung der in je eine Hand vereinigten Liniensysteme wachse. In den Aussagen vor dem Ausschusse drückte er ganz deutlich die begründete Befürchtung aus, dass endlich die Eisenbahnen die vollständigen Beherrscher des Staates werden; es erscheint von Interesse, die bezeichnendsten seiner Aeusserungen kennen zu lernen.

Das Ausschussmitglied Mr. Kunt frägt den Experten, auf seinen an das Board of Trade erstatteten Bericht Bezug nehmend, ob er glaube, dass die Zeit gekommen sei, um die Frage des Ankaufs der Eisenbahnen durch den Staat in Erwägung zu ziehen (Fr. 7020); Kapt. Tyler antwortet: „Ich wünsche nicht, hier als Vertheidiger des Staatskaufes zu erscheinen; aber es scheint mir, die Zeit sei gekommen, dass dieser Gegenstand in der That sehr ernstlich in Erwägung gezogen werden soll. Da die London & North-Western-Eisenbahn-Gesellschaft die Fusion mit der Lancashire & Yorkshire-Eisenbahn-Gesellschaft beantragt und die London & North-Western-Eisenbahn-Gesellschaft mit der Caledonian im Verband steht, so wird im Wesen eine Linie, die von und nach London führt, mit einer Linie vereinigt, welche das Herz der Manufaktur-Distrikte dieses Landes durchzieht. Diese Fusion muss, wenn vollendet, unausweichlich zu anderen grossen Fusionen führen, und die daraus folgenden Kombinationen wären so ernsthaft, dass, denke ich, schliesslich das Land in den Händen einiger weniger Betriebsgesellschaften wäre, welche sich wieder unter einander vereinigen und am Ende ein grosses Eisenbahn-Monopol für das ganze Land bilden würden. Und dann entsteht die Frage, ob der Staat die Eisenbahnen oder ob die Eisenbahnen den Staat dirigiren sollen (whether the State shall manage the railways, or whether the railways shall manage the State).“

Weiterhin spricht das schon genannte Ausschussmitglied die Besorgniss aus, dass, wenn der Staat Eigner der Bahn wäre, leicht eine Regierung in gewissen Bezirken missbräuchlichen politischen Einfluss ausüben könnte (Fr. 7065). In Tylers Antwort hierauf heisst es zum Schlusse: „Ich denke, dass diese Frage des politischen Einflusses sehr viel überschätzt worden ist; auf alle Fälle bin ich überzeugt davon, dass, wenn die Eisenbahnen (wie es früher oder später der Fall sein wird) zu wenigen grossen Netzen verschmolzen sein werden, welche wieder in der Praxis sich zu einem einzigen verbinden werden, der politische Einfluss eines grossen Eisenbahn-Monopols im ganzen Lande weit grösser sein würde, als irgend ein Uebel des politischen Einflusses der die Eisenbahnen dirigirenden Regierung."

Auf die Frage des Lord Redesdale, was er unter dem Dirigiren des Staates durch die Eisenbahnen (railways managing the State) verstehe (Fr. 7180) antwortet Tyler: „Man hat in Amerika gesehen, wie gewisse Eisenbahnen gewisse Staaten der Union beherrscht haben. Ich kann natürlich nicht den Zeitpunkt voraussehen, wann wir in England ganz eben so schlecht daran sein werden, wie Jene dort, aber wenn ich von den Staat dirigirenden Eisenbahnen spreche, so meine ich, dass die Eisenbahnen enorm Macht und Einfluss im Staate haben werden, welche sie unzweifelhaft haben würden, wenn alle Eisenbahnen dieses Landes in den nächsten 10 Jahren vereinigt würden; und betrachtet man die Stellung, welche sie hätten, wenn sie alle in einer Hand wären, so ist es klar, dass sie enorm Macht und Einfluss im Staate hätten." Zu näherer Erklärung aufgefordert (Fr. 7181) fährt Experte fort: „Zum Beispiel, sie würden die Wahlen beeinflussen; sie wären im Stande, Regierungen zu stürzen, ich kann gar nicht absehen, was sie alles zu thun fähig wären. Sie wären im Stande, die Wahlen im ganzen Lande zu beeinflussen*)."

*

* *

Während man, wie aus dem Mitgetheilten hervorgeht, in England die unter Beibehaltung des gegenwärtigen Systems nothwendige Entwickelung zu den in Amerika bereits akut gewordenen Zuständen schon in bedenklicher Nähe vor sich sieht, sind wir in Deutschland

*) Uebrigens hatte auch schon der parlamentarische Untersuchungs-Ausschuss vom J. 1853 eine ähnliche Befürchtung ganz direkt ausgesprochen. Nachdem er in dem betreffenden Berichte die Grösse des in den Eisenbahnen steckenden Kapitals und die Menge der von ihnen abhängenden Personen hervorgehoben, sagt er: „Es gibt keinen Wahlbezirk im Lande, wo sie nicht durch ihren eigenen gebietenden Einfluss als Gesellschaft und durch ihre Antheilbesitzer sowie durch die Vortheile, welche sie lokal oder individuell zu gewähren im Stande sind, eine gradezu unwiderstehliche Macht werden würden, wenn die Gesammtheit jener Kapital- und Menschenkräfte vereinigt wäre, eine Macht, welche nach der Natur der Sache zur Förderung egoistischer Interessen und nicht des gemeinen Nutzens angewendet werden würde." (s. Cohn, die Entwicklung des Eisenbahnwesens in England.)

und Oesterreich wohl noch weiter davon entfernt, da man von Anbeginn dem Staate eine viel kräftigere Ingerenz auf das Eisenbahnwesen bewahrt hat. Der verderbliche Einfluss auf die Staatsgewalt geht hier weniger von den bestehenden als vielmehr von den entstehenden Bahnen aus, deren Werdeprocess allerdings in Parlamenten und Ministerialbüreaux manche hässliche Spur zurückgelassen. Gleichwohl kann die Gefahr der Unterjochung des Staats durch die Eisenbahnen auch in den österreichischen und deutschen Landen nicht weggeläugnet werden, und man kann wohl nicht daran zweifeln, dass unsere Bahnverwaltungen gar bald von ihren transatlantischen Schwestern lernen werden, wie man bei Zeiten dafür sorgt, dass von der Gesetzgebung den Sonder-Interessen der Bahnunternehmungen keine Schädigung drohe. Noch beschränken sie sich darauf, sich selbst der Macht des Staates nach Möglichkeit zu entziehen — aber wie lange wird es dauern, bis sie offensiv gegen diese Macht auftreten werden? Mittel haben sie genug dazu innerhalb jener Grenzen, welche selbst das strammste Regiment von dem Heiligthume des Monopols auf der Schiene ferne halten, so lange dieses selbst als unantastbar gilt! Darum muss man die gefährliche Waffe ihrer Hand entwinden, bevor sie vollends die Stärkeren geworden sind.

Eisenbahn und Publikum.

Der Dienst, welchen die Eisenbahn dem Verkehr bietet, ist die Bewirkung der Ortsveränderung. Der objektive Werth dieses Dienstes für die Entwickelung der Gesammtheit des Handels, beziehungweise für die Gesammtwirthschaft des Landes, dessen Handel die Bahnen dienen, richtet sich nun einerseits nach dem Preise, um welchen der Dienst geleistet wird, anderseits nach dem Grade der Vollkommenheit, in welchem die Bahn den übernommenen Verpflichtungen nachkommt. Aus dem ersten Momente entwikeln sich die Tariffragen, aus dem zweiten die Betriebsfragen in der weitesten Bedeutung des Wortes.

Heute, wo der gesammte Verkehr in Folge der allgemeinen riesigen Entwickelung des Eisenbahnwesens so grosse Dimensionen angenommen hat; wo eben diese Eisenbahnen in allen Angelegenheiten, in welchen Transportfragen eine Rolle spielen, als Faktor von höchster Wichtigkeit mit in Betrachtung gezogen werden müssen, hat natürlich der Preis der Eisenbahntransporte eine Stellung erreicht, deren nützlichem oder schädlichem Einflusse sich kaum irgend ein Gebiet menschlicher Thätigkeit entziehen kann. Die Bestimmung dieses Preises unterliegt aber nach der heutigen Lage der Dinge keineswegs den allgemeinen wirthschaftlichen Gesetzen, welche bei der natürlichen Preisbildung, wie sie auf offenem Markte und bei freier Konkurrenz vor sich geht, die einzig massgebenden sind.

Unter natürlichen und regelmässigen Verhältnissen bestimmen die Herstellungskosten die Minimalgrenze und die jeweiligen Beziehungen zwischen Angebot und Nachfrage die Maximalgrenze des Marktpreises. Dies gilt auch für Transportleistungen, wo dieselben nicht monopolisirt sind, z. B. für den Transport mit gewöhnlichen Fuhrwerken auf der Jedermann zugänglichen Landstrasse, auf freien

Flüssen, zur See. Anders ist es jedoch bei den Eisenbahnen; hier herrscht auf der Linie selbst das unbeschränkte Monopol, welches nur für längere Strecken zuweilen und vorübergehend durch die Konkurrenz einer anderen Linie in seiner Machtvollkommenheit beeinträchtigt wird. An die Stelle der jeweiligen Abmachung tritt daher der feststehende Tarif, und an die Stelle des Konkurrenzdruckes die koncessionsmässige Bestimmung des Maximalfrachtsatzes. Die erste Frage, um die es sich beim Tarifwesen handelt, ist daher die der Höhe des Koncessions-Tarifes überhaupt, an welche sich dann weiterhin die der Abstufung der Einheitssätze reiht.

Vor Allem muss nun bei Betrachtung des Bestehenden die Erscheinung auffallen, dass fast alle wirklichen Tarife niedriger, ja nicht selten ganz bedeutend niedriger sind, als die in den Koncessionsurkunden festgestellten Maximalsätze. Darin liegt zunächst schon der Beweis, dass der Staat, respektive die Gesetzgebung der Pflicht, das öffentliche Interesse in der Tariffrage zu vertreten, nicht vollständig nachgekommen ist; diese Pflicht wäre nämlich, in der Festsetzung der Tarifsätze sich möglichst der durch den Kostenpreis der Transportleistung gegebenen natürlichen Minimalgrenze zu nähern. Es wirken aber glücklicher Weise andere Faktoren mit, welche die Bahnunternehmungen veranlassen, im eigenen Interesse mit den Tarifsätzen unter das durch die Koncession gestellte Maximum zu gehen. Die wichtigste Rolle unter diesen Faktoren spielt wohl die aus den Erfahrungen geschöpfte Erkenntniss der Thatsache, dass auch bei einer monopolisirten Waare — und als solche ist die Transportleistung der Eisenbahnen zu betrachten — der Umfang des Absatzes wesentlich von dem Preise bedingt ist. Gerade in diesem Falle macht sich aber der Einfluss des Preises in doppelter Richtung geltend; einerseits würde selbst dann, wenn Konkurrenzfragen hierbei überhaupt nicht in Betracht kämen, der Umfang der Benutzung der Eisenbahnen von dem Preise dieser Benutzung abhängen, weil eben schon der Umfang der Konsumtionsfähigkeit von dem Preise des zu konsumirenden Gutes bestimmt wird, andererseits aber ist bei den zu transportirenden Handelsgütern auch die Konkurrenzfrage thatsächlich zu beachten, insofern es sich um die Erweiterung des Absatzkreises eines Produktionsgebietes gegenüber der Mitbewerbung anderer Produktionsgebiete handelt; es kann daher gar leicht geschehen, dass ein zu hoher Preis, der für die Beförderung vom Productionsorte zum Absatzmarkte zu bezahlen wäre, die Absatzfähigkeit eines Artikels gänzlich vernichtete, und dass damit der Transport selbst entfiele; es ist nun natürlich, dass die Erwägung dieses Umstandes auf die Höhe der Tarife einwirkt, weil es doch immer für die Bahnunternehmungen rentabler ist, mit geringem Gewinne zu transportiren, als gar nicht. Doch folgen leider die Bahnleitungen nur langsam und ungern der unbedingten Nothwendigkeit, und auch da bedarf es häufig der fortgesetzten Pression durch die Organe der öffentlichen Meinung. Nun liegt es aber auf der Hand, dass durch derlei Verfügungen der Gesammtwirthschaft der betreffenden Länder ein ganz bedeutender Schaden zugefügt wird, und dass der grosse Spielraum, den die Koncessionstarife oberhalb der natürlichen Minimalgrenze freilassen, jedenfalls ein schlechtes Zeugniss für die Sorgfalt giebt, mit welcher der Staat bei der Monopolsertheilung das öffentliche Interesse zu wahren pflegt. Wenn die vom Staate zu bestimmenden Tarifmaxima mehr als eine blosse Form (die überdies heute Niemanden mehr täuscht!) sein sollen, so müsste vor deren Fixirung eine genaue Untersuchung über die wirklichen Selbstkosten angestellt werden; da aber diese Selbstkosten auch mit dem Wechsel der Zeiten und Verhältnisse sich ändern, so müssten auch die Tarifmaxima veränderlich sein, beziehungsweise von Zeit zu Zeit revidirt werden.

Für die Bestimmung der unteren Grenze des Transportpreises sind vor Allem zweierlei Faktoren zu beachten, die sich auf Qualitätsfragen beziehen und zwar, die individuellen Eigenthümlichkeiten der befördernden Bahn und die des beförderten Gutes. So wie jeder Zweig der wirthschaftlichen Thätigkeit bezüglich des Verhältnisses der angewandten Mittel zum angestrebten Zwecke von einer Menge äusserer Umstände abhängt, deren Aenderung nicht in seiner Macht liegt und deren Einfluss er sich nicht entziehen kann, so ist dies auch bei den Eisenbahnen der Fall. Zunächst bemisst sich schon die Höhe der Anlagekosten nach der Beschaffenheit des Terrains, nach der grösseren oder geringeren Entfernung, von welcher die nöthigen Materialien herbeigeholt werden müssen und dem Preise dieser Materialien, nach der Höhe des Grundwerthes und des Arbeitslohnes in der Gegend, wo die Bahn gebaut wird und nach der Lage des Geldmarktes zur Zeit der Bauführung. Auch die Betriebskosten sind bei verschiedenen Bahnen verschieden; sie hängen ab von den Niveauverhältnissen, von der in grösserem oder geringerem Maasse vorhandenen Nothwendigkeit der Erhaltung von Kunstbauten, von den klimatischen Verhältnissen, welche durch ihren mehr oder weniger ungünstigen Einfluss Reparaturarbeiten und Nachschaffungen in höherem oder niedrigerem Grade nothwendig machen, von den Brennmaterial-Preisen und Lohnverhältnissen. Nun setzt sich aber aus der Verzinsung des Anlagekapitals und den Kosten des Betriebes der Kostenpreis der Transportleistung zusammen, und es ist somit die wirthschaftlich gerechtfertigte Minimalgrenze des Kostenpreises dieser Leistung gleichfalls bei den einzelnen Bahnen verschieden. Dass dadurch die von Manchen aufgestellte Forderung nach gleichen Tarifen für alle Bahnen von selbst als unzulässig erscheint, sei hier nur nebenbei berührt.

So wie nun das oben skizzirte subjektive Element, nämlich die Lage des Transportleisters, auf die Bestimmung des Kostenpreises der Leistung einwirkt, so ist dasselbe der Fall bei dem objektiven Elemente, d. i. bei der Beschaffenheit des zu befördernden Gutes. Der eine Faktor der hier in Betracht kommt, ist das Gewicht des zu transportirenden Gegenstandes, der andere sein Umfang, und das Verhältniss des Gewichtes zum Umfange giebt eben in Beziehung auf das Frachtgut die Basis zur Berechnung der Verfrachtungskosten. Während nämlich einerseits die Zugkraft durch das Gewicht in höherem oder geringerem Maasse in Anspruch genommen wird, füllt das Frachtgut den zur Verfügung stehenden Raum durch seinen Umfang aus; nachdem aber dieser Raum durch das todte Gewicht der Wagen naturgemäss begrenzt ist, so muss er auch bei der Kostenberechnung in Anschlag gebracht werden, und es wird — wenn auch die Zugkraft durch das Gewicht nicht vollständig ausgenutzt wird — einen wesentlichen Unterschied machen, ob man von einem Artikel 200 oder 20 Centner auf einen Lastwagen laden kann. Aber auch, wenn man nur die wirklich in Anspruch genommene Menge von Zugkraft in Rechnung setzt, bleibt noch ein grosser Unterschied. Sei das Eigengewicht des Lastwagens mit 100 Centner angenommen; die hierfür nothwendige Zugkraft muss natürlich von dem aufgeladenen Gute bezahlt werden; ladet man nun 200 Centner auf, so müssen diese die Zugkraft für 300 Centner bezahlen, d. h. der Transport erfordert für einen Centner des Gutes eine Zugkraft für einen und einen halben Centner; tritt aber der andere Fall ein, dass von einem Gute vermöge seines im Verhältnisse zum Gewicht grossen Volumens nur 20 Centner in jenen Wagen geladen werden können, so ist zum Transporte dieser 20 Centner eine Zugkraft für 120 Centner erforderlich — es braucht also ein Centner dieses leichten Gutes eine Zugkraft für sechs Centner. Diese einfache Berechnung zeigt also, dass, soferne die Selbstkosten als Grundlage für die Aufstellung des Transportpreises genommen werden, nothwendiger Weise eine Verschiedenheit für die einzelnen Güterkategorien je nach ihrem specifischen Gewichte eintreten muss. Ausserdem verursachen wohl auch in besonderen Fällen die Eigenschaften des Frachtgutes anderweitig eine Erhöhung der Transportkosten (Erheischung besonderer Vorsicht, Gefährlichkeit für andere Güter u. dergl.); unter diese Eigenschaften gehört jedoch der höhere Werth als solcher nicht.

Auch Quantitätsfragen üben Einfluss auf die Höhe der Transportkosten; bei Beurtheilung, beziehungsweise Berechnung dieses Einflusses kann aber weit weniger als bei Behandlung der Qualitätsfragen die einzelne Transportleistung ins Auge gefasst werden, es ist vielmehr auf den Zusammenhang mit anderen Leistungen, sowie auf das Verhältniss der einzelnen Leistung zu der Gesammtmenge der von einer Bahnunternehmung vollführten Transporte Rücksicht zu nehmen.

Hinsichtlich der Quantität des zu verfrachtenden Gutes muss die Frage der Ausnutzung der für eine gewisse Transportleistung in Anwendung kommenden Betriebsmittel beachtet werden und weder die Zugkraft noch das Gewicht und der Raum der Lastwagen lassen sich genau der vorhandenen Menge des Frachtgutes anpassen; ausserdem müssen zu bestimmten Zeiten Züge abgelassen werden, ohne Rücksicht darauf ob sie vollständig belastet sind oder nicht. Es kann daher — sowohl bei der Kostenberechnung für den einzelnen Transport als bei der Aufstellung eines Tarifsatzes — nicht bloss die Leistungsfähigkeit der Maschinen und Züge als Grundlage dienen, sondern es muss auch nothwendiger Weise auf die erfahrungsgemäss oder im Wahrscheinlichkeitskalkul zu ermittelnde durchschnittliche wirkliche Belastung der Züge Rücksicht genommen werden, d. h. es tritt der Koefficient der unvollständigen Ausnutzung als berechtigter Faktor in die Berechnung der Selbstkosten für eine Transportleistung — berechtigt allerdings nur dort, wo wirklich eine unvollständige Ausnutzung der Betriebsmittel stattfindet, daher nicht bei vollen Ladungen. Abgesehen von der Frachtgut-Quantität die auf einmal zur Verwendung kommt, hat für die Vertheilung der Selbstkosten der Bahnunternehmung auf die einzelne Sendung natürlich auch die Grösse der nacheinander auf ihren Linien zu befördernden Waarenmengen eine maassgebende Bedeutung; denn die Durchschnittshöhe des Koefficienten der unvollständigen Betriebsmittel-Ausnutzung steht im umgekehrten Verhältnisse zur Menge der in einer bestimmten Betriebsperiode verfrachteten Güter. Die Wagenladungstarife und Refaktien sind der geschäftliche Ausdruck der Erkenntniss vom Einflusse der Frachtgutmengen auf die Transportirungskosten.

Ein anderes quantitatives Element ist die Länge der Transportstrecke. Es wird nämlich im Ganzen genommen der Transport verhältnissmässig billiger sein, wenn die Ladung auf eine grössere Entfernung verfrachtet wird, als wenn diese Entfernung geringer ist. Zunächst ist dies schon der Fall, wenn die ganze Transportstrecke einer und derselben Unternehmung gehört; im erhöhten Maasse tritt dies aber ein, wenn das Gut die Linien verschiedener Unternehmungen zu durchlaufen hat. Abgesehen davon, dass jene Kosten, welche für eine bestimmte Ladung ohne Rücksicht auf die Länge der Fahrt gleich bleiben, sich mit der wachsenden Meilenzahl auf eine grössere Menge von Einheiten vertheilen; abgesehen davon ferner, dass bei langen Fahrten die mit besonderen Schwierigkeiten und Kosten zu überwindenden Strecken einen verhältnissmässig immer geringeren Theil des Ganzen bilden, verdient auch hier der Koefficient der unvollständigen Ausnutzung eine besondere Berücksichtigung. Es gilt in dieser Beziehung für die Entfernung derselbe Grundsatz wie für die Menge des aufgegebenen Gutes, nämlich der Grundsatz, dass die Höhe des erwähnten Koefficienten im umgekehrten Verhältnisse zur Quantität der geforderten Leistung steht; nur handelt es sich hier nicht so sehr um die Frage der Ausnutzung für die specielle Fahrt als vielmehr um die weitere Ausnutzung der betreffenden Wagen nach beendeter Fahrt, also um Retour- oder Weiterladung. Hier tritt dann übrigens noch ein anderes Moment, mehr relitativer Natur hinzu, nämlich der Ort der Bestimmung; ist dieser ein grosses, belebtes Verkehrscentrum, so ist natürlich viel weniger Gefahr für ein späteres Müssigstehen oder Leergehen des Wagens vorhanden, als wenn der Zielpunkt der Fahrt irgend eine Nebenstation ist, von welcher eine sofort eintretende weitere Inanspruchnahme eines disponibel gewordenen Wagens nicht erwartet werden kann. Aus der Berücksichtigung der erwähnten Umstände ergiebt sich also: dass unter sonst gleichen Verhältnissen die auf die Rechnungseinheit vertheilten Selbstkosten im Allgemeinen bei einer längeren Fahrt sich geringer stellen als bei einer geringeren; und weiter: dass dieser Unterschied durch die Mitwirkung örtlicher Verhältnisse sehr bedeutend gesteigert werden kann. Damit begründen sich die Distancetarife.

Die wichtigsten Gesichtspunkte allgemeinerer Natur, welche für die Ermittlung der unteren Grenze der Tarifsätze maassgebend sind, dürften im Vorstehenden so ziemlich erschöpft sein; die Behandlung von Specialitäten würde in das unendliche Detailgewirre einer schrankenlosen Kasuistik führen. Dass nun im konkreten Falle die wirkliche Ermittlung jener Grenze ungemein schwierig ist, lässt sich gar leicht begreifen, und darin liegt auch, wenn nicht die Entschuldigung so doch die Erklärung der früher berührten Thatsache, dass die staatliche Bestimmung der Tarifmaxima, welche dem bestehenden Monopol gegenüber als Surrogat des Konkurrenzdruckes wirken soll, ihren Zweck so schlecht erfüllt. Das Publikum zieht aus diesem Surrogate gar keinen Nutzen.

Nicht besser geht es dem Publikum in Bezug auf die Betriebsfragen, d. h. in Bezug auf die Leistungen der Eisenhahnen; ja in mancher Hinsicht steht es hier noch schlimmer, denn während jeder Eigenthümer einer Waare, wenn ihm der Frachtsatz zu hoch ist, dann doch das — allerdings traurige aber nicht zu unterdrückende — Recht hat, diese seine Waare nicht zu versenden, ist er nach Aufgabe der Waare ganz in den Händen der Bahnunternehmung und — wenigstens bis zu einem gewissen und zwar bedauerlich hohen Grade — völlig ihrem sogenannten guten Willen, das heisst mit einem weniger euphemistischen Ausdrucke: ihrer Willkür anheimgegeben.

Für die seitens der Bahnunternehmung durch den abgeschlossenen Frachtvertrag übernommenen Verpflichtungen giebt allerdings der Frachtbrief im Zusammenhalte mit den bestehenden Betriebsreglements eine scheinbar bindende Norm; allein der Werth derselben ist nur theoretisch, das heisst die Verpflichtungen bestehen de jure werden aber de facto nicht eingehalten, und die Rechtsmittel, welche behufs Erzwingung der Erfüllung des Vertrags zur Verfügung stehen, sind sämmtlich so umständlich und weitläufig, dass deren Anwendung im einzelnen Falle zumeist nicht vortheilhaft erscheint. Freilich tritt auch hier wieder der Einfluss des Staates in Vertretung des Gemeinwohles als Surrogat für die Konkurrenz ein; aber dieses Surrogat ist ebenso mangelhaft wie die Tarifmaxima, denn abgesehen davon, dass sich in allgemeinen Vorschriften unmöglich alle von dem wechselvollen Leben gestellten Anforderungen vorsehen und präcisiren lassen, tritt noch der Umstand hinzu, dass eben eine solche Vorschrift nur auf dem Papiere steht und bei der praktischen Gestaltung der Verhältnisse in unzähligen Fällen ganz ruhig und ungestraft ignorirt werden kann. Aber mehr als das! So wie nämlich einerseits beim Bahnbetriebe im Allgemeinen ein sehr geringer Grad von Gewissenhaftigkeit in Erfüllung der von dem Frachtvertrage, resp. dem Betriebsreglement auferlegten Verpflichtungen sich geltend macht, so tritt andererseits bei den Bahnunternehmungen das unverkennbare

Bestreben zu Tage, überhaupt so wenig Verpflichtungen als möglich zu übernehmen. Abgesehen von den verschiedenen Bestimmungen in Betreff der „natürlichen Kalo“, von den vielfach erzwungenen „Reversen“, deren Sinn meistens von den Bahnverwaltungen willkürlich und viel zu weitgehend aufgefasst wird, zeigt sich dieses Bestreben insbesondere in dem hartnäckigen Sträuben gegen die Einführung der Ladescheine in dem Eisenbahnverkehr, weil eben dadurch eine ganz bestimmte Verpflichtung geschaffen und die Möglichkeit zahlreicher Winkelzüge und Ausflüchte beseitigt würde. Der Ladeschein ist „eine Urkunde, durch welche sich der Frachtführer zur Aushändigung des Frachtgutes unbedingt verpflichtet“ (Endemann), und steht daher in Bezug auf Rechtsanspruch und Uebertragbarkeit weit über dem Frachtbriefe oder gar dem „Recepisse“, welches letztere ein einfaches Bestätigungsdokument ist, dessen Beweiskraft durch einen stärkeren Gegenbeweis hinfällig wird. Der wichtigste und beachtenswertheste Grund, der gegen die Möglichkeit der Ladescheine im Eisenbahntransporte geltend gemacht wird, ist, dass dann der Verbandsverkehr aufhören müsste, weil doch unmöglich eine Bahnunternehmung für eine oder mehrere andere so weitgehende Verpflichtungen übernehmen könne, wie sie die Ausstellung eines Ladescheines involvirt; Letzteres ist nun wohl für den Augenblik richtig, beweist aber gegen die Möglichkeit der Einführung von Ladescheinen in dem Eisenbahnverkehr überhaupt eigentlich gar nichts, denn unter allen Umständen bleibt doch die Ausstellung eines Ladescheines von Seite einer Bahnunternehmung für Güter, deren Transport auf Stationen ihrer eigenen Linie beschränkt bleibt, noch immer ganz zulässig und kann mit Recht verlangt werden.

Ausser der naturgemässen Verpflichtung der einzelnen Bahnunternehmung als Frachters gegenüber dem einzelnen Versender besteht aber noch dem Publikum als Ganzem gegenüber das wirthschaftliche Erforderniss, dass — da die Bahnunternehmungen schon einmal das Monopol der Benutzung des ihnen gehörigen Weges haben — auch genug Betriebsmittel vorhanden seien, um dem jeweiligen Bedarfe der Gesammtheit der Versender genügen zu können. In der That haben alle ausnahmsweisen Vortheile, welche vom Staate den Eisenbahnen auf Kosten einzelner oder aller Staatsbürger gewährt werden, die offenbare, meistens auch ausdrücklich betonte Tendenz, dem Verkehrswesen und somit den wirthschaftlichen Anforderungen des Staates im Ganzen oder einzelner Gebietstheile durch die Herstellung der Eisenbahn Nutzen zu bringen; diese Absicht kann aber nur dann erreicht werden, wenn auf der fertigen Eisenbahn auch wirklich der ganze Verkehr bewältigt wird, den die Produktions-, Konsumtions- und Handelsverhältnisse verlangen. Die Fähigkeit der Eisenbahnen, das zu dieser Bewältigung Erforderliche zu leisten, ist zwar ein nothwendiges und selbstverständliches Mittel zum Zwecke, und selbst wenn in einer Koncessions-Urkunde die diesbezügliche Verpflichtung der Bahnunternehmung nicht ausdrücklich erwähnt wäre, würde sie aus der ratio legis, aus der klaren Absicht des betreffenden Gesetzes gefolgert werden müssen. Die Erfahrung lehrt nun, dass sich die durch Mangel an Betriebsmitteln hervorgerufenen Verkehrsstockungen fast bei jedem Eintritte grösserer Anforderungen wiederholen. Um Ausflüchte, welche mit einem gewissen Scheine von Berechtigung angethan sind, werden die Bahnunternehmungen natürlich auch da nicht verlegen; sie sind z. B., namentlich bei dem Andrange, welcher in Getreideproduktionsgebieten in günstigen Jahren nach der Ernte einzutreten pflegt, stets mit der Entschuldigung zur Hand, dass dies ein ausserordentlicher Fall sei, für den sie doch nicht vorbereitet sein können, da die für kurze Zeit benöthigten Betriebsmittel den übrigen Theil des Jahres hindurch unbenützt bleiben würden — während doch viel stichhaltiger eingewendet werden kann, dass in solchen Ländern die jährlich wiederkehrende Anhäufung eine naturgemässe Eigenthümlichkeit ist, auf die sie von Rechtswegen vorbereitet sein müssen. Wie dem aber auch sei — wenn im gegebenen Falle die Wagen fehlen, so hat das Publikum absolut kein Mittel, sich für die erlittene Unbill schadlos zu halten.

Es ist also klar, dass in allen Dingen die Bahnunternehmung dem Publikum gegenüber in einer insbesondere für den einzelnen Interessenten nahezu unangreifbaren Vortheilsstellung sich befindet und sie auch rücksichtslos ausnützt. Nicht mit Unrecht wird häufig die Bemerkung gemacht, dass der Versender zur Zeit der Frachtfuhrwerke besser bedient war; „gut bedient sein“ ist eben ein Verhältnisswort und bedeutet, dass einem vorhandenen Bedürfniss genügt wird. Nun hatte wirklich das Frachtfuhrwerk wenigstens auf den Hauptverkehrswegen — und nur solche lassen sich ja mit den Bahnen in Vergleichung bringen — eine derartige Ausbildung und Vervollkommnung erlangt, dass den damaligen Bedürfnissen genügt war; insbesondere mag aber hierbei hervorgehoben sein, dass auch ein mittelmässiger, aber im Ganzen doch zum Ziele führender Dienst für Denjenigen, der seiner bedarf, jedenfalls viel mehr werth ist, als die wunderbarste Anstalt, die ihm den Dienst in dem Augenblicke, wo er ihn braucht, verweigert — und zwar nachdem schon durch diese Anstalt früher ein Zustand hervorgerufen worden, der es dem Betreffenden vollkommen unmöglich macht, diese Dienstleistung sich von anderer Seite zu verschaffen. Darin liegt aber eben das Uebel, dass die Bahnen in ihrer gegenwärtigen Organisation den heutigen Bedürfnissen des Verkehres nicht entsprechen.

Und doch ist es gewiss möglich, den Verhältnissen, die den Stempel der Unnatürlichkeit an sich tragen, abzuhelfen. Zwischen den Bedürfnissen und den Befriedigungsmitteln existirt stets eine gewisse Reciprocität, insoferne sie sich gegenseitig in Stärke und Wirksamkeit steigern; sobald auf irgend einem Gebiete ein Mittel gefunden ist, welches ein vorhandenes Bedürfniss auf eine bessere und leichtere als die bisher übliche Weise zu befriedigen vermag, nimmt sofort dieses Bedürfniss grössere Dimensionen an, und zwar nicht nur bis zur vollständigen Ausnutzung des gebotenen neuen Befriedigungsmittels, sondern auch noch darüber hinaus — und daran knüpft sich selbstverständlich das Bestreben, andererseits wieder das Befriedigungsmittel weiter zu verbessern, und zwar so weit, dass nicht nur dem nunmehr vorhandenen grösseren Bedürfnisse, sondern auch einer eventuellen noch grösseren Ausdehnung genügt werden kann; diese Ausdehnung erfolgt natürlich von selbst, und so geht das Spiel weiter bis an die Grenze des überhaupt Möglichen. Dabei tritt aber in der Geltendmachung des Bedürfnisses stets ein gewisser Instinkt zu Tage, welcher diese Grenze des in jedem Entwicklungsstadium Möglichen genau erkennt und achtet; und ein wirkliches Bedürfniss nach einer unmöglichen Leistung wird auch niemals ernstlich zu allgemeinem Ausdrucke gelangen. Es ist Niemandem vor der Einführung der Telegraphen eingefallen, von einem irgendwo in der weiten Welt des Morgens vorgefallenen Ereignisse Mittags Nachricht haben zu wollen, sowie nie Jemand an den Frachtfuhrmann das Ansinnen gestellt hat, die Waaren zu einem Pfennig per Centner und Meile zu verführen; auch verlangt man heute nicht exakte Beförderung durch die Lüfte. Andererseits aber bleibt auch das Verlangen nach Befriedigung vorhandener Bedürfnisse niemals dieser Grenze des Möglichen fern, d. h. es wird unablässig darnach drängen, dass mit den gegebenen Mitteln auch wirklich das geleistet werde, was bei ihrer zweckmässigen Anwendung und vollständigen Ausnutzung geleistet werden kann; wenn also das Verlangen nach besserer Benutzung der vorhandenen Mittel oder — was im Wesen dasselbe und nur der Form nach verschieden ist — die Beschwerden über unrichtige Anwendung der Mittel allgemein und entschieden auftreten, so liegt wohl darin schon ein selten trügendes Zeichen, dass die Grenze des Möglichen in den Leistungen der Befriedigungsmittel nicht erreicht sei. Und dies ist der Fall bei den Eisenbahnen.

Freilich müsste dem Interesse, welches die Entwicklung der Leistung zur Vollkommenheit und das Herabgehen des Preises bis auf das wirthschaftlich zulässige Minimum verlangt, müsste dem Interesse des Verkehres die Möglichkeit geboten sein, einen wirksamen Druck auf Jene, die ihm zu dienen bestimmt sind, auszuüben. Je unabhängiger aber die Eisenbahnen sind, je mehr ihr Monopol sie gegen die praktische Beeinflussung durch die natürlichen Gesetze der Preisbildung schützt, desto weniger ist zu erwarten, dass diese Verkehrsanstalten den ihnen logisch gebührenden Platz in der Reihe der wirthschaftlich thätigen Faktoren einnehmen. Auch in Betreff dieser Frage dürfte es lehrreich sein, eine sachkundige englische Stimme zu hören, und eignen sich hierzu besonders einige Stellen aus dem schon früher erwähnten Berichte des Kapt. Tyler.

Wo er von den Eisenbahn-Monopolen spricht sagt er u. A.: „So lange dem System des Betriebes auf Aktien zu existiren gestattet ist, so lange müssen Eisenbahnen geleitet werden mit Rücksicht auf den Gewinn der Aktionäre, von Verwaltungsräthen, welche das Vertrauen ihrer Majorität besitzen, und von Beamten, welche diese Verwaltungsräthe anstellen. Jede Einmischung von aussen in die Details des Betriebes oder der Verwaltung muss mehr oder weniger der Einwendung oder dem Vorwurfe der Beeinflussung des Gewinnes ausgesetzt sein: und die Schuld an einer abnehmenden Dividende würde natürlich auf Rechnung der Einmischung gesetzt werden. Beständige Einmischung wäre beständig, periodische Einmischung wäre periodisch vexatorisch. Der Dienst für das Publikum würde unvermeidlich mehr durch den Mangel an Einheit in der Leitung leiden, als er durch die Einmischung gewinnen könnte." In der Vernehmung vor dem Ausschusse von 1872 führt er diesen Gedanken präciser aus, indem er auf die Frage des Mr. Dodson ob er eine erfolgreiche Regulirung des Eisenbahnwesens durch eine Behörde für möglich halte (Fr. 7216) antwortet: „Nein; ich denke nicht, dass Sie irgend ein Departement errichten oder irgend ein Gericht einsetzen können, welches fähig wäre, befriedigend diese Frage zu behandeln, so lange die Eisenbahnen in den Händen der grossen Gesellschaften sind, weil Sie eine Art zweigetheilter Leitung (dual management) einführen würden; eine innere Leitung, kontrolirt von einer äusseren Leitung; und die beiden Leitungen miteinander würden ganz gewiss mit dem Fehlschlagen der einen oder der andern enden. So lange die Gesellschaften die Bahnen als Eigenthum haben und betreiben, müssen sie dies thun; und jeder Versuch einer Einmischung von aussen muss mit einem Fehlschlagen enden."

In dem Abschnitte des Berichtes, der die Interessen der Eisenbahn-Gesellschaften jenen des Publikums gegenüber stellt, heisst es: „Die oft wiederholte Behauptung, dass die wirklichen Interessen des Publikums und der Eisenbahn-Gesellschaften identisch seien, ist nur bis zu einer bestimmten Ausdehnung wahr. Es ist ganz richtig, dass durch Verbesserung und Verwohlfeilung von Vorkehrungen für Verkehr und Versendung die Gesellschaften häufig ihr Geschäft vergrössern; aber ein Maximum von Gewinn zu den höchsten Fracht- und Fahrpreisen ist oder sollte im Interesse ihrer Aktionäre ihr Hauptziel sein; und dieses Ziel ist weder noch kann es vereinbar sein mit den Interessen ihrer Kunden, welche wünschen, dass ihnen ein Maximum von Leistung zu den geringsten Kosten geboten werde. Die Aufgabe der gesellschaftlichen Verwaltung ist innerhalb gewisser Grenzen und unter gewöhnlichen Verhältnissen, die Preise in jener Höhe zu stellen, welche die höchsten Dividenden abwirft[1]). . . . . . . Konkurrenz hat ohne Zweifel in früheren Jahren manchen der Umstände, in Bezug auf welche das Gesellschafts-Interesse dem Interesse des Publikums widersprach, entgegengewirkt; aber die jetzige Frage ist, wie, da an die Stelle dieser Konkurrenz mehr und mehr die Vereinigung tritt, das Interesse des Publikums, unter Wahrung aller daraus entstehender Vortheile gegen diese Monopole geschützt werden kann, welche an Macht wachsen, an Ausdehnung zunehmen und mit ihrem Wachsthum immer schwieriger beherrscht werden können." Später wird mit Bezug auf Eisenbahn-Unfälle gesagt: „Man kann in der Verwaltung der Eisenbahnen durch die Gesellschaften bemerken, dass je mehr sie wachsen mit grösserer Meilenzahl, grösserem Geschäfte, beträchtlicherer Macht und einflussreicherer Stellung, sie auch desto unbehülflicher werden, unzugänglicher für Einwirkung von innen und von aussen und nur zu oft schwerer beweglich in Bezug auf Verbesserungen in Dingen, welche die Bequemlichkeit und Sicherheit des Publikums betreffen."

Alles was Kapt. Tyler anführt, hat zwar sichtlich die Tendenz,

---

*) Im ähnlichen Sinne spricht sich auch der Bericht des Ausschusses von 1872 aus, von dem später noch ausführlicher die Rede sein wird.

den Ankauf der Eisenbahnen durch den Staat rathsam erscheinen zu lassen; allein von seinen Konklusionen abgesehen, ist doch soviel sicher — und auch kaum widersprochen —, dass der dermalige Einfluss des Staates keineswegs genügenden Schutz für die berechtigten Interessen des Publikums leisten kann. Etwas weniger schlecht ist es allerdings in Oesterreich und Deutschland bestellt, weil eben hier, wie schon erwähnt, der Regierung ein kräftigerer Einfluss gewahrt bleibt; unverkennbar ist aber die Tendenz der Eisenbahngesellschaften, auch bei uns die dermalen ohnehin immer noch genug geringe Macht des „Brachium" mehr und mehr abzuschwächen — und sind wir sicher, dass es ihnen nicht gelingen wird, wenn wir im Streite um Palliativen versäumen, das Uebel an der Wurzel zu packen?

Konkurrenz.

Das Interesse des Käufers der Transportleistung verlangt, diese in möglichster Vollkommenheit für einen möglichst geringen Preis zu erhalten. Es ist nachgewiesen, dass gegenwärtig weder die Leistungen der Eisenbahnen das bieten, was sie bieten könnten, noch auch der für ihre Leistungen geforderte und nothgedrungen bezahlte Preis im Allgemeinen, die untere Grenze des geschäftlich Zulässigen erreicht hat; es ist ferner nachgewiesen, dass gesetzliche oder administrative Maassregeln, nicht im Stande sind, in dieser Beziehung den wünschenswerthen und wirthschaftlich richtigen Zustand herbeizuführen. Die Erkenntniss der Naturgesetze, nach welchen sich der Preis sowohl in Bezug auf seine absolute Höhe als auch in Bezug auf sein Verhältniss zur Güte der erkauften Leistung regelt, zeigt, dass der billigst-mögliche Preis nur dann eintritt, wenn die Herstellung desselben im eigenen Interesse des Verkäufers der Leistung liegt, und dass dieses Interesse nur dann besteht, wenn die Vermehrung des Angebotes durch nichts anderes beschränkt wird, als durch die Grenzen der vorhandenen Nachfrage. Also nur die freie Konkurrenz ist im Stande, auch die Eisenbahnleistungen so zu entwickeln, dass das Verhältniss zwischen ihnen und den dafür zu bezahlenden Beträgen für den Käufer so günstig werde, als es die jeweils sonst einwirkenden Faktoren (Selbstkosten, Entwicklung der Technik) gestatten.

In der That hat auch die Konkurrenz im Eisenbahnwesen dort, wo sie überhaupt in Wirkung trat, sehr erfreuliche Fortschritte bewirkt. Einerseits jene Konkurrenz, welche man „mittelbare" nennen könnte, da sie wohl die Befriedigung einer und derselben Empfänger-Gruppe, aber verschiedene Versender-Gruppen im Auge hat; diese tritt beispielsweise ein bei der Versorgung der mitteleuropäischen Konsumtion mit überseeischen Produkten, wo die von den südlichen Häfen nach dem Centrum führenden Bahnen mit den von Norden dahin führenden konkurriren. Andererseits hat man aber auch schon bedeutende Vortheile von der „unmittelbaren“ Konkurrenz im Verkehre gleicher Richtung errungen; diese Konkurrenz ist aber wesentlich verschieden von der anderen Art, sie ist übrigens auch die bei weitem wichtigere, sie ist es, die man gewöhnlich erwähnt, und von der allein auch hier die Rede sein soll.

Das Eisenbahnwesen war verhältnissmässig schon ziemlich entwickelt, war schon ein unentbehrlicher Faktor im Verkehrsleben geworden, als man — in verschiedenen Ländern zu verschiedenen Zeiten — inne wurde, dass die auf ihrem Wege ausschliesslich herrschende Bahnunternehmung ein ganz eigenartig Geschöpf sei, bei dem die sonst etwa dem Gemeinwesen zur Verfügung stehenden Mittel, Privat-Interessen dort wo sie mit dem öffentlichen Interesse in Widerstreit gerathen unter das letztere zu beugen, nicht verfangen; man griff daher zu dem ganz richtigen Auswege, dieses Privat-Interesse durch seinesgleichen zu bekämpfen, d. h. eine Konkurrenz zu schaffen. Das Gewohnte — nämlich die Verbindung der faktisch ausschliesslichen Betriebsrechte mit dem Eigenthum des Weges — als das Nothwendige annehmend machte man Konkurrenzbahnen; wohl hofft man auch ab und zu durch Förderung des Verkehres auf anderen Weg-Arten (Binnenschifffahrt) einigen Druck auszuüben, allein man war sich von vornherein klar, dass dieser Druck nur sehr begrenzt und sehr schwach sein, dass überhaupt mit einer Eisenbahn nur wieder eine Eisenbahn konkurriren könne. Dass diese Konkurrenz in der That möglich und wirksam sei, so lange sie dauert, zeigte sich auch in der Erfahrung; eben so zeigte sich aber auch, dass sie nicht anhält und bei der durch die Natur gebotenen quantitativen Begrenzung stets und nothwendig zur Koalition führt.

Zuerst und am intensivsten hat man die diesbezüglichen Erfahrungen in England gemacht, dem Geburtslande des Eisenbahnwesens und — der Eisenbahn-Misère. Von den zahlreichen Ausschüssen und Kommissionen, welche dort im Laufe der Zeit mit dem Studium von Eisenbahnfragen beauftragt waren, hat sich insbesondere der schon erwähnte Parlaments-Ausschuss vom Jahre 1872 mit den Konkurrenzfragen beschäftigt und sein Bericht ist so ausserordentlich lehrreich, dass er verdient, dem deutschen Publikum zugänglich gemacht zu werden; er ist in Uebersetzung als Beilage I. angefügt. Die Resultate, zu denen der Ausschuss gelangt, sind wenig trostreich, müssen aber — immer unter der von ihm festgehaltenen Voraussetzung, dass mit dem Eigenthum der Bahn auch das ausschliessliche Betriebsrecht verbunden sei — als allgemein giltig anerkannt werden.

Aus der Geschichte dessen, was vor ihm versucht worden, entnimmt er:

„1. Dass sorgfältig ausgewählte Ausschüsse und Komissionen in den letzten dreissig Jahren sich an eine Form der Konkurrenz nach der andern gehalten haben; dass es nichtsdestoweniger mehr und mehr klar werde, dass die Konkurrenz verfehlen muss, für Eisenbahnen das zu thun, was sie für den gewöhnlichen Handel thut, und dass bisher keine Mittel angegeben worden sind, durch welche die Konkurrenz dauernd aufrecht erhalten werden kann.“

„2. Dass den Vorschlägen dieser Autoritäten zum Trotz Vereinbarung und Fusion auf Ansuchen der Gesellschaften ohne Kontrole und meistens ohne Regelung ins Leben traten. Es existiren jetzt vereinigte Netze, welche durch ihre Grösse und durch ihren ausschliesslichen Besitz ganzer Distrikte Monopole schaffen, denen sich die früheren Autoritäten sehr entschieden widersetzt hätten. Auch ist kein Grund, vorauszusetzen, dass das Fortschreiten der Vereinbarungen aufgehört habe, oder aufhören werde, bevor Grossbritannien unter einer kleinen Anzahl von grossen Gesellschaften vertheilt sein wird.“

Durch das Studium des Bestehenden und der Tendenz der wahrscheinlichen Weiterentwickelung kommt der Ausschuss zu folgenden Ansichten:

„Es giebt eine wahre und wirksame Konkurrenz zwischen Eisenbahnen und dem Seeverkehr besonders in der Verfrachtung von schweren Gütern, und diese Konkurrenz kann leicht fortdauern, wenn nicht das Parlament öffentliche Häfen in die Hände von Eisenbahngesellschaften giebt.“

„Es giebt einige Konkurrenz zwischen Eisenbahnen und Kanälen, und es ist wünschenswerth alle Anstrengungen zu machen, um das Netz der Binnenschiffahrt zu erhalten und zu entwickeln, obwohl es unwahrscheinlich ist, dass dieses Netz eine allgemeine oder kräftige Konkurrenz mit den Eisenbahnen aufrecht erhalten kann.“

„Es giebt wenig thatsächliche Konkurrenz in Bezug auf Preise zwischen Eisenbahngesellschaften, und auf ihre Fortdauer kann man sich nicht verlassen. Es giebt gegenwärtig eine beträchtliche Konkurrenz in Bezug auf Erleichterungen, aber die Sicherheit ihrer Fortdauer ist ungewiss.“

Aus dem Schlussresumé seien hier folgende Sätze hervorgehoben:

„Konkurrenz zwischen Eisenbahnen existirt nur in beschränkter Ausdehnung und kann durch die Gesetzgebung nicht aufrechterhalten werden.“

„Vereinbarungen zwischen Eisenbahnen nehmen zu und werden zunehmen entweder durch Fusion oder in anderer Weise.“

Wie der Ausschuss zu diesen Resultaten gelangt ist, kann aus seinem Berichte deutlich ersehen werden; zur Illustration mag es aber von Interesse sein, ein paar der markantesten Stellen aus den Aussagen der Experten kennen zu lernen:

Sir William Wright, Obmann der Hull Dock Company sagt (Fr. 2549): „Wenn die Konkurrenz als zwei Eisenbahngesellschaften schädlich gefunden wird, machen sie früher oder später Betriebs-Uebereinkünfte, oder sie fusioniren, oder sie machen einen Plan, durch welchen der durch ihre ernsthafte Konkurrenz herbeigeführte Verlust in einem neuen, natürlich durch ihre Koncession regulirten Tarifsystem eingebracht wird. Wo niedere Frachtsätze unter dem Maximum zum Beispiel sehr verlustbringend sind, gewinnt das Publikum eine Zeit lang, aber gelegentlich endet dies durch eine Verständigung zwischen den Gesellschaften, und sie bilden eine Basis, auf welcher sie Gewinn ziehen und die in ihrer Koncession gestatteten Frachtsätze erheben können.“

Mr. Joseph Whitwell Pease, Verwaltungsrath der North Eastern Eisenbahn erklärt (Fr. 5130): „Ich glaube gar nicht an Eisenbahn-Konkurrenz; ich glaube, sie ist eine vollständige Mythe; ich denke nicht, dass in diesem Augenblick irgend ein Konkurrenz-Frachtsatz im Königreiche existirt. Sobald es zwei Routen für einen Verkehr giebt, können sie eine Woche oder zwei, oder einen Monat oder zwei als Konkurrenz-Routen arbeiten, aber die Frachtsätze sind festgestellt und vereinbart, bevor einige Monate vorüber sind.“

Der schon öfter citirte Kapt. Tyler entwickelt seine Ansichten folgendermaassen (Fr. 6914): „Je mehr das Land erfüllt wird, und je mehr Eisenbahngesellschaften, wie sie es gethan haben, sich einigen, um grosse Gesellschaften zu bilden, desto weniger wird Konkurrenz irgend einen Effekt bei ihnen hervorbringen. Im Beginne des Eisenbahnsystems, als die Stücklinien gebaut wurden, gab es natürlich wenig Konkurrenz; dann, als sie an verschiedenen Punkten in Konflikt mit einander kamen, gingen sie geradezu wild darauf los; sie erstrebten Ausdehnung nach allen Seiten und kämpften miteinander um einzelne Distrikte und in manchen Fällen ruinirten sie einander und ruinirten sich selbst. Ich denke, die Zeit ist nun gekommen, wo sie alle das Verrückte eines Vorgehens dieser Art einsehen; und die Tendenz von Heute ist mehr für sie sich zu vereinigen und dem Publikum abzunehmen, was sie können, und sich für Alles, was sie früher verloren haben, schadlos zu halten. Es giebt gewisse Netze, die noch nicht vollständig sind oder noch nicht für vollständig gehalten werden, und noch lebhaft in Konkurrenz mit den Nachbarn thätig sind und neue Linien ansetzen, welche sie besser befähigen sollen, mit den Nachbarn zu konkurriren. Aber jene Netze werden eben jetzt mehr oder weniger vervollständigt, und wenn jedes Netz findet, dass es so viel erhalten hat, als es haben kann, muss die natürliche Tendenz für jedes Netz sein, sich mit einem andern Netz zu vereinigen; und daher, denke ich, sehen wir jetzt so grosse Verschmelzungen projektirt. Die Tendenz geht auf grosse Vereinigungen, und das letzte Resultat muss nach meiner Meinung sein, dass das Land unter eine mässige Anzahl grosser Eisenbahnnetze vertheilt wird; und wenn diese Anzahl genügend klein ist, muss für diese grossen Netze die Tendenz sein, sich miteinander zu vereinigen, sie werden die Thorheit des Konkurrirens einsehen, sich mit einander vereinigen und das Beste für sich thun, was sie können." — In der nächsten Antwort sagt derselbe Experte: „Die Konkurrenz, denke ich, muss am Ende einen natürlichen Tod sterben."

Der Sekretär des Board of Trade, Mr. Thomas Henry Farrer sagt u. A. (Fr. 7625): „In was immer für einer Ausdehnnng jetzt Konkurrenz existirt, ich denke die Geschichte der Eisenbahnen in den letzten 30 Jahren zeigt, dass sie abnimmt, und dass Sie sie nicht aufrechterhalten können. Sie hatten Ausschuss auf Ausschuss und Kommission auf Kommission, welche gegen Verschmelzungen Berichte abgaben, und trotz all dieser Berichte, gingen die Verschmelzungen in wachsendem Verhältniss vor sich."

Als Blumenlese mag das genügen; aus dem Ganzen geht mit schlagender Klarheit hervor, dass in England alle Versuche, eine Konkurrenz zwischen verschiedenen, den Verkehr gleicher Richtung vermittelnden Bahnlinien aufrecht zu erhalten, sowohl bisher gescheitert sind, als auch für die Zukunft keinerlei nachhaltigen Erfolg versprechen*). In Oesterreich und Deutschland, wo eben, wie bereits

*) Wer sich übrigens genauer über diese Versuche unterrichten will, dem sei das kürzlich bei Dunker & Humblodt in Leipzig erschienene vortreffliche Buch: „Die Entwicklung der Eisenbahngesetzgebung in England" von Dr. Gustav Cohn hiermit bestens empfohlen.

erwähnt, die Bahnunternehmungen denn doch viel mehr von der Staatsgewalt abhängig sind, ist man zwar noch nicht bis zur Ueberhandnahme der förmlichen und vollständigen Verschmelzungen gediehen, aber die von der Linienkonkurrenz mit so viel Zuversicht erhoffte Erfüllung der Wünsche des versendenden Publikums hat sich noch nicht eingestellt oder wenigstens nicht auf die Dauer behauptet. Es wurde nämlich die angeblich sicher eintretende Wirkung der Konkurrenz alsbald durch Uebereinkünfte der konkurrirenden Linien illusorisch gemacht, und es zeigte sich auch, dass es kein Mittel gebe, solche Uebereinkünfte zu verhindern.

Der letzte Fall dieser Art, der viel Staub aufwirbelte, hat sich in Oesterreich zugetragen, wo gerade in den letzten Jahren die „Konkurrenzbahnen“ förmlich epidemisch geworden sind. Es haben nämlich die Verwaltungen der von Wien nach Böhmen führenden Linien ein sogenanntes „Kartell“ abgeschlossen, dessen hauptsächliche Stipulationen festsetzen: dass für die konkurrirenden Routen nach und über Böhmen Gemeinschaftstarife und eine Theilung des Verkehrs vereinbart ist, dass für die gegenseitige Verrechnung ein Regiepreis als Eigenkosten angenommen ist; dass Refactien nur mit Zustimmung der Kontrahenten bewilligt werden dürfen. Der Gemeinschaftstarif blieb zwar noch immer niedriger als die koncessionsmässigen Maxima, ja ging theilweise sogar unter die vorher aufgestellten officiellen Tarifsätze, allein gleichwohl fand durch die gleichzeitige Aufhebung der bis dahin gewährten Refactien in der Praxis eine Erhöhung der wirklich zu zahlenden Beträge statt. Sofort erhob natürlich der Handelsstand die klagende Stimme und verlangte, die Regierung solle derlei Verträge verbieten. In einer vom Handelsminister am 14. Jan. 1874 einberufenen Konferenz von Vertretern der Bahnen und des Handelsstandes platzten nun die gegentheiligen Ansichten aufeinander. Am Schlusse spitzte sich die Verhandlung nach dem in der officiellen „Wiener Zeitung“ hierüber erschienenen Berichte in Folgendem zu:

Sämmtliche Delegirte der kaufmännischen Korporationen stellten die dringende Bitte an den Handelsminister, namentlich den subventionirten Bahnen die Genehmigung zur Festsetzung der fraglichen Vereinbarung zu versagen.

Hofrath Engerth's (österr. Staatsbahn) Schlusswort gipfelte darin, die Staatsverwaltung könne den Bahnen das Recht, Verträge überhaupt zu schliessen, nicht nehmen, es handle sich nur darum, welchen Inhalts diese Verträge seien. Er bitte den Handelsminister, den Inhalt des vorliegenden Kartells zu untersuchen, ob derselbe den allgemeinen Interessen abträglich sei, und nach Rechtsbefund zu entscheiden.

Der Handelsminister erklärte hierauf, er werde jetzt, nachdem er die Gründe, die für und gegen das Kartell angeführt worden, gehört habe, die Frage, deren gerechte Lösung eine äusserst schwierige sei, in reifliche Erwägung ziehen und darnach seine Entscheidung treffen. Er müsse jedoch hervorheben, dass die Staatssubvention, welche die Handelsstandsvertreter als Quelle billiger Tarifsätze zu betrachten scheinen, vom Abgeordnetenhause als ein Krebsschaden angesehen werde, und dass die Regierung den Anschauungen des Parlamentes Rechnung tragen müsse; dass ferner in Betracht zu ziehen sei, ob und welche Mittel die Regierung besitze, einer gleichmässigen Tarifaufstellung der nach konkurrirenden Routen führenden Bahnen in dem Falle zu begegnen, wenn der formelle Abschluss einer Vereinbarung zufolge Verbotes der Regierung nicht erfolge.

Es liegt also hier grade so, wie bei den verschiedenen Verhandlungen in England zu hören war, das unumwundene Eingeständniss der Ohnmacht des Staates vor. Die Tendenz, ja die Nothwendigkeit der Vereinbarung zu dem Behufe, die Konkurrenz ausser Kraft zu setzen, wird von den Eisenbahn-Männern zugestanden und klargelegt, und zur Vervollständigung des Bildes mag es dienlich sein, hier eine diesbezügliche Auseinandersetzung mitzutheilen, welche sich an den eben erwähnten Fall anschliesst. Generaldirektor Kogerer der Franz-Josephs-Bahn hat nämlich anlässlich dieser Verhandlungen eine Denkschrift mit dem Titel: „Konkurrenz und Kartelle der Eisenbahnen“ verfasst und in einigen lithographirten Exemplaren an Abgeordnete vertheilt; sie behandelt die Frage zuerst im Allgemeinen und dann mit besonderer Rücksichtnahme auf den vorliegenden Fall und die Interessen der Franz-Josephs-Bahn; im allgemeinen Theil findet sich folgende Darlegung:

„Die Konkurrenz der Bahnen begann sowohl im Lokalverkehre, wenn nur zwei Bahnen über zwei gemeinschaftliche Punkte sich bekriegten, als im Anschluss- und Verbandsverkehre, wenn die streitigen Punkte zwei Bahngebiete oder eine Reihe vereinigter Bahnen umfasste, durch das Herabsetzen der Transportpreise auf der einen Route. Diese Herabsetzung erfolgte je nach Uebung des Landes im Wege des officiellen Tarifes oder im Wege der Rückvergütung (Bonifikation). Die bedrohte Transportstrecke folgte der Herausforderung entweder sofort, wenn sie ihre Lokalstrecke berührte und ihre Einrichtungen dies zuliessen, oder in einem möglichst kurzen Intervall, wenn es einen Anschluss- oder Verbandsverkehr betraf, in welchem die Zustimmung aller betheiligten Bahnen erforderlich war. Um ein Resultat zu erzielen, musste von der herausfordernden Route ein neuer Angriff gewagt werden, der von der anderen Route in der Regel ebenso wie das erste Mal aufgenommen wurde. Die gegenseitigen Unterbietungen in den Sätzen folgten sich Schritt für Schritt, bis die Bahnen zum Ergötzen der an den streitigen Punkten domicilirenden Handelswelt zu Transportpreisen gelangten, die mit ihren Auslagen gar nicht mehr in Einklang zu bringen waren."

„Erfolgte die Unterbietung im Bonifikationswege, dann blieben wenigstens die officiellen Tarife intakt, und die seinerzeitige Aufhebung der Bonifikation brachte wieder Alles in das richtige Geleise; geschah jedoch die Unterbietung im Wege des officiellen Tarifes, dann stellten sich die Rückwirkungen auch auf die Nachbarverkehre ein, und es mussten oft ohne Noth, nur um Anomalien zu vermeiden, auch die vor- und hinterliegenden Stationen geregelt, oft ganze Verbandsverkehre neu aufgestellt werden. Die Bahnen trachteten nun mit einander eine Verständigung zu erzielen, und waren es häufig sogar die Staatsbahnen, die von ihren Regierungen zu solchen Verständigungen gedrängt wurden. Solche Verständigungen waren in dem Falle ganz unvermeidlich, wenn beide Konkurrenzrouten unter ähnlichen Verhältnissen operirten und an ein Zurückweichen der einen vor der andern nicht zu denken war."

„Die schon besprochene Art der Konkurrenz wurde zwischen den verschiedensten Bahnen mit kürzerer oder längerer Dauer durchgeführt, und das Schlussergebniss war überall das gleiche. Die Verständigung selbst gipfelte stets in einer Theilung des strittigen Verkehrs unter Gleichstellung der Tarife, wobei dieselben wieder auf eine den Verhältnissen entsprechende Höhe gebracht wurden. Da jedoch diese Art der Regelung der Tarife, wenn auch innerhalb der gesetzlichen Grenzen, doch die Handelswelt zu heftigen Angriffen reizte, so schlugen die Bahnen später, wenn es sich um eine neu entstandene Konkurrenz handelte, den gedachten Weg gleich von vornherein ein, d. h. sie boten der Konkurrenzroute noch vor Eröffnung der Konkurrenz die Hand zum Frieden. Und nur in dem Falle, wenn die Ausgleichsverhandlungen scheiterten, und die eine Route nicht jenen Theil des Verkehrs, den sie zu beanspruchen sich berechtigt glaubte, zugesprochen erhielt, wurde und wird auch jetzt noch der Kampf aufgenommen, aber nicht zu dem Zwecke, sich ewig zu bekriegen, sondern um sich gegenseitig zu messen und dann einen

Frieden zu schliessen, der aber nur so lange währt, bis die Verhältnisse zu Gunsten des einen oder andern Theils eine Revision der Verständigung nothwendig machen.“

„Diese Verständigungen, Uebereinkommen (Eisenbahnkartelle) beruhen auf verschiedenen Grundlagen.“

„Die einfachste Art der Verständigung ist die, dass sich die zwei Konkurrenzbahnen in ihr Verkehrsgebiet theilen. Jede Bahn macht in ihrem Verkehrsgebiet Tarife und macht weder direkte noch indirekte Anstrengungen, um Sendungen aus dem Gebiet der andern für ihre Strecke zu erhalten. Auf dieser Basis beruht die Verständigung der Kgl. Sächsischen Staatsbahnen mit der Leipzig-Dresdener Bahn. Der Tarif der Sächsischen Staatsbahnen (Lokaltarif) enthält für die betreffenden Verkehrsrouten keine Tarifsätze (obwohl sie über die Sächs. Staatsbahn zu erreichen sind) sondern einen Hinweis auf den Tarif der Leipzig-Dresdener Bahn. Ein zweiter Modus besteht darin, dass beide Konkurrenzrouten gleiche Tarife nach den Konkurrenzpunkten erstellen und dass entweder, wo es durchführbar ist, die Sendungen in einer Richtung über die eine und in der andern Richtung über die andere Route instradirt werden, oder dass jede Route das befördert, was die Partheien eben dort zur Aufnahme bringen. Im letztern Falle, der in der Regel dort gehandhabt wird, wo die Aufgabe auf zwei getrennten Bahnhöfen erfolgen kann, ist oft eine Geldausgleichung, die übrigens auch bei den anderen Arten der Durchführung zur Anwendung gelangen kann, mit verbunden. Die Geldausgleichung wird gewöhnlich dann in's Auge gefasst, wenn durch die Einrichtungen der Bahnen oder durch die örtlichen Verhältnisse durch eine Naturaltheilung eine der Konkurrenzfähigkeit entsprechende Quote nicht zu erreichen ist.“

„Es giebt wohl heute keinen praktischen Denker mehr, dem sich nicht schon die Ueberzeugung aufgedrängt hätte, dass eine Eisenbahnkonkurrenz, wie sie in den Kreisen des Handelsstandes noch erhofft zu werden scheint, und die darin bestände, dass sich die Bahnen ihre Frachtsätze zwischen den Konkurrenzpunkten so herabdrücken, dass schliesslich statt des Porto nur mehr die Leistung übrig bleibt, für die Dauer gar nicht bestehen kann. Bei der Menge der Bahnen und der Anzahl der Konkurrenzpunkte müsste das dauernde stetige Herabsetzen der Frachten auf ein Minimum, welches kaum oder nicht einmal die Regiespesen deckt, auf das Erträgniss der Bahnen schon wegen der Wechselwirkung auf die von der Konkurrenz selbst nicht betroffenen Punkte, von den unheilvollsten Folgen sein, und kein Staat würde einem solchen Kampfe, möchten es Staatsbahnen oder Privatbahnen sein, ruhig zusehen können, wollte er nicht einen erheblichen Theil des Nationalvermögens, welches in den Eisenbahnen angelegt ist, dem Verderben preisgeben. Das steht fest, dass die Konkurrenzkämpfe der Bahnen nie aufhören werden, insolange zwei Bahnen zwei gleiche Punkte mit ziemlich gleicher Entfernung berühren; die Kämpfe werden vielleicht heftig sein und die Frachten momentan bis unter die Gestehungskosten drücken können, denn der ewige Wechsel der Verkehrsverhältnisse bedingt eine stetige Verschiebung der gegebenen Situation; doch nie wird der Kampf die Regel, sondern stets die Ausnahme sein."

„Man wird kaum fehlgehen, wenn man behauptet, dass es heute schon schwerlich mehr als zwei oder drei grosse Bahnen auf dem ganzen Kontinente giebt, die nicht in irgend einer Weise mit ihren Konkurrenzbahnen Abmachungen über die Regelung der Konkurrenzverhältnisse hätten. Wie erwähnt haben sich die Kgl. Sächsischen Staatsbahnen mit der Leipzig-Dresdener Bahn im Anschlussverkehr über die Niederhaltung der Konkurrenz verständigt, dasselbe ist zwischen der Kgl. Bayr. Staatsbahn und Ostbahn der Fall. Die Bergisch-Märkische Bahn (Privatbahn unter Staatsverwaltung) hat ein Abkommen mit ihrer Nachbarbahn der Köln-Mindener, die Niederländisch-Rheinische mit der Niederländischen Staatsbahn; die Hamburg-Berlin-Wiener Route mit preussischen Staatsbahnen an der Spitze, die süddeutschen Bahnen mit ihrem Principe der kürzesten Route und den Gemeinschaftsverkehren; die belgischen Bahnen (Belgische Staatsbahn und Central Belge); (die französischen Bahnen haben sogar die Karte von Frankreich in vier gleiche Theile getheilt) etc. — Alle haben Abmachungen, nicht wegen Förderung, sondern wegen Regelung und Beseitigung der Konkurrenz."

Aus diesen Anführungen geht in der That klar hervor, dass sich das Publikum einer festgeschlossenen Phalanx gegenüber befindet, für welche wirklich Gladstone's Worte Geltung haben, die er 1844 im Hause der Gemeinen gesprochen: „Ich möchte lieber einem Gracchus Vertrauen schenken, wenn er wider Aufruhr spricht, als einem Eisenbahndirektor, wenn er dem Publikum von den Wirkungen der Konkurrenz spricht; Streitigkeiten zwischen Eisenbahngesellschaften sind wie der Streit zweier Verliebten, kurz ist die Feindschaft, ewig die Liebe." Noch sind nicht zehn Jahre verflossen, dass eine umfangreiche Agitation für das Zustandekommen der Franz-Josephs-Bahn Himmel und Erde in Bewegung setzte, weil sie eine „Konkurrenzbahn" sei — und nun ist sie in einem Kartelle, dessen Zustandekommen hauptsächlich der Thätigkeit ihrer Direktion zu danken ist, und ihrem Bureau entstammt das Schriftstück, dem obige Argumentation entnommen ist.

Die unheilbare Hinfälligkeit der Linienkonkurrenz stellt sich also zunächst als eine durch die Erfahrung nachgewiesene Erscheinung dar — es fehlt aber auch nicht an theoretischer Erklärung dafür. Einem nahezu unbegrenzten Quantum von Nachfrage nach Transportleistungen steht eine äusserst beschränkte Konkurrenz im Angebote gegenüber; in den seltensten Fällen kommen für ein und dieselbe Verkehrsrichtung mehr als zwei konkurrirende Routen in Betracht, und es ist auch daher, wenn man das eigentlich konkurrirende bewegliche Element an das unbewegliche bindet, dabei nur von zwei Konkurrenten die Rede. Die beiden Wege als solche konkurriren nicht miteinander — so wenig als zwei Getreidefelder mit einander konkurriren können; nur in der ausnützenden Thätigkeit und ihren Mitteln liegt die Möglichkeit, die Nachfrage in besserer oder weniger guter Weise zu befriedigen; während es aber der Getreidefelder gar viele giebt, welche für ein gleiches Absatzgebiet ausgenützt werden, giebt es der Wege nur zwei, und auch von diesen ist gar häufig der eine — eigentlich überflüssig. In den für die konkurrirende Thätigkeit zur Verfügung stehenden Wegen finden sich aber doch immer wieder solche Verschiedenheiten, dass von einer eigentlichen Konkurrenz auf gleicher Basis gar nicht die Rede sein kann; die wahren Wirkungen — d. h. die Herbeiführung der grössten Vollkommenheit in der Ausnützung zu den billigsten Preisen — kann aber nur die Möglichkeit der wirklichen, freien Konkurrenz auf gleicher Basis erzielen. Nicht die Erreichung des Zieles auf verschiedenen Wegen kann als Gegenstand einer wirksamen Konkurrenzthätigkeit betrachtet werden — denn von den Wegen, die an sich unbeweglich sind, kann doch nur immer einer der beste sein; die Aufgabe, welche durch Wettstreit zu lösen wäre, ist vielmehr die zweckmässigste Ausnützung dieses besten Weges, und die Frage nach dem besten Wege ist ganz verschieden und absolut zu trennen von der Frage nach der besten Transportleistung. Das Ziel, das anzustreben ist, besteht darin, dass dem Producenten der besten Transportleistung die Möglichkeit gegeben werde, für die Ausübung seiner Thätigkeit den besten Weg zu benützen.

Ein Schritt in dieser Richtung wurde schon gethan; wohl nimmt man im Eisenbahnwesen die bewegende Kraft noch immer als ein

Zugehör des Weges an — abweichend von den bei Erbauung der ersten Bahnen herrschenden Ansichten und vermeintlich durch die Erfahrung dazu gezwungen; aber wenigstens ist man in Deutschland schon dahin gekommen, die Ausnützung des bewegten Raumes der Freiheit konkurrirender Thätigkeit zu vindiciren. Und als einmal trotz vielfacher Gegnerschaft das System des Wagenraumtarifs ernsthaft zur Anwendung gebracht wurde, zeigte sich, dass die Theorie im Rechte war, als sie diese Forderung stellte — denn in der That wurde die Ausnützung des gegebenen Raumes besser, d. h. die Transportleistung wirthschaftlicher. Die Vergleichung der Leistungen der elsass-lothringischen Bahnen mit denen der preussischen Staats- und unter Staatsverwaltung stehenden Bahnen im letzten Quartal 1872 zeigte nach einem dem deutschen Reichstage vorgelegten Berichte, dass betragen hat:

1. Die Ausnützung per beladene Achsmeile

auf den Eisenbahnen im Elsass-Lothringen	74·29	Ctr.
auf den preussischen Bahnen	58·5	"

2. Der Ertrag per beladene Achsmeile

auf den Eisenbahnen im Elsass-Lothringen	11·26	Sgr.
auf den preussischen Bahnen	9·6	"

Bekanntlich hat seither das neue System in Deutschland bedeutend an Ausdehnung gewonnen. Gleichwohl darf dies aber nur als ein erster Schritt nach vorwärts betrachtet werden, und er war auch in Amerika bereits überholt, wo sich für ganz bedeutende Verkehrsgruppen eine Zeit lang die Theilnahme der Bahngesellschaft an der eigentlichen Transportleistung nur mehr auf die Beistellung der Zugkraft beschränkte und stellenweise noch beschränkt. Der vierte Jahresbericht (Januar 1873) der Board of Railroad Commissioners im Staate Massachusetts enthält eine sehr lehrreiche Skizze der Entwicklung der Dinge bis zur Thätigkeit der heute bestehenden Frachtwagen-Gesellschaften (Freight Car Companies), und da die Verbreitung der Kenntniss dieser Verhältnisse auch in Deutschland von grossem Nutzen sein kann, so ist eine Uebersetzung des betreffenden Berichtsabschnittes als Beilage II. angefügt. Es zeigt sich daraus, dass schliesslich Alles wieder völlig unter die Herrschaft der Bahnunternehmung zurückkehrt — denn das Wesentliche für die Bewegung ist ja doch die bewegende Kraft, und so lange diese auf dem Wege monopolisirt ist, kann von einer freien Bewegung und Konkurrenz der Frachtführer nicht die Rede sein; und so macht sich auch trotz mehrfach unternommener Emancipationsversuche, welche bereits weit über das bei uns bis jetzt Gebotene hinaus gegangen waren, die zunehmende Beherrschung aller Verhältnisse durch die Eisenbahngesellschaften in Amerika in dem Grade geltend, welcher in der mitgetheilten Rede des Gouverneurs von S. Francisco gekennzeichnet ist.

Will man also die Konkurrenz verschiedener Frachtführer auf demselben Wege praktisch erfolgreich machen, so muss man zuerst die Möglichkeit herstellen, dass in der That ein wirklicher Frachtführer, der nicht Eigenthümer des Weges ist auf dem letzteren seine Thätigkeit entfalten könne; Frachtführer ist aber offenbar nur der, der die bewegende Kraft zur Verfügung hat.

Freie Bahn.

„Alle Personen sollen volle Freiheit haben, alle Wege und sonstigen Strassen der Gesellschaft mit Maschinen und Wagen zu benützen zum Zwecke der Beförderung von Gütern, Passagieren oder Vieh. Damit dies möglich sei, sollen die Wagen der Frachtführer solchen Vorschriften entsprechen, wie sie die Eisenbahngesellschaft für gut hält und auf jeder Station öffentlich bekannt macht.“ Diese Bestimmung findet sich in der Koncessions-Urkunde für die erste Lokomotivbahn der Welt, die Liverpool-Manchester-Bahn, wodurch übrigens auch den an die Bahn grenzenden Grundbesitzern das Recht ertheilt wird, „Zweigbahnen zum Anschlusse an die Liverpool-Manchester-Bahn zu bauen, sei es, dass solche Zweigbahnen die Hauptbahn kreuzen, oder blos zu ihr heranführen, sowohl für den eigenen Nutzen der benachbarten Grundbesitzer als auch aller Andern, denen diese ihre Zweigbahn zur Benutzung eröffnen.“ Für die Benutzung der Bahn sind Wegegelder zu bezahlen, deren Maxima die Koncessions-Urkunde bestimmt; der Eisenbahngesellschaft wird die Erlaubniss gegeben, auch selbst als Frachtführer auf ihrer Bahn Geschäfte zu treiben, wofür wieder ein besonderer Tarif festgesetzt ist.*)

Es wurde somit bei Beginn des Eisenbahnwesens in England die Bahn als eine — unter Beobachtung der technischen Eigenthümlichkeit des Weges — völlig freie Strasse gedacht; formell wurde diese Voraussetzung in England auch in allen späteren Koncessionen festgehalten, sowie auch das Eisenbahngesetz von 1845 bestimmt, dass gegen Zahlung des Bahngeldes Jedermann berechtigt ist, die Eisenbahn mit geeigneten Betriebsmitteln zu benutzen: „All companies

*) Siehe das erwähnte Buch von G. Cohn, dem auch die weiteren Citate aus englischen Quellen bis zu den später folgenden Mittheilungen aus den Publikationen des Ausschusses von 1872 entnommen sind.

and persons shall be entitled to use the railway with engines and carriages properly constructed.“ Im Vorübergehen sei übrigens hier bemerkt, dass die rechtliche Möglichkeit der Benutzung einer Bahn durch mehrere Betriebsunternehmer auch im preussischen Eisenbahn-Koncessionsgesetze von 1838 vorbehalten ist; § 27 dieses Gesetzes lautet nämlich: „Nach Verlauf der ersten drei Jahre können zum Transportbetriebe auf der Bahn ausser der Gesellschaft selbst auch Andere gegen Entrichtung des Bahngeldes oder der zu regulirenden Vergütung die Befugniss erlangen, wenn das Handelsministerium nach Prüfung aller Verhältnisse angemessen findet, denselben eine Koncession zu ertheilen.“

Leider entsprach der dem ersten Eisenbahngesetze zu Grunde liegenden Absicht, die Verkehrsfreiheit auf der Schiene zu wahren, die Fassung des Gesetzes selbst nicht in dem Maasse, dass sie in der Praxis erfüllt werden konnte. Mit der wirklichen Gestaltung des Betriebes auf dem neuen, noch gar nicht erprobten, ja von Vielen überhaupt gar nicht für lebensfähig gehaltenen Wege gänzlich unbekannt, unterliess man es, durch gehörige Vorschriften die Möglichkeit zu sichern, dass die Bahn von Anderen als ihrem Eigenthümer thatsächlich benützt werden könne. Auch bei den darauffolgenden Koncessionen hielt man sich — wie dies eben in England üblich ist — genau an das einmal gegebene Muster, und erst als es (wenigstens für die englische Gesetzgebungsweise!) zu spät war, erkannte man, dass das Festhalten an dem Buchstaben den Geist getödtet, und sah sich dem Monopol auf der Schiene als einer gegebenen Thatsache gegenüber. Schon im Jahre 1839 veranlassten die fühlbar gewordenen Uebelstände im Eisenbahnwesen die Einsetzung eines parlamentarischen Untersuchungs-Ausschusses (von dem auch im Berichte des Ausschusses von 1872 die Rede ist), und dieser erklärte u. A.: „Es sei offenbar nicht die Absicht des Parlamentes gewesen, einer Eisenbahngesellschaft das complette Monopol der Beförderungsmittel auf ihrer Linie zu geben, im Gegentheil sei in allen oder den meisten Acts Vorsorge getroffen, dass andere Personen ausser der Gesellschaft befähigt seien, auf der Eisenbahn mit eigenen Maschinen und Wagen zu fahren, gegen Zahlung gewisser Bahngelder an die Gesellschaft. Diese Absicht des Parlaments indessen kann, wie die Erfahrung gelehrt, nicht verwirklicht werden; denn es ist klar, dass die vorgeschriebenen Wegegelder nur ein sehr kleiner Theil derjenigen Vorkehrungen ist, welche nöthig sind, die Eisenbahngeleise der öffentlichen Konkurrenz freizuhalten; mit der blossen Ermächtigung, seine Lokomotive und seine Wagen auf die Schienen zu stellen und darauf zu fahren, habe noch Niemand die Möglichkeit, seine Maschine mit Wasser zu versorgen oder Passagiere an einer passenden Station aufzunehmen und abzusetzen, und würde der Konkurrent in eine so ungünstige Position gegenüber der eignenden Gesellschaft kommen, dass alle versuchte Konkurrenz unmöglich gemacht würde."

Es liegt also — und das ist wohl festzuhalten — die Ursache des Fehlschlagens der ursprünglichen Absicht darin, dass man es unterlassen hat, die Eigenthümer der Bahn gleich von vornherein derart zu binden, dass sie verpflichtet gewesen wären, alle auf ihren Schienen verkehrenden Betriebsmittel sowie ihre eigenen zu behandeln; wäre man von Anfang an darauf bedacht gewesen, so dass die Idee des Monopols gar nicht hätte aufkommen können, so würde das ganze Betriebswesen eine andere Wendung genommen haben, und die naturwidrige Gestaltung der Dinge, welche die einzige Quelle aller heute so sehr beklagten Uebelstände bildet, wäre England und der ganzen übrigen Welt erspart geblieben. Je mehr sich aber auf der Grundlage des ersten Fehlers der Gesetzgebung mit dem Siege der Shylokpolitik der Bahneigenthümer der ganze Betrieb einseitig entwickelte, desto schwerer musste es naturgemäss werden, den von den ersten Gesetzgebern gedachten Standpunkt zur Geltung zu bringen; es wurde den immer weiter zu gigantischer Macht anwachsenden Privatinteressen gegenüber immer weniger möglich, das nachzuholen, was man im Beginne unterlassen, nämlich den Geist des ersten Gesetzes und mit ihm das öffentliche Interesse in die ihnen gebührenden Rechte einzusetzen. Selbst wenn man noch im Jahre 1839 angesichts der aus den gemachten Erfahrungen gewonnenen Erkenntniss als unumstössliches Princip aufgestellt hätte, dass wenigstens bei den später folgenden Koncessionen den Koncessionären die Pflicht aufzuerlegen sei, dem Verkehr fremder Züge die technische und geschäftliche Möglichkeit zu wahren, wäre viel Unheil verhütet worden; allein man war schon befangen, konnte sich den Betrieb nicht anders als in der Gestalt denken, welche er in Folge des bis dahin bestehenden Monopols auf der Schiene angenommen, und liess sich leicht durch alle Vorspiegelungen von Erfordernissen der Sicherheit u. dgl. täuschen; dem Railway Interest konnte selbstverständlich nichts gelegener kommen, als hinter vermeintlichen öffentlichen Interessen selbst Deckung zu finden, und ein unmittelbares Interesse an durchschlagender Beseitigung der Vorurtheile hatte Niemand. So entfernte man sich mehr und mehr von dem durch die Lage vorgeschriebenen Ziel und suchte das nicht wegzuleugnende Uebel an anderen Punkten zu heilen, als wo es eigentlich sass; man trachtete Bahn durch Bahn zu bändigen, die Kanäle den Bahnen gegenüber konkurrenzfähiger zu machen — Alles vergebens; die Bahnen kauften Kanäle, fusionirten sich unter einander, und in Wirklichkeit steht man heute gerade da, wo man 1839 gestanden, nur dass das Uebel um so einschneidender wirkt, je mehr das Bahnnetz sich verdichtet hat und der Bahnverkehr als wirthschaftlicher Faktor auf alle Zweige der Produktion und Konsumtion Einfluss nimmt; auch die Versuche behördlicher Einmischung scheiterten kläglich, besonders da das ganze englische Wesen eine stramme Thätigkeit der Staatsverwaltung unmöglich macht.

Gleichwohl hat man die Idee des freien Verkehrs auf der Schiene niemals ganz vergessen, wenn auch der Gedanke an die Möglichkeit der Durchführung immer mehr in den Hintergrund trat. Dass der im Jahre 1840 tagende Ausschuss an den obigen Ausspruch des Ausschusses von 1839 anknüpft, begreift sich leicht; aber auch der grosse Ausschuss von 1844 kommt darauf zurück, indem er es für nothwendig hält, ausdrücklich festzustellen, „dass das dem Publikum durch jede Eisenbahnbill zugesicherte Recht, seine eigenen Wagen und Lokomotiven auf der Bahn fahren zu lassen, praktisch ein todter Buchstabe ist, und zwar aus folgenden Gründen: Erstens, kaum jemals gestattet es die Sicherheit, konkurrirende Züge auf derselben Bahn fahren zu lassen; zweitens, es sind in den Acts keine Vorsichtsmaassregeln getroffen, um unabhängigen Zügen und Maschinen Zugang zu den Stationen, Waarenschuppen etc. zu verschaffen; drittens, das Bahngeldmaximum, welches vom Parlament in die Acts hineingesetzt worden, ist fast immer so hoch, dass es für Dritte geradezu unmöglich ist, mit einem Vortheil dabei zu fahren, selbst wenn die anderen Hindernisse beseitigt wären.“ Dass man trotzdem in das allgemeine Eisenbahngesetz von 1845, welches eine Folge der Arbeiten des Ausschusses von 1844 war, eine die Freiheit wahrende Bestimmung aufgenommen, wurde schon erwähnt. Auch durch alle später vorkommenden Verhandlungen ziehen sich immerwährend Aeusserungen und Diskussionen über die Frage des freien Verkehrs auf den Schienen mit immer schwächerer Vertheidigung, bis endlich der Ausschuss von 1872 geradezu ausspricht: „dass in der Form von Bahngeldern (Zöllen, tolls) allgemeine Frachtberechtigungen durch Eisenbahngesetze gewährt sind, aber dass die Bahngeldsätze und die nothwendigen

Bedingungen des Verkehrs diese Anordnungen unwirksam gemacht haben, dass es somit dem Ausschusse zweifelhaft erscheint, ob es von Vortheil sei, diese Bahngeldklauseln im Allgemeinen aufrecht zu erhalten."

Merkwürdiger Weise leistet jedoch gerade dieser letzte Ausschuss der Sache, die er hier zu verwerfen geneigt scheint, in anderer Richtung den grössten Vorschub, indem durch die Verhandlungen vor ihm festgestellt und von ihm selbst anerkannt wird, dass der Konkurrenzbetrieb, wenn ihm keine Hindernisse in den Weg gelegt werden, technisch vollkommen durchführbar ist; damit ist aber das einzige Argument von Wesenheit, das gegen die — selbstverständlich geregelte! — Verkehrsfreiheit auf der Schiene geltend gemacht wird, nämlich dass sie „aus Sicherheitsrücksichten" d. h. technisch nicht möglich sei, beseitigt. Denn, dass die Höhe des Bahngeldes und die Verweigerung des Wassernehmens, des Einlaufens in die Bahnhöfe u. dgl. wesentliche d. h. in der Natur der Sache liegende Hindernisse nicht sind, bedarf keines Beweises. Auf das Material, das zur Anerkennung der technischen Möglichkeit geführt hat, näher einzugehen, verlohnt sich wohl der Mühe.

Zunächst sei die Bemerkung vorausgeschickt, dass schon ein Ausschuss von 1853 von den öfter als Mittel zur Behauptung der Unabhängigkeit einzelner Gesellschaften gewährten „running powers" oder „running clauses" spricht, durch welche die damit ausgerüsteten Gesellschaften das Recht erlangten, die Strecke einer fremden Bahn ohne deren Erlaubniss als Verbindungsbahn zu benützen. Allerdings zeigte sich, dass sie gegen den Willen der Gesellschaft, deren Bahn das Objekt der running powers war, nicht leicht ausgeübt werden konnten — aber gleichwohl war darin wenigstens eine beschränkte Form des Verkehrs verschiedener Transportunternehmer auf einer Strecke gegeben, und der Wunsch, für die praktische Nutzbarmachung der ertheilten Fahrberechtigung Mittel zu finden, war natürlich. Der fünfte Bericht des eben erwähnten Ausschusses sagt: „In der Theorie sei die Eisenbahn offen für Alle, in praxi kann Niemand darauf fahren, als die Eigenthümer der Stationen und dessen was dazu gehört, das heisst die Eisenbahneigenthümer selber; die Ausübung der ausnahmsweise verliehenen Berechtigung für kurze Strecken auf fremder Linie zu fahren, ist schon aus Gründen der Sicherheit sehr bedenklich; aber sie kommt meist gar nicht zur Ausübung: nach den Zeugen-Aussagen werden die vom Parlament gegebenen running powers von der berechtigten Gesellschaft oft blos dazu benützt, ein Abstandsgeld von der verpflichteten Gesellschaft dafür zu erlangen; sie werden gegeben im öffentlichen Interesse, um eine etwa vorhandene Linie als Ergänzung einer andern zu benützen und den überflüssigen Bau einer zweiten Bahn zu vermeiden, und sie werden lediglich als Gegenstand privaten Gewinnes verwerthet.“ Für den umgekehrten Fall, wo die verpflichtete Gesellschaft der berechtigten Gesellschaft, welche den ernsten Willen hat, die running powers auszuüben, Schwierigkeiten entgegenstellt, wünscht der Bericht Abhilfe. — Auch die königliche Kommission, welche in den Jahren 1865 — 67 mit dem Studium der Eisenbahn-Angelegenheiten beschäftigt war, befasste sich mit der Frage der running powers, ohne jedoch zu einem anderen Resultate zu kommen, als zu dem Antrage: „Die Frage der running powers, das heisst der Ermächtigung einer Gesellschaft zum Gebrauche der Bahnstrecke einer fremden Gesellschaft ohne deren Einwilligung, soll in jedem Falle der Entscheidung des Parlamentes überlassen werden.“

In den Verhandlungen des Ausschusses von 1872, der sich ganz besonders mit Konkurrenzfragen zu befassen hatte, spielten natürlich die running powers eine hervorragende Rolle, und nicht nur ihre Erhaltung sondern auch ihre möglichst weitgehende Ausdehnung und Ausbildung fanden warme Vertreter — aber nicht etwa an Theoretikern, sondern gerade an gewiegten, erfahrenen Eisenbahnpraktikern, welche auch Beweise für die Möglichkeit und Vorschläge für die Sicherung ihrer Durchführung beibrachten. Der Ausschussbericht resumirt das Ergebniss dieser Erörterungen in folgenden Worten: „Vor dem Verlassen des Gegenstandes der Konkurrenz zwischen Eisenbahnen mag es wünschenswerth sein, einen Vorschlag für die Erhaltung der Konkurrenz und gleichzeitig Beförderung und Beeinflussung der Fusion zu erwähnen, welcher von Mr. Price und Mr. Allport dem Obmann und dem Betriebsdirektor der Midland-Eisenbahn und dem Sir E. Watkin, Obmann der Manchester Sheffield-Lincolnshire und der South-Eastern-Eisenbahn gemacht worden ist. Das Princip des Vorschlages ist, dass die verschiedenen Eisenbahn-Gesellschaften vermöge direkter Frachtsätze, Erleichterungen und Fahrberechtigungen die Mittel haben sollen, den Verkehr über die Linien anderer Gesellschaften nach und von ausserhalb ihres eigenen Netzes gelegenen Plätzen zu befördern; und sie sollen so, während sie in Beziehung auf die Angelegenheiten des Eigenthums der Linie auf ihr eigenes Netz beschränkt bleiben, als Frachtführer mit und auf anderen Linien konkurriren. Unter solchen Bedingungen kann, wie hervorgehoben wird, Fusion in jeder

Weise in gewissen Richtungen und innerhalb gewisser gegebener Grenzen mit Sicherheit gestattet werden, während Konkurrenz überall aufrecht erhalten bliebe. Wenn dieser Vorschlag in seiner vollen logischen Ausdehnung ausgeführt würde, würde er jeder Eisenbahngesellschaft die ausgedehnteste Basis der Linien, Bahnhöfe, Magazine und Angestellten jeder anderen Gesellschaft geben und würde zu Gunsten der Eisenbahngesellschaften die ursprüngliche Theorie realisiren, dass die Linie jeder Gesellschaft allen Frachtführern gegen Bezahlung von Zöllen offen stehen soll. In diesem Falle gäbe es vollständige Freiheit der Konkurrenz für jede bestehende Eisenbahngesellschaft, für jeden durchgehenden oder lokalen Verkehr und auf den Linien jeder anderen Gesellschaft, und es wäre verhältnissmässig unwesentlich, welcher Gesellschaft die Linie gehörte."

Freilich fügt dann der Ausschuss gleich hinzu, dass „ein solcher Plan in dem gegenwärtigen Zustande der Dinge offenbar undurchführbar" ist, und macht auch — wie in dem am Schlusse beigegebenen Berichte nachgelesen werden mag — seine Bedenken gegen den Plan und seinen Nutzen geltend; aber gleichwohl zeigt er sich der Ausdehnung des Systems der Fahrberechtigungen weit günstiger gesinnt, als seine Vorgänger und gesteht auch an anderer Stelle des Berichtes zu, es sei „auf das Klarste nachgewiesen, dass Fahrberechtigungen auf stark befahrenen Linien ohne Schwierigkeit und ohne Verkehrsstörung ausgeübt werden können." Dass dies nur mit Zustimmung der Eigenthümer der betreffenden Linien geschehen könne, ist wohl selbstverständlich und thut der Richtigkeit des Princips keinen Eintrag; die Frage der Herstellung dieser Zustimmung ist Gegenstand einen abgesonderten Erwägung und wird später erörtert werden. Hier mag es zunächst nur von Interesse sein, einige charakterische Aeusserungen von Fachmännern, welche von dem Ausschusse vernommen worden, kennen zu lernen.

Zuerst seien nun solche Antworten mitgetheilt, welche überhaupt für das System der Fahrberechtigungen im Princip sich aussprechen.

Da erscheint vor Allem Mr. James Allport, der Generaldirektor der Midland Railway als eifriger Vertheidiger. Schon in seiner ersten Vernehmung (11. März 1872) sprach er sich auf das Energischeste dafür aus; auf die Frage des Earl of Derby, wie er freie Konkurrenz sichern wolle (Fr. 420), antwortet er: „Durch Fahrberechtigungen; Fahrberechtigungen viel ausgedehnter, als ich bisher gesehen. Praktisch würden Sie keine Schwierigkeit finden, Vorschriften und Reglements aufzustellen, welche völlig genügen würden." Von seinen Vorschlägen zur Durchführung und von den Beispielen, die er für sich anführt, wird noch die Rede sein. In seinen Antworten auf die diesbezüglichen Fragen des Mr. Childers (Fr. 584—590) spricht er die Meinung aus, dass Fahrberechtigungen über das ganze Land sowohl für das Publikum als für die Gesellschaften günstig wären; dass bei gehöriger Regelung keine Verwirrung entstehen würde; dass für Passagiere wohl meistens die Ausübung derselben beschränkt bliebe, aber für Waarenverkehr in grösserer Ausdehnung stattfinden würde. In einer späteren Vernehmung (2. Mai 1872) erklärt er u. A. demselben Mr. Childers (Fr. 4365), dass er in der Ausdehnung des Systems gegenseitiger Fahrberechtigungen der grossen Gesellschaften einen grossen Vortheil für das Publikum sehen würde; weiterhin (Fr. 4370) fügt er als sein „wohlüberlegtes Urtheil" bei: „Es giebt keinerlei Schwierigkeit für die Ausübung von Fahrberechtigungen in fast jeder Ausdehnung." Doch erwidert er auf die Frage, ob andere erfahrene Direktoren auch dieser Meinung seien (Fr. 4371): „Es ist die Meinung mancher Direktoren; ich sage nicht, es ist die Meinung Aller. Ich mag ein Bischen vorgeschritten (a little advanced) in meiner Meinung sein." — Zu bemerken ist übrigens noch, dass Mr. Allport nicht meint, es sei Jedermann mit Lokomotiven und Wagen zuzulassen; er hat immer nur den gleichzeitigen Betrieb durch drei oder vier Gesellschaften im Auge, welcher gesetzlich dann ermöglicht werden soll, wenn Konkurrenzlinien durch Fusion vereinigt werden.

Mr. Josef Rayner, städtischer Beamter von Liverpool, erschien vor dem Ausschusse in Vertretung des Stadtrathes von Liverpool, um gegen die unbedingte Zulassung der Fusion der Lancashire & Yorkshire mit der London & North-Western Eisenbahn Einsprache zu erheben. In dem — von ihm verfassten — diesbezüglichen Berichte des betreffenden Specialkomité des Liverpooler Stadtrathes kommt folgende Stelle vor: „Die Gesetzgebung hat in der Theorie die Eisenbahnen als öffentliche, für alle Unterthanen Ihrer Majestät gleichmässig freie Heerstrassen bewahrt, indem sie immer für die Benützung der Eisenbahn durch alle Personen mit Maschinen und Wagen gegen Bezahlung eines Zolles vorsorgte; und es ist wichtig, sich gegenwärtig zu halten, dass noch immer vom Standpunkte des Gesetzes alle Eisenbahnen öffentliche Heerstrassen (public highways) sind." Das Ausschussmitglied Mr. Childers, ein in Bezug auf Fahrberechtigungen besonders eifriger Frager, interpellirte nun (Fr. 932—943) den Experten über diese Stelle, und gab ihm dadurch Gelegenheit, eingehender seine diesbezüglichen Ansichten auszusprechen, welche sich in Folgendem präcisiren: „Die Ausübung von Fahrberechtigungen durch Jedermann ist praktisch ein todter Buchstabe geworden; aber die Eisenbahnen sollen wenigstens bis zu einem gewissen Grade als öffentliche Strassen behandelt werden, weil sie für lange Distancen faktisch die einzigen Strassen sind, welche jetzt existiren. Die Eisenbahnfragen wären besser zu lösen, wenn die ursprüngliche Intention der Gesetzgebung in grösserer Ausdehnung, soweit es eben die Sicherheit gestattet, zur Anwendung käme; je liberaler die Gewährung von Fahrberechtigungen, desto besser für das Publikum. Unter der Kontrole eines Amtes, welches dafür Sorge zu tragen hätte, dass die Sicherheit gewahrt bliebe und die Geschwindigkeit der Schnellzüge nicht gehindert würde, sollte das gegenwärtige System der Fahrberechtigungen bedeutend erweitert werden; doch müsste natürlich für die Möglichkeit der Benützung der Stationen u. dgl. entsprechend gesorgt sein. Die dadurch ermöglichte Konkurrenz auf der Linie ist zum Wohle des Publikums, während dies die durch Erbauung unnöthiger Linien hervorgerufene nicht ist."

Mr. Frederick Broughton, Direktor der Mid-Wales-Railway, welcher als Vertreter der Interessen kleiner Bahnen gelten kann und auch von dem Gesichtspunkte ausgeht, dass den grossen Bahnen gegenüber die Interessen der „jetzt schwachen und unterdrückten" Bahnen mit den Interessen des Publikums identisch seien, hebt in den bezüglichen Antworten (Fr. 3324 — 3332) hervor, dass die Bahnen zwar in der Theorie als freie Strassen behandelt werden, es in der Praxis aber nicht seien; man habe es für nöthig gehalten, sogenannte Fahrberechtigungen zu ertheilen, was aber in Wirklichkeit nicht nothwendig gewesen wäre, da, wie er glaube, nach dem allgemeinen Gesetze des Landes jede Gesellschaft ihre Maschinen und Wagen über die Linien einer anderen Gesellschaft senden könne. Es sei wohl wahr, dass durch die Entsendung von Zügen auf fremde Linien in rechtsgiltige Interessen der Eigenthümer letzterer Linien eingegriffen werde, aber die entsendende Gesellschaft habe eben auch rechtsgiltige Interessen, und es solle unter Beseitigung der bestehenden speciellen Fahrberechtigungen eine Behörde das Recht haben, Jedermann solche Fahrberechtigungen zu ertheilen, wie es das öffentliche Interesse erheischt; es existire ein grosses öffentliches Recht auf einen allgemeinen, offenen Weg.

Mr. William Philip Price, Abgeordneter für Gloucester und Präsident der Midland Railway Gesellschaft, wird unter Bezugnahme auf die Aeusserungen des Direktors derselben Gesellschaft, Mr. Allport, gleichfalls über die Frage der Fahrberechtigungen vernommen. Er glaubt nicht (Fr. 3823), dass Fahrberechtigungen, wie sie bisher gewährt wurden, eine wirksame Konkurrenz bieten, meint aber, dass leicht Fahrberechtigungen, die ihren Zweck erfüllen, eingeführt werden könnten und dass sie in viel ausgedehnterem Maasse als bisher gewährt werden müssten. Sie müssten (Fr. 3825) so beschaffen sein, dass die sie ausübende Gesellschaft die fremde Linie wie ihre eigene behandeln könnte. Ueber die Wirkung für das Publikum sagt er (Fr. 3853): „Ich weiss nicht, ob dann in Bezug auf Fracht- und Fahrpreise Konkurrenz wäre; das kann der Fall sein oder auch nicht; als Regel natürlich bestimmen alle Gesellschaften einen Satz, weil, obwohl sie mit Konkurrenz beginnen mögen, sie zuletzt zu einem verlustbringenden Punkte kommen und, wenn sie dies gefunden haben, im Allgemeinen sich über einen Betrag vereinbaren, bei dem sie beide leben können; aber dies geschieht in der Regel nicht, bevor der niedrigste Satz erreicht ist, zu welchem beide Gesellschaften den Transport leisten können; das Publikum hat kein Interesse an einem niedrigen Satze, weil er nicht fortbestehen könnte. Die Konkurrenz hat, denke ich, die Wirkung, dass sie den Satz soweit herunter drückt, als die Arbeit für ihn geleistet werden kann, aber unter das, denke ich, wollen Sie nicht gehen."

Sir Edward W. Watkin, Präsident der Manchester, Sheffield & Lincolnshire und der South Eastern Railway Gesellschaften verlangt gleichfalls die Ausdehnung der Fahrberechtigungen für die Aufrechthaltung der Konkurrenz beim Eintritte der Fusionen; er sagt (Fr. 4495): „Ich würde jeder Gesellschaft die Pflicht zur Aufstellung dieser Sätze auferlegen und die Geldvertheilung schiedsgerichtlicher Entscheidung überlassen; aber wenn Gesellschaften sich fusioniren und dadurch einen der Konkurrenzwege verschliessen, würde ich sie auch verhalten, den Interessenten, gegen welche der Weg verschlossen wird, das Recht der Befahrung und der Bestimmung der Sätze einzuräumen, so dass die Konkurrenz aufrecht erhalten bliebe; die Wirkung wäre natürlich, dass für die ausgeschlossenen Interessenten der Nothwendigkeit vorgebeugt würde, vor das Parlament zu kommen und für Wiedererlangung des Verlorenen durch sonst überflüssige neue Eisenbahnen vielleicht Millionen auszugeben." Er glaubt auch (Fr. 4505), dass selbst zwangsweise die Ausübung von Fahrberechtigungen zu ermöglichen sei, wenn zugleich das Recht der Benützung der Bahnhöfe und Wasserstationen, Maschinenschuppen u. dgl. ertheilt würde; er meint, „dass ein praktischer Mann eine Verordnung ausarbeiten könnte, welche die fahrende Partei vollkommen schützen würde.“ In den Antworten auf weitere Fragen des Mr. Childers (Fr. 4671 — 4673) spricht Sir Watkin die Meinung aus, dass das von ihm vorgeschlagene System der erweiterten Fahrberechtigungen das einzige Mittel sei, Konkurrenz im Eisenbahnwesen aufrecht zu erhalten. —

Aus den hier angeführten Aeusserungen geht nun hervor, dass nach der Meinung von Männern, deren Urtheil gewiss nicht gering zu schätzen ist, eine Aufrechthaltung, beziehungsweise Herstellung wirksamer Konkurrenz im Eisenbahnwesen und damit ein selbstwirkendes Interesse der Transportleister an Aufstellung der niedrigstmöglichen Preise nur durch Konkurrenzbetrieb auf einem und demselben Wege zu erreichen sei. Sie schlagen daher — wenn sie auch noch nicht die Bahn für Jedermann eröffnen wollen — vor, dass wenigstens in grösserer oder geringerer Ausdehnung für die bestehenden Gesellschaften das Recht der gegenseitigen Benützung ihrer Linien ohne Rücksicht auf die Eigenthumsfrage als Regel aufgestellt und durchgeführt werde, und offenbar als Uebergangsstadium erscheint ihnen die den Gesellschaften, welchen die angesuchte Fusion gestattet wird, aufzuerlegende Verpflichtung, den angrenzenden Bahngesellschaften, welche durch die Fusion um eine Konkurrenzlinie kommen, die Benützung der nunmehr vereinigten Bahn mit eigenen Zügen zu gestatten, resp. geschäftlich und technisch möglich zu machen.

Die geschäftliche Möglichkeit hängt vorzugsweise von der Bestimmung der nöthigen Vergütungen oder des Systems der gegenseitigen Verrechnung ab, und die Vertreter des Systems der erweiterten Fahrberechtigungen haben demzufolge auch nicht ermangelt, diessbezügliche Vorschläge zu machen, welche nun hier im Wesentlichen mitgetheilt werden sollen.

Am Eingehendsten äussert sich über die Frage der nöthigen Regulirung Mr. Allport, welcher einem Kontrol-Amte in dieser Beziehung schiedsrichterliche Gewalt einräumen möchte. Gleich bei der ersten Vernehmung setzt er seine Idee folgendermaassen auseinander (Fr. 636): „Ich stellte auf, dass die die Fahrberechtigung ausübende Gesellschaft das Recht haben solle, ihre eigenen Fracht- und Fahrpreise einzuheben, und dass die die Linie eignende Gesellschaft das Recht haben soll, es zur schiedsgerichtlichen Entscheidung zu bringen, in welchem Verhältniss sie bezahlt werden soll. Angenommen, die London & North Western Gesellschaft habe sich entschlossen, von einem Passagier von Derby nach London 1 sh. einzuheben, so soll sie das Recht haben, dies zu thun, aber die Midland Gesellschaft soll das Recht haben, zu sagen: „„Ihr fahrt so viel Meilen über unsere Bahn, und 1 sh. ist kein vernünftiger (reasonable) Preis, wir wollen zur Entscheidung bringen, was Ihr für die Benützung der Midland Eisenbahn zu bezahlen habt;““ aber ich würde der fahrenden Gesellschaft das Recht geben, einzuheben, was ihr beliebt.“ Auf die weitere Frage (Fr. 637) was zu geschehen hätte, wenn die Midland Gesellschaft den ganzen Shilling für sich in Anspruch nähme, antwortet er: „Vielleicht thut sie das, vielleicht auch mehr als einen Shilling; ich meine, dass in dieser Ausdehnung das Kontrol-Amt befugt sein soll, zu bestimmen, welche Summe gezahlt werden soll.“ Betreff des Lokalverkehrs sagt er bei seiner zweiten Vernehmung (Fr. 4266): „Ich würde keinen Augenblick vorschlagen, der fahrenden Gesellschaft ein Recht über die Sätze des Lokalverkehrs zu geben, aber der fahrenden Gesellschaft soll gestattet sein, dieselben Sätze wie die eignende Gesellschaft einzuheben, und das würde die Fahrberechtigungen viel wirksamer machen, als sie bisher gewesen sind.“ Später (Fr. 4372) sagt er: „Ich würde nie gestatten, dass die Sätze ganz von der eignenden Gesellschaft bestimmt werden. Ich denke sie soll eine Stimme dabei haben, und wenn kein Uebereinkommen zu Stande kommt, so ist dies gerade einer der Punkte, wo das von mir vorgeschlagene Schiedsgericht das Recht haben soll, einzuschreiten.“ — Am 10. Mai übergab Mr. Allport dem Ausschusse den Entwurf eines Reglements für Verkehrs-Erleichterungen und Fahrberechtigungen; derjenige Abschnitt des Entwurfes, welcher sich auf die Fahrberechtigungen bezieht, ist am Schlusse als Beilage III. angefügt.

Auch Mr. Broughton wünscht ein Schiedsgericht, will ihm aber noch viel ausgedehntere Machtvollkommenheit geben. „In Bezug auf die Abänderung“ sagt er (Fr. 3280), „von direkten Fahrpreisen für Passagiere, direkte Verführung, direkte Frachtsätze, und, wenn nöthig, direkte Maschinen soll es unbegrenzte Macht haben. Und angenommen, dass jede Gesellschaft in ihrer Parlaments-Acte, wie jetzt einige, Fahrberechtigungen erhält, dann sollte die Ausübung der Fahrberechtigungen einem Schiedsspruche unterworfen sein. Dieses Schiedsgericht würde unter Einem sagen, ob diese Berechtigungen ausgeübt werden sollen, oder nicht, und unter welchen Umständen sie ausgeübt werden sollen und unter welchen Bedingungen und mit welchen Fahr- uud Frachtpreisen, so dass das Publikum sicher sein kann, dass es in jeder Richtung, die ihm beliebt, reisen kann und nicht ausgeschlossen sein soll, weil es einer kleinen isolirten Gesellschaft einfällt, sich einer mächtigen Gesellschaft zu widersetzen, welche eine andere eigene Route, eine Konkurrenzroute hat, und dass die kleine Linie dem Publikum nicht ganz verschlossen werden soll; die Macht des Schiedsgerichtes in dieser Hinsicht wäre sehr gross.“ Gleich darauf (Fr. 3282) fügt er hinzu „es sei die Ansicht sehr vieler Personen, dass die Strassen des Landes von der Regierung sollen beherrscht werden können, und dass dieser Gerichtshof gewissermaassen die Regierung vertritt, um dem Publikum für sein Geld unbeschränkte Verkehrsmittel zu sichern.“

Mr. Price ist dem Schiedsgerichte weit weniger hold; auf die Frage wegen Beseitigung eventueller Schwierigkeiten (Fr. 3831) erwidert er: „Ich möchte dem Schiedsrichter entgehen. Ich würde der die Fahrberechtigung ausübenden Gesellschaft gestatten, ihre eigenen Sätze aufzustellen, und die eignende Gesellschaft eine entsprechende Vergütung per Meile nehmen lassen. Sie würden natürlich verlangen, sie gegen übermässig niedrige Sätze zu schützen, denn es könnte den Absichten der fahrenden Gesellschaft entsprechen, für irgend einen ihrer eigenen Zwecke ausnahmsweise niedrige, vielleicht verlustbringende Sätze behufs einer Konkurrenz irgendwohin aufzustellen, und es wäre sehr hart, dass die eignende Gesellschaft gegen ihren Willen gezwungen wäre, an einer tollen Konkurrenz theilzunehmen. Dagegen müsste ein Schutz existiren durch irgend welche Mittel, die leicht gefunden werden können; aber unter dieser Einschränkung, denke ich, dass die fahrende Gesellschaft ihren eigenen Satz aufstellen und die eignende Gesellschaft ihren Antheil erhalten muss.“ Später jedoch (Fr. 3838) fügt er hinzu: „Wenn ich sage, Schiedsgericht ausschliessen, so meine ich natürlich, es so weit als möglich ausschliessen. Ich will nicht sagen, dass man nicht schliesslich zu einem Punkte kommen kann, den Niemand als ein Schiedsrichter entscheiden kann, aber in diesem Falle würde ich viel lieber die Entscheidung eines öffentlichen Amtes als die eines Individuums haben.“

Sir Watkin wünscht ein zum Theil aus Regierungsbeamten zum Theil aus gewählten Vertretern der Eisenbahnen zusammengesetztes Amt. Die Regierungsbeamten, sagt er (Fr. 4642), sollen bleibend angestellt sein, wie die Richter; „sie sollen sorgfältig ausgewählt sein und so lange bleiben, als sie für den Dienst fähig sind; denn durch ihr Bleiben sammeln sie in ihrem Geiste eine grosse

Summe von Erfahrung und von Präcedenzfällen, welche sehr nützlich sein müssen; und dann der wechselnde Theil der Körperschaft, der erwählte Theil würde immer neue Erfahrung bringen, um zu schaffen, was nöthig ist.“ Bezüglich der Bezahlung an die eignende Gesellschaft meint der Experte (Fr. 4645): „Ich denke, es muss eine Bezahlung von der Natur eines Zolles sein, welcher immer in gewissem Verhältniss für die Auslagen und die geleisteten Dienste einen Gewinn abwirft.“

Was nun die technische Möglichkeit der Benützung eines und desselben Schienenweges durch verschiedene Transport-Unternehmer betrifft, so wird sie nicht nur von hier schon genannten Experten, sondern auch von vielen anderen als zweifellos und durch bestehende Thatsachen erwiesen betrachtet, und auch der Ausschuss selbst spricht, wie bereits erwähnt, die gleiche Ansicht aus — natürlich stets unter der Voraussetzung, das die Eigenthümer des Schienenweges keine Hindernisse bereiten. Es seien hier einige von den wichtigsten Aeusserungen und Beispielen angeführt.

Mr. Allport antwortet auf die Frage des Earl of Derby (Fr. 416), ob nicht in Folge der Zunahme des Verkehrs auf den Hauptlinien sich der Ausübung von Fahrberechtiguugen besondere Schwierigkeiten entgegenstellen, wie folgt: „Ich glaube nicht. Wenn sich die Gesellschaften wirklich mit einander zu verständigen wünschen, so ist keine Schwierigkeit vorhanden; ich kann ein Beispiel geben: Die London & North Western Gesellschaft hat neuestens begonnen eine Strecke, und zwar eine sehr befahrene Strecke der Midland-Eisenbahn zu benützen, von Wichnor nach Derby, eine der meistbefahrenen Strecken unserer Linie, und wir finden keine Schwierigkeit, in der That, ich behaupte, dass die Ausdehnung des Verkehrs nur durch den Mangel an Kraft oder den Mangel an geeigneten Vorkehrungen beschränkt wird. Ich denke, Sie können ein Beispiel davon an der Metropolitan-Eisenbahn sehen, wo Züge nach jeder Richtung ungefähr alle drei Minuten verkehren, und es ist sehr selten, dass ein Unfall geschieht. Auch auf zwei Bahnlinien zur City lässt die Great Western Gesellschaft eine grosse Zahl von Zügen verkehren und lassen wir eine grosse Zahl von Zügen verkehren, und von Farringdon-street lässt die London, Chatham & Dover-Gesellschaft eine grosse Zahl von Zügen ab; das geht nun schon seit einiger Zeit, und wir hatten niemals einen Unfall. Nur wir hatten einen durch einen Signalfehler, aber praktisch können Sie auf zwei Geleisen einen weit grösseren Verkehr bewältigen, als bisher geschehen.“ Einen anderen Fall der

Ausübung von Fahrberechtigungen theilt derselbe Experte zugleich mit der Genesis der Berechtigung mit (Fr. 4350): „Wir haben Fahrberechtigungen auf der South Staffordshire Bahn. Die South Staffordshire Linie war ursprünglich projektirt theils von Privaten, theils von der Midland und theils von der London und North Western Gesellschaft. Die Midland subscribirte eine grosse Summe, ich glaube es waren 75,000 L, und sie wurde an einen Privatmann, Mr. M'Clean, verpachtet und fiel zuletzt in die Hände der London & North Western Gesellschaft. Es wurden von der London & North Western Gesellschaft zwei oder drei Versuche gemacht, sie zu erwerben, dem wir uns widersetzten, und zuletzt gab sie uns Fahrberechtigungen in dem Bezirke, und wir üben sie jetzt aus.“ Weiter führt er aus, dass — obwohl dies eine stark befahrene Linie ist — nie eine Klage vorkam, und dass er in der Ausübung dieser Berechtigung einen Vortheil für das Publikum sehe. Von Mr. Childers befragt, was er von den bei Ausübung von Runnings Powers befürchteten Gefahren halte (Fr. 4366) antwortet er: „Sie werden sehr übertrieben, ich kann nichts Besseres thun, als ein Beispiel anführen, das auf der Midland Bahn stattfand: Vor einigen Jahren hatten wir zwischen Normanton und Leeds, was eine der befahrensten Strecken des Midland Netzes ist, unsere eigenen Züge und die Lancashire & Yorkshire fuhr, und die Great Northern fuhr, und die North Eastern fuhr, und (ich gebe zu, auf einer gewissen kurzen Strecke der Linie) die London & North Western fuhr, welche bei Leeds in die Linie einlief, so dass wir auf derselben Linie für mehrere Meilen faktisch vier fahrende Gesellschaften hatten und für ein kurzes Stück eine fünfte Gesellschaft; und durch mehrere Jahre wurde der Midland-Passagier-Bahnhof in Leeds benützt von der Midland, der Lancashire & Yorkshire, der London & North Western und der North Eastern; aber ich erinnere mich an keinen Fall einer Klage oder Schwierigkeit im Verkehrsbetriebe. Und wenn, wie ich früher gesagt, das Blocksystem gehörig durchgeführt ist, kann kein Zweifel sein, dass der Verkehr auf den Eisenbahnen zu einer sehr grossen Ausdehnung entwickelt werden kann, vorausgesetzt, dass man grosse Vertheilungsmittel und genügendes Rollmaterial hat.“ Bezüglich einiger Detailfragen theilt Mr. Allport noch mit (Fr. 4368, 4369), dass Kohlen und Wasser von der eignenden Gesellschaft auf Kosten der fahrenden Gesellschaft beigestellt worden; bezüglich des Dienstpersonals sind die Fälle verschieden; „bei jenen nach Leeds fahrenden Gesellschaften hatte jede Gesellschaft ihren eigenen Maschinenschuppen und besorgte ihre eigene Arbeit, sie fuhren bis zum Bahnhof und die Lokomotiven gingen in ihre eigenen Schuppen; aber in anderen Fällen stellt die eignende Gesellschaft das Dienstpersonal für die Versorgung der Maschinen mit Kohle und Wasser, das ist in der Praxis vorherrschend; in einigen Fällen stellt die fahrende Gesellschaft alle Leute für die Manipulation des Verkehrs; in anderen stellt sie die eignende Gesellschaft, und in anderen theils die eine, theils die andere; all das ist Sache des Uebereinkommens.“ Ein anderes Beispiel ist folgendes (Fr. 4383): „Auf der Birmingham & Derby Linie ist ein starker Verkehr, und auf den sechs Miles nach Derby fahren die Züge der North Staffordshire, und auf eine Entfernung von etwa 16 Miles fahren die Züge der London & North Western und fahren unsere Züge, alle drei Gesellschaften führen sowohl Passagiere als Waaren. Die London & North Western hat neuestens, denke ich, 10 oder 11 Passagierzüge jeder Richtung eingelegt; wir lassen 13 oder 14 in jeder Richtung ab, und die North Staffordshire 6 oder 8 in jeder Richtung; dazu kommen all die Waaren- und die Mineralienzüge; und seit die London & North Western begonnen, weiss ich von keiner Klage, es ist mir gewiss keine bekannt geworden.“ Auf specielle Anfrage wird auch hervorgehoben, dass der Schnellzugsverkehr keinerlei Störung erleidet. Auch bestätigt Mr. Allport noch auf eine Frage des Lord Redesdale (Fr. 4458), dass die Midland Gesellschaft von Birmingham nach Bristol ihre eigenen Passagierzüge auf einem Theile der Great Western Bahn laufen lässt und weder Schwierigkeiten noch Gefahr dabei findet.

Mr. Broughton hebt hervor (Fr. 3283—3286), dass in Wales drei oder vier Gesellschaften unter Anwendung des Blocksystems oftmals im Tage auf einer eingeleisigen Linie fahren u. z. ohne irgend eine Schwierigkeit; Wales sei von Unfällen so frei als vielleicht irgend ein Theil der Welt; auf den acht Meilen zwischen Three Cocks und Tallylyn (eingeleisig) fahren 12 bis 15 Züge täglich nach jeder Richtung; „Und jetzt fahren auf den vier Meilen von Brecon nach Tallylyn täglich nach jeder Richtung etwa 20 Züge der drei Gesellschaften: Midland, Brecon & Merthyr und Mid-Wales. Die drei Gesellschaften fahren auf einer eingeleisigen Linie und wir finden in der Sache nicht die leiseste Schwierigkeit, und wir könnten ganz leicht noch eine Gesellschaft zulassen.“

Mr. Harry Stephen Thompson, Präsident der North Eastern Railway Gesellschaft, ist einer der Gegner der Ausdehnung der Fahrberechtigungen und weist insbesondere — was ohnehin nicht zu bezweifeln ist — an verschiedenen Fällen nach, dass solche gegen den Willen der eignenden Gesellschaft nicht ausgeübt werden können. Gleichwohl giebt auch er zu, dass im Falle freundschaftlichen Uebereinkommens der Ausübung kein Hinderniss im Wege steht. Er sagt u. A. ausdrücklich (Fr. 5219): „Die Ausübung von Fahrberechtigungen in gewissen Fällen bei freiwilliger Vereinbarung zwischen Gesellschaften geht sehr gut; wir haben verschiedene Fälle dieser Art. Wir geben der Great Northern Fahrberechtigungen nach York von Doncaster und von Knothingley, und der North British zwischen Newcastle und Hexham, und wir fahren auf der North British Linie von Berwick nach Edinburgh, aber all das vermöge Uebereinkunft, und es giebt keinerlei Schwierigkeit; zuweilen können solche Berechtigungen mit grossem Nutzen gegenseitig gewährt werden."

Auch Mr. James Grierson, Generaldirektor der Great Western Eisenbahn, legt ein besonderes Gewicht auf die Undurchführbarkeit zwangsweiser Ausübung von Fahrberechtigungen; aber auch auf den Linien seiner Gesellschaft werden solche mit deren Zustimmung ausgeübt, und es beträgt die längste Strecke, auf welcher eine fremde Gesellschaft fährt, 50 Miles; und zwar (Fr. 5525) fährt die London & North Western Gesellschaft von Hereford über Pontypool nach Aberdare: „Die London & North Western Gesellschaft richtet sich in den Stunden ihrer Züge nach unserer Zeiteintheilung, und die Gesellschaften arbeiten in Uebereinstimmung mit einander; und desshalb geht es ganz befriedigend."

Mag es bei diesen Mittheilungen sein Bewenden haben; ähnlicher Aussagen könnte noch eine erkleckliche Menge angeführt werden — die gegebenen sind eben herausgegriffen aus der Fülle des Materials, und sie genügen wohl auch, um klar nachzuweisen, dass gewiegte, mit der Praxis des Eisenbahnwesens durch Beruf und jahrelange Arbeit innig vertraute, vorurtheilslose Fachmänner einerseits nur in der gleichzeitigen Benützung einer und derselben Linie durch mehrere Transportunternehmer die Wahrung der nothwendigen Konkurrenz und ihrer Vortheile erblicken und anderseits in der technischen Natur des Eisenbahnverkehrs kein Hinderniss für die Durchführung des Konkurrenzbetriebes finden.

Der Ausschuss selbst, der jeder principiellen Entscheidung, jedem muthigen, energischen Anfassen des Gegenstandes und somit auch jeder einigermaassen kräftigen Parteinahme für eine durchgreifende Neuerung ängstlich aus dem Wege geht, kann sich natürlich auch in dieser Beziehung zu keiner ganzen That aufschwingen, und spricht sich, wie schon oben angedeutet, ausdrücklich gegen die Ertheilung allgemeiner Fahrberechtigungen durch allgemeine Gesetze aus; die Gründe für sein Votum sind in dem Berichte entwickelt. Aber auch er konnte sich den evidenten, durch Beispiele nachgewiesenen Vortheilen des Konkurrenzbetriebes in jenen Fällen, wo er faktisch existirt, nicht verschliessen, und erklärt — um eben auch hier ein Thürchen offen zu lassen — dann doch: „Fahrberechtigungen können in gewissen Fällen mit Nutzen ertheilt werden.“

*

* *

Auch in Deutschland und Oesterreich ist der Konkurrenzbetrieb als solcher nichts Unerhörtes — wohl aber ist die Freigebung des Verkehrs noch ein ziemlich ungewohnter Begriff. Theoretisch befasste sich mit der Frage etwas eingehender Emil Richter, welcher in seiner im Jahre 1872 in Frankfurt erschienenen Broschüre: „Das Transportsunwesen auf den Eisenbahnen in Deutschland“ die Freiheit des Verkehrs auf den Eisenbahnen als eine wirthschaftliche Nothwendigkeit hinstellte. Die oberste Leitung bezüglich des Ineinandergreifens will er einer Centralbehörde in die Hand geben, welche die Verwaltung zu besorgen hätte. Die Besorgung des Transportes aber soll gänzlich der Privatthätigkeit anheimgestellt bleiben. Das Wesentliche seiner Idee entwickelt er in folgender Ausführung:

„Durch die Einrichtung der Verwaltung auf den Eisenbahnen in der bereits hervorgehobenen Weise würden dieselben zu einem freien Gebiete umgeschaffen, das nach einziger Maassgabe seiner natürlichen Leistungsfähigkeit und der Regelung im Interesse der Sicherheit, jeder Bewegung, die sich auf ihm geltend zu machen vermöchte, offen wäre. Ein allgemeines Reglement hätte, wie bereits ausgesprochen, die Bestimmungen zusammenzufassen, unter denen jeder Unternehmer mit seinen Betriebsmitteln auf dem Gebiete der Bahn erscheinen und die von ihm selbst etwa geschaffenen Anlagen mit dem Bahnkörper in Verbindung setzen dürfte.“

„Was letztere anlangt, so würden sie bestehen in Verbindungsbahnen nach gewerblichen Etablissements, Rangierbahnhöfen, Maschinenremisen, Lagerhöfen etc.; wo zu diesem Zwecke besondere Weichen nöthig würden, aber nur dann, wären die für diese nöthigen Beamten selbstverständlich vom Staate zu ernennen, aber der betreffende Unternehmer hätte das für Besoldung etc. nöthige Aequivalent der Bahnverwaltung zu überweisen.“

„Hinsichtlich des allgemeinen Betriebes der Bahnen würde zunächst nach den Bestimmungen zu verfahren sein, welche hinsichtlich der Tüchtigkeit des erscheinenden Materials zu erlassen wären. Sodann würde sich jeder Unternehmer dem unumgänglichen Betriebsplane zu unterwerfen haben. Man würde jedoch immer vermeiden können, dass dieser Betriebsplan zu einer blossen lästigen Zwangsjacke ausarte."

„Vielmehr wäre der Plan in der Weise festzustellen, dass jeder Unternehmer, sobald er einen Betrieb auf irgend einer Strecke einzurichten beabsichtigt, den darauf bezüglichen Vorschlag bei der für Eisenbahn-Angelegenheiten errichteten Centralbehörde einzureichen hätte, und dass nur dann, wenn durch den Vorschlag Collisonen entstehen würden, durch diese Behörde Abänderungen vorgenommen werden dürften — immer mit Rücksicht auf die möglichste Ausnutzung des Bahnkörpers; wäre jedoch eine Collision nicht vorauszusetzen, so würde einfach der Vorschlag als Bestandtheil des allgemeinen Betriebsplanes einer Strecke in den Plan eingefügt. Der einmal festgestellte Plan ist von den Betheiligten strikt festzuhalten. Jedoch steht es natürlich jedem Unternehmer frei, nach seinen Bedürfnissen neue Vorschläge zu machen und deren Einfügung in den Betriebsplan zu fordern."

„Anderseits steht es aber auch der Centralbetriebsbehörde zu, von den Unternehmern Abänderungen eines bestehenden Betriebsplanes zu verlangen oder vielmehr ihnen dieselben vorzulegen. Dies kann jedoch nur geschehen entweder im Interesse des allgemeinen Verkehrs — wenn vielleicht die Einrichtung eines durchgehenden Zuges es bedingt — oder durch etwa nöthig werdnde Bauten am Bahnkörper."

„Diese allgemeinen, zunächst in polizeilicher Hinsicht wichtigen Andeutungen eröffnen gleichwohl eine Aussicht auf die Grundsätze, welche im Wechselverkehr der Bahnverwaltung und der Betriebsunternehmungen zu gelten hätten. Wir möchten sie summiren unter dem Begriff möglichster Klarheit und Einfachheit der beiderseitigen Beziehungen. So wenig als möglich wäre durch specielle Uebereinkunft zu ordnen, wenn auch sie wohl nicht ganz zu vermeiden wäre. Allgemeine Bestimmungen, die für Jedermann gelten und über deren Sinn und Zweck sich Jeder klar werden könnte, sind auf einem Gebiete, wie das uns beschäftigende, streng geboten. Die Häufung von Tarifen, Reglements etc., wie wir sie gegenwärtig auf dem Gebiete des Eisenbahnwesens in Deutschland haben, und die nun nichts darstellen, als einen undurchdringlichen Wust, ist völlig zu beseitigen.

Sie wird aber auch beseitigt werden können und die Folgen, die daraus erwachsen, werden ebenso erspriesslich und erfreulich sein für das Publikum, welches der Verkehrsmittel bedarf, als für das Kapital, in dessen Namen eine solche, täglich unerträglicher werdende Summe von Sünden gegen Ersteres begangen wurden."

„Wir bemerken hierzu noch, dass zur Vermeidung von Arbeitshäufung bei der Centralbehörde die Staaten oder Provinzen Unterbehörden errichten könnten."

Hierauf geht Richter noch auf eine nähere Detaillirung ein, welche in der That sehr sinnreich ist, deren Mittheilung jedoch hier zu weit führen würde.

Eingehend befasste sich mit der theoretischen Seite der Frage der XIV. Kongress deutscher Volkswirthe, welcher im August 1873 in Wien tagte. Nach langer, eingehender Debatte nahm er mit überwiegender Majorität als sechsten Punkt seiner Resolutionen den Satz an: „Inwieweit beim Fahrverkehr*) die freie Konkurrenz zulässig ist, hängt von dem jeweiligen Stande der Betriebstechnik ab. Jedenfalls ist die Abhilfe der Uebelstände des Eisenbahnwesens nur von der fortschreitenden Freiheit des Verkehrs auf den Schienenwegen zu erwarten, deren Zielpunkt die Beseitigung des Tractions-Monopols der Eisenbahn-Unternehmer sein muss."

Als besonders erfreulich muss es bezeichnet werden, dass der neuestens vom deutschen Reichs-Eisenbahn-Amte aufgestellte Entwurf des neuen Reichs-Eisenbahn-Gesetzes die Verpflichtung der Bahnen zur Gestattung der Mitbenutzung durch fremde Transportunternehmer in ganz entschiedener und allgemeiner Weise festsetzt. Durch § 6 des Entwurfes wird zunächst jede Eisenbahn verpflichtet, „anderen Eisenbahnen die Mitbenutzung grösserer Bauwerke, als Brücken, Tunnel und Viadukte gegen angemessene Vergütung zu gestatten, insoweit dies mit dem eigenen Verkehr der zu benutzenden Eisenbahn nach dem Ermessen der Aufsichtsbehörde vereinbar ist." Noch weiter geht § 7 des Entwurfes, welcher sagt: „Jede Eisenbahn ist verpflichtet, die von der Aufsichtsbehörde für zulässig erachtete Mitbenutzung ihrer Fahrbahn oder eines Theiles derselben anderen Unternehmern unter den zu vereinbarenden, nöthigenfalls aber von der Aufsichtsbehörde festzusetzenden Bedingungen, unter Umständen selbst mit Erweiterung der Bahnanlagen auf Kosten des anderen Be-

*) Im Berichte über die Verhandlungen des Kongresses steht hier „Frachtverkehr"; dies ist aber ein Druckfehler.

werbers, gegen Zahlung eines Bahngeldes zu gestatten.“ Der Motivenbericht sagt über diese Bestimmung folgendes: „Der § 7 sucht die bereits im preussischen Eisenbahn-Gesetze vom 3. November 1838 § 27 und folgende ausführlich entwickelte Idee eines Lokomotiv-Mitbetriebes durch andere Unternehmer zu regeln. Diese gesetzgeberische Idee ist bekanntlich ohne praktischen Erfolg geblieben. Abgesehen von der sehr complicirten Berechnung des von solchen Bewerbern zu zahlenden Bahngeldes, entsprach die Rente der preussischen Eisenbahnen im ersten Decennium so wenig den gehegten Erwartungen, dass auch zur Unternehmung eines Mitbetriebes wenig Anreiz vorlag. Als der Verkehr sich später hob, liessen auch auf rentabeln, aber eben deshalb frequenten Bahnen Rücksichten der Betriebssicherheit den Mitbetrieb bedenklich erscheinen. Werden dieselben Rücksichten den Lokomotiv-Mitbetrieb auch ferner der Regel nach ausschliessen, so bleiben doch Fälle übrig, in denen derselbe zulässig und im öffentlichen Interesse zweckmässig ist. Es handelt sich hiebei namentlich um die nicht seltenen Fälle, dass ein Bahnsystem auf kurzen Strecken von benachbarten Bahnen zu passiren ist. Durch Gestattung des Mitbetriebes, d. h. des Durchlaufens ganzer Züge werden in solchen Fällen der Wechsel der Lokomotiven und des Personals, die Uebergabe der Güter oder Wagen, das Rangiren der neuen Züge etc. und damit ein mehr oder weniger erheblicher Zeitverlust erspart.“ Ist nun auch diesen Worten des Motivenberichtes zufolge vorerst nur eine beschränkte Anwendung des § 7 in Aussicht genommen, so ist doch damit die Zulässigkeit des Konkurrenzbetriebes neuerdings und in sollenner Form principiell zugestanden.

Die praktische Durchführbarkeit des Konkurrenzbetriebes betreffend sei es gestattet, hier zwei Stellen aus einer trefflichen, 1871 in Berlin erschienenen Brochüre „Ueber das englische Eisenbahnwesen“ anzuführen, welche den Königl. Preuss. Ober-Betriebs-Inspektor H. Schwabe zum Verfasser hat. Zuerst (Seite 12) sagt er:

„Ungeachtet der Fülle von Bahnen, welche sich in England besonders in der Nähe der Hauptverkehrsmittelpunkte zeigen, findet ausserdem noch in dem beiderseitigen Interesse der Bahnen wie des Publikums, die gemeinschaftliche Benutzung einzelner Bahnstrecken — der sogenannte Konkurrenzbetrieb (running powers and working arrangements) — in der ausgedehntesten Weise statt, und zwar selbst da, wo ein derartiger Konkurrenzbetrieb nach deutscher Anschauungsweise für kaum ausführbar gehalten werden würde.“

„Wir werden bei der speciellen Beschreibung der Eisenbahnen

Londons Gelegenheit finden, eine Reihe von Fällen anzuführen, in denen der Konkurrenzbetrieb unter ausserordentlich schwierigen Verhältnissen mit bestem Erfolge stattfindet, und glauben unter Hinweis darauf, die Einwürfe, die man so vielfach gegen den Konkurrenzbetrieb erhoben hat, als beseitigt anzusehen."

„Diese Annahme wird umsomehr gemacht werden können, als bei den uns bekannten Beispielen des Konkurrenz-Betriebes in Preussen z. B. der gemeinschaftliche Betrieb der Warschau-Wiener-Eisenbahn auf der zweigeleisigen, der Oberschlesischen Eisenbahn gehörenden und von derselben betriebenen ca. 1 Meile langen Strecke Kattowitz-Schopinitz, die Durchführung der Niederländischen Personenzüge auf der von der Westfälischen Eisenbahn verwalteten 1 Meile langen, eingeleisigen Strecke Rheine-Salzbergen und endlich der gemeinschaftliche Betrieb der Hannoverschen Staatsbahn auf der zweigeleisigen, der Köln-Mindener-Eisenbahn gehörenden 2,75 Meilen langen Bahnstrecke Minden-Löhne, die Zulässigkeit eines derartigen Betriebes in Bezug auf die Sicherheit des Betriebes ausser Zweifel gestellt wird. Während die beiden erstgenannten Fälle zeigen, dass selbst die Beförderung ausländischer, von ausländischem Personal geführten Züge auf inländischen Bahnen zu keinem Bedenken Veranlassung gegeben hat, zeigt der letztere Fall, wobei auf der Strecke Minden-Löhne in beiden Richtungen

12 Personenzüge der Köln-Mindener Bahn,
26 Güter- u. Kohlenzüge - - -
6 Personenzüge der Hannoverschen Staatsbahn,
6 Güterzüge - - -

im Ganzen 52, also 26 Züge in jeder Richtung verkehren, dass der Konkurrenzbetrieb selbst bei dieser Anzahl von Zügen, die wohl nur wenige deutsche Bahnen besitzen, ohne besondere Schwierigkeiten ausführbar ist."

„Das preuss. Eisenbahngesetz vom 3. November 1838 hatte daher schon zu einer Zeit, wo über den Konkurrenzbetrieb noch keine Erfahrungen vorlagen und der Gesetzgeber nur von einem richtigen Gefühl geleitet wurde, den Konkurrenzbetrieb zugelassen, ohne dass jedoch bisher in ausgedehnter Weise davon Anwendung gemacht worden wäre. Das Gefühl, welches, um ein Beispiel aus dem alltäglichen Leben zu nehmen, jeder Hausbesitzer empfindet, indem er es vorzieht sein Haus allein zu bewohnen, als einen Theil davon zu vermiethen, hat sich auch auf die Eisenbahnen übertragen. Während aber dort nur das einzelne Individuum einen Verlust erleidet, tritt in dem Falle, dass eine Bahn unmittelbar neben einer bestehenden Bahn gebaut wird, ohne dadurch den Verkehr dieser Parallelstrecke zu heben, eine Schädigung öffentlicher Interessen ein, indem Kapitalien für unproduktive Zwecke verwendet werden, während andererseits derselbe Zweck durch eine geringe Entschädigung an die bereits vorhandene Bahn zu erreichen sein würde."

„Dieser Gesichtspunkt gewinnt mit der wachsenden Ausdehnung der Eisenbahnen, mit der immer grössern Nothwendigkeit, die Expedition von Personen und Gütern in jeder Weise zu erleichtern und die Unterbrechungen, welche der Betrieb noch heute vielfach in grossen Städten findet, zu vermeiden, eine um so grössere Tragweite, da gerade durch die Einrichtung des Konkurrenzbetriebes in vielen Fällen grosse Verkehrserleichterungen geschaffen werden können."

Später (§. 68) kommt der Verfasser auf diesen Gegenstand wieder zurück u. z. mit folgenden Worten:

„Wir haben bereits im Eingange, Seite 12, darauf hingewiesen, dass auf den englischen Bahnen der gemeinschaftliche Betrieb einzelner Bahnstrecken durch verschiedene Verwaltungen (running powers and working arrangements) — der sogenannte Konkurrenzbetrieb — in der ausgedehntesten Weise und selbst unter Verkehrs-Verhältnissen stattfindet, die nach deutschen Anschauungen die Leistung einer Bahn weit übersteigen. Wir können daher jetzt, nachdem wir inzwischen die Bahnhöfe Londons näher erläutert haben, und daher bei dem Leser einige Vertrautheit mit den Verhältnissen der Eisenbahnen Londons voraussetzen dürfen, einige specielle Angaben machen und wählen dieselben aus London selbst, weil die Verhältnisse der Metropole das deutlichste Bild von diesem Eisenbahnlabyrinth geben."

„So wird z. B. die der North London railway gehörige Linie von Chalk Farm-Station bei Victoria Park-Station und in Fortsetzung hiervon die der Great Eastern gehörige Linie von der Victoria Park-Station bis zu den Victoria docks ungeachtet des grossartigen eigenen Verkehrs gleichzeitig auch von den Zügen der

Great Northern,
London und North Western und
Midland railway

benutzt."

„Die Metropolitan railway wird ausser den eigenen Zügen auf einzelnen Strecken auch von den Zügen der Great Northern, London, Chatam und Dover und Midland railway befahren."

„Die Bahnen nördlich der Themse: Great Northern, Midland und London und North Western lassen ihre Züge unter Benutzung der London, Chatam und Dover railway nach den Stationen südlich der Themse übergehen.“

„Einzelne Strecken sind gemeinschaftliches Eigenthum mehrerer Gesellschaften, von denen sie auch gemeinschaftlich betrieben werden; so ist z. B. die West London extension gemeinschaftliches Eigenthum von der Great Western; London, Brighton und South Coast; London und North Western; London und South Western und wird auch gemeinschaftlich von diesen vier Gesellschaften betrieben.“

„Diese und zahlreiche andere Beispiele geben einen Einblick in die verschiedenen Arten der theils durch freiwilliges Uebereinkommen, theils durch Vermittelung des Parlaments herbeigeführten Betriebsverträge (running powers and working arrangements), welche zur Erleichterung des Verkehrs zwischen den Eisenbahn-Gesellschaften abgeschlossen worden sind, zeigen zugleich in diesen ungeachtet der Grossartigkeit des Verkehrs überaus verwickelten Besitz- und Betriebs-Verhältnissen, dass man vor keinen Schwierigkeiten zurückweicht, sobald es gilt, den Verkehr und damit folgerichtig das eigene Interesse zu fördern, und dass man in Deutschland, gegenüber diesen Vorgängen auf den englischen Bahnen, den Einwand der Unausführbarkeit bei gemeinschaftlicher Benutzung einzelner Eisenbahnstrecken durch verschiedene Eisenbahnverwaltungen wohl nur selten wird begründen können.“ —

In Oesterreich gehört gleichfalls die gemeinschaftliche Benützung einer Strecke wenigstens durch zwei Transport-Unternehmer nicht zu den unbekannten Dingen; gesetzlich ist sie sogar vorgesehen in den Koncessionsurkunden für die Pilsen-Priesener und die Prag-Duxer Bahn. Die Verleihung der ersteren Koncession (vom 21. April 1870) wurde laut Handelsministerialerlasses vom 3. Mai 1870 an die Bedingung geknüpft, „dass hierdurch das Zustandekommen einer Lokomotiv-Eisenbahn von Prag über Bilin gegen Dux und Brüx nicht beirrt werden dürfe, und dass daher nöthigenfalls sogar die gemeinschaftliche Benützung der beiden Unternehmungen gemeinsamen Theilstrecken anstandslos zugestanden und wegen der diesfalls erforderlichen Bahneinrichtungen mit der betreffenden Bahnunternehmung das entsprechende Abkommen seinerzeit vereinbart werde.“ In der That übernahmen denn auch die Koncessionäre der Prag-Duxer Bahn eine dem entsprechende Verpflichtung laut Separat-Protokoll vom 3. Juni 1870, dessen Punkt V. lautet: „Da mittelst a. h. Entschliessung vom

21. April d. J. . . . . . . die Koncession zum Bau und Betrieb einer Lokomotiv-Eisenbahn von Pilsen nach Priesen (Komotau) mit Abzweigungen über Saaz an die Aussig-Teplitzer Bahn einerseits bei Brüx anderseits bei Dux bereits ertheilt wurde, und letztere Abzweigungslinie in der Nähe bei Dux mit der hier projektirten Dux-Prager Eisenbahn zusammenfallen dürfte, das Zustandekommen der ersteren Bahnlinie aber durch die angestrebte Koncession nicht beirrt werden darf, so übernehmen die gefertigten Koncessionäre hiemit die Verpflichtung, nöthigenfalls selbst die gemeinschaftliche Benützung der beiden Unternehmungen gemeinsamen Theilstrecken anstandslos zuzugestehen und wegen der diesfalls erforderlichen Bahneinrichtungen mit der betreffenden Bahnunternehmung das entsprechende Abkommen seinerzeit zu vereinbaren.“ In Folge a. h. Entschliessung vom 2. December 1870 wurde dann auch die Zusammenlegung beider Bahnen in der Strecke Dux-Obernitz-Brüx angeordnet.

Auch wird die praktische Möglichkeit eines Konkurrenzbetriebes von hervorragenden Fachmännern gelegentlich anerkannt; so war dies beispielsweise der Fall in der Expertenvernehmung, welche im J. 1872 der zur Vorbereitung der Regierungsvorlage „betreffend die Herstellung der Lokomotiv-Eisenbahn von Tarvis über den Predil nach Görz gegen Triest“ eingesetzte Ausschuss des österreichischen Abgeordnetenhauses veranlasste. Der Generaldirektor der Staatsbahn, Hofrath von Engerth spricht in der Sitzung vom 27. Mai 1872 aus, es könne der Bau einer neuen Strecke Görz-Triest dadurch überflüssig gemacht werden, „dass die Südbahn nach dem Vorbilde der zwischen der Theissbahn und Staatsbahn bezüglich der Strecke Czegléd-Pest getroffenen Vereinbarung ihre Strecke Triest-Görz auch der Rudolfsbahn zur Verfügung stellen würde, wobei jedoch die Selbstständigkeit der Rudolfsbahn in Bezug auf Tarifirung und Manipulation gewährleistet werden müsste.“ Der General-Direktor der in der Frage unmittelbar betheiligten Südbahn, Herr Bontoux, erörterte (wie die „Wiener-Zeitung“ berichtet) „in längerer Ausführung die von ihm als einzig richtige Lösung der ganzen Frage empfohlene Mitbenutzung der Strecke Laibach-Triest durch die Kronprinz-Rudolfs-Bahn, welcher von Seite der Südbahn nicht nur die Anlage eigener Stationen, selbständige Tarifirung und Manipulation, sondern nöthigenfalls, sofern dies die Sicherheit zuliesse, selbst die Verwendung des eigenen Zugspersonales, jedenfalls aber die unbeschränkte Disposition über die eigenen Betriebsmittel im Sinne der einverständlich festgestellten Fahrordnung zugestanden werden würde.“

Zur Vervollständigung des Materials seien hier nur noch ein paar Worte über die Rechtsfrage betreffs eventueller Verhaltung bereits bestehender Eisenbahnen zur Zulassung fremder Züge beigefügt. In Preussen beseitigt die bereits erwähnte Bestimmung des Eisenbahn-Koncessionsgesetzes jeden Zweifel, und sobald der oben erwähnte Entwurf des Reichs-Eisenbahn-Gesetzes zum wirklichen Gesetze geworden sein wird, ist diese Frage für ganz Deutschland gelöst; wo jedoch eine solche ausdrückliche Bestimmung nicht existirt, erscheint dann doch der Staat berechtigt, ein wirklich bestehendes ausschliessendes Betriebsrecht zu expropriiren — einen rechtlichen Unterschied giebt es da nicht, sondern nur einen finanziellen, was allerdings unter Umständen recht schlimm ist. Was speciell Oesterreich betrifft, so hatte das erste Eisenbahn-Koncessionsgesetz vom Jahre 1838 die Bestimmung (§. 8. e.): „Die Unternehmung erhält das ausschliessende Recht, auf ihrer Bahn Personen und Sachen aller Art . . . zu transportiren.“ Das jetzt geltende Gesetz vom 14. September 1854 enthält in der korrespondirenden Stelle das Epitheton „ausschliessend“ nicht — ob aber die auf Grundlage dieses Gesetzes und unter Berufung auf dasselbe koncessionirten Eisenbahngesellschaften, welche verpflichtet sind, sich in beim Bau und Betrieb „nach den diesfalls bestehenden Gesetzen und Verordnungen, dann nach den etwa künftig zu erlassenden Gesetzen und Verordnungen zu benehmen“, auch rechtlich gezwungen werden können, in Folge eventueller gesetzlicher Vorschrift ohne besondere Entschädigung das dermalen faktisch bestehende Monopol auf ihren Schienenwegen aufzugeben, mag als offene Frage betrachtet werden. Dass jedoch — wo diese Frage verneint werden müsste — unter allen Umständen das staatliche Expropriationsrecht auch auf das ausschliessende Betriebsrecht anwendbar sei, wurde officiell von Seite der Regierung vor demselben Predilbahn-Ausschusse betont und blieb auch unwidersprochen. Als nämlich in der Sitzung des Ausschusses am 28. Mai 1872 mit Bezug auf die Tages vorher beantragte gemeinsame und konkurrirende Benützung einer Südbahnstrecke durch Südbahn und Rudolfsbahn von einer Seite die Besorgniss ausgesprochen wurde, solches dürfte denn doch gegen den Willen der Südbahn nicht durchzusetzen sein, fand sich der Handelsminister Dr. Banhaus zur Erklärung bestimmt, „dass es Sache der Regierung sein werde, die Anwendbarkeit der Expropriation gegenüber Eisenbahngesellschaften praktisch darzuthun, wozu das Recht im Eisenbahn-Koncessionsgesetze begründet sei und von ihm unter allen Umständen festgehalten werde.“

* * *

Nach all dem hier Mitgetheilten wird es wohl nicht mehr so leicht gehen, die Idee der Verkehrsfreiheit auf den Schienen schlechtweg und beweislos als „utopisch“ zu bezeichnen. Vom wirthschaftlichen, beziehungsweise verkehrsgeschäftlichen Standpunkte aus, erscheint sie sicherlich als die einzige, wirklich principielle Lösung des grossen Problems, die Erfindung der Eisenbahnen für die Verkehrsthätigkeit in naturgemässer und somit vollkommenster Weise auszunützen; alle Palliativen, welche zur Beseitigung einzelner Uebelstände angewendet werden, sind — wenn sie auch nach der Richtung, der sie unmittelbar dienen sollen, abhelfen — stets die Quelle anderer Beschwerden; als wahren Fortschritt im Eisenbahnwesen kann man nur solche Maassregeln betrachten, welche dem Ziele der Verkehrsfreiheit näher bringen.

Ist aber diese Verkehrsfreiheit einmal Thatsache geworden, so wird wohl der Verkehr selbst in grosser Mannigfaltigkeit sich entwickeln, und die wohlthuendste Elasticität der ihm dienenden Mittel wird ihm zu Gute kommen — aber Verwirrung, Unordnung oder Unsicherheit wird keineswegs eintreten. Wenn statt der Privatvereinbarungen, welche gegenwärtig schon den geschilderten hochentwickelten Konkurrenzbetrieb auf einigen englischen Linien gestatten, ein entsprechendes allgemein giltiges Reglement, für dessen Ausarbeitung bei gutem Willen und technischer Fachkenntniss wohl eben die englischen Verhältnisse genügende Anhaltspunkte darböten, für die Aufrechthaltung der Ordnung sorgen würde, könnte wohl kaum für ernstliche Besorgnisse Raum bleiben.

Weg und Verkehr.

Die Ausübung von Fahrberechtigungen ist, wie nachgewiesen worden, nur dort möglich, wo die Eigenthümer der zu befahrenden Bahn derselben keine Hindernisse bereiten. Will man also das Princip durchführen, dass das Recht, auf bestehenden Bahnen ohne Rücksicht auf die Eigenthumsfrage zu fahren, allgemein werde, so ist es, abgesehen von den regelnden Beschränkungen, welche durch die technische Natur des Eisenbahnverkehrs und die Sorge für die Sicherheit des Betriebes geboten erscheinen, unbedingt nothwendig, dass jede Beeinträchtigung, welche der Ausübung dieses allgemeinen Rechtes von Seite des Privatinteresses des Bahneigenthümers zugehen könnte, wirksam hintangehalten sei. Es muss die heute bei den Eisenbahnen bestehende Verbindung zwischen dem Eigenthum am Wege und dem Verkehrsbetriebe auf letzterem vollständig gelöst, es muss der Weg als solcher vollkommen neutralisirt werden. Ist diese Bedingung erfüllt, und zwar in einer Weise erfüllt, dass die Erleichterung des Verkehrs und die Ermöglichung seiner weitestgehenden Entwicklung als der Hauptzweck der an den Weg geknüpften Verwaltungsthätigkeit erscheint, dann ist es gleichgiltig, wem der Weg gehört; es ist aber nicht wahrscheinlich, dass jene Voraussetzung eintreten kann, wenn sich die Eisenbahnen im Privateigenthum befinden.

Vor Allem ist zu bemerken, dass eine grosse, ja unüberwindliche Gefahr für die Aufrechthaltung der nothwendigen Neutralität des Weges vorhanden wäre, wenn Eigenthümer einer Eisenbahnlinie zugleich selbst Transportunternehmer wären; denn es ist klar, dass für sie die Versuchung nahe läge, den Betrieb ihres eigenen Transportgewerbes auf Kosten anderer ihre Linie benützenden Unternehmer zu begünstigen — sie würden aber dieser Versuchung gewiss um so weniger widerstehen, als ihnen eben durch den Umstand, dass der Weg mit allen für die Benutzbarkeit desselben nöthigen Vorrichtungen völlig in ihrer Gewalt ist, die Ausführung eines solchen, die Neutralität verletzenden Vorhabens gar zu leicht gemacht wäre. Eine das öffentliche Interesse in dieser Richtung wahrende Kontrole durch staatliche Aufsichtsorgane wäre in diesem Falle jedenfalls nöthig; aber sie wäre sehr kostspielig, sehr schwierig und umständlich, bei alledem aber — wirkungslos. Es bliebe somit nichts Anderes übrig, als zu erklären, dass Eigenthümer einer Eisenbahn nicht zugleich Transportunternehmer auf ihrer Linie sein dürfen; aber auch damit wäre wenig geholfen. Einerseits wäre eine solche Anordnung sehr schwer und jedenfalls auch nicht ohne bösartige Kontrole durchzuführen; denn wenn die Bahneigenthümer dagegen handeln wollen, so können sie leicht der Form genügen, und doch im Wesen Transportunternehmer sein, indem sie dieses Geschäft für sich durch einen Andern ausüben lassen, dem gegenüber natürlich jeder Dritte im Nachtheil wäre; aber auch wenn sie dies nicht thun, ist die Aufrechthaltung der Neutralität nicht gesichert, da doch gewiss Fälle sehr leicht denkbar sind und sicherlich auch häufig genug eintreten würden, dass die Bahneigenthümer für die Begünstigung eines Transportunternehmers gegen alle Anderen geschäftlich interessirt würden — sei nun diese Begünstigung pekuniärer oder betriebstechnischer Natur. Neben diesen Schwierigkeiten darf auch nicht unerwähnt gelassen werden, dass jedenfalls verschiedene Linien im Staate verschiedene Eigenthümer haben, und dass aus diesem Umstande noch weitere Komplikationen sich ergeben würden, welche dem Verkehre und seiner Entwicklung unleugbar nichts weniger als förderlich wären.

Ist also das Eigenthum am Schienenwege in Privathänden, so erscheint die Entwicklung des Verkehrs, beziehungsweise die Ausübung des Transportgeschäftes auf demselben nach zwei Richtungen geschädigt; erstens würde es unmöglich sein, dem Wege die nothwendige Eigenschaft der Neutralität unter allen Umständen zu bewahren, und zweitens würde es sich nicht durchführen lassen, dass alle, verschiedenen Eigenthümern gehörigen Linien nach ganz gleichen Principien verwaltet würden. Schon aus dieser Rücksicht empfiehlt es sich daher, dass das Privateigenthum an den Eisenbahnen aufhöre und die Verwaltung der Schienenwege an den Staat übergehe, denn er allein ist neutral und ohne Special-Interesse allen seinen Angehörigen gegenüber, und nur wenn er Verwalter der Eisenbahnen ist, lässt sich das Princip des freien Verkehrs auf denselben überhaupt durchführen.

Es gibt aber noch einen Grund höherer Art, welcher das Aufhören des Privateigenthums an Eisenbahnen als nothwendig darstellt. Er lässt sich nicht besser und präciser entwickeln, als dies Alexander Meyer in seiner herrlichen Rede auf dem Wiener volkswirthschaftlichen Kongresse gethan. Er verwies dabei auf die „unerhörte Thatsache, dass eine technische Erfindung, die Erfindung des Schienengeleises und des Dampfwagenbetriebes einen wirthschaftlichen Grundbegriff umgestossen hat, der bis dahin bei allen Kulturnationen feststand, nämlich den Begriff der öffentlichen Strasse. In der Summe der wirthschaftlichen Ansichten und Weisheiten, die niedergelegt sind im römischen Rechte, steht als einer der obersten Grundsätze, dass eine öffentliche Verkehrsstrasse ausserhalb des Vermögensrechtes steht; sie darf sich in Niemandes Eigenthum befinden, weder in dem eines Privaten noch in dem des Staates. Sie ist, wie der technische Ausdruck lautet, eine „„res extra commercium,““ und dieser Ausdruck steht im schärfsten Gegensatze gegen das Staatseigenthum, gegen die res aeraria. Je consequenter der Begriff des Eigenthums durchgebildet wurde für die gewöhnlichen Gegenstände des Genusses und Verzehrens, desto wichtiger war es, mit grösster Entschiedenheit und Anschaulichkeit diejenigen Dinge auszunehmen, welche sich in Niemandes Eigenthum befinden sollen. Zu diesen Dingen gehören der Natur der Sache nach die Luft, das Meer; aber die positive Gesetzgebung hat ihnen noch mehrere hinzugefügt. Die Kirchen, die Stadtmauern, die Orte, wo ein Mensch begraben liegt, die öffentlichen Strassen, seien sie Land- oder Wasserstrassen, stehen in Niemandes Eigenthum; die allgemeinen Begriffe des Eigenthums sind darauf nicht anwendbar; sie stehen lediglich unter dem Hoheitsrechte des Staates. Und mögen wir eine Eisenbahn auffassen entweder als eine öffentliche Strasse oder auch als einen Ort, wo ein Mensch begraben liegt — denn es gibt wohl keine einzige Eisenbahn, der sich nicht nachsagen liesse, dieses Resultat zu Wege gebracht zu haben — die Eisenbahnen sollten unter diesen allgemeinen Grundsätzen stehen, dass sie res extra commercium, in Niemandes Eigenthum, weder des Staates noch der Privaten sind. Nichtsdestoweniger finden wir, dass die Eisenbahnen behandelt werden, wie jedes gewöhnliche Grundeigenthum, sie sind in's Hypothekenbuch eingetragen, es sind mir allerdings ausnahmsweise Fälle bekannt, wo Servitutsberechtigungen eingetragen sind auf Grundstücke, an denen das Eigenthum Eisenbahnen zusteht. Und durch diesen Hergang ist eben jener alte Begriff der „öffentlichen Strasse" gerade für diejenige Art von öffentlichen Strassen umgestossen, die im Verlauf der Zeiten die allerwichtigste geworden ist*)."

Die Folgerung aus dieser Auseinandersetzung ergibt sich von selbst. Die Eisenbahn, welche die wichtigste Verkehrstrasse geworden ist, muss eine öffentliche Strasse werden, was sie heute nicht ist, das heisst: sie darf nicht Eigenthum von Privaten, nicht Eigenthum des Staates in dem Sinne, wie es heute die Staatsbahnen sind, sein, sondern sie muss öffentliches Gut werden, welches unter dem Hoheitsrechte und unter der Verwaltung des Staats steht. Sache des verwaltenden Staates ist es dann, jene Modalitäten zu bestimmen, welchen Jeder, der die Bahn mit seinen Betriebsmitteln befährt, unterworfen sein soll — wie es eben bei den anderen Strassen auch der Fall ist; er wird die nöthigen Vorkehrungen treffen müssen, damit Ordnung und Sicherheit dem Verkehre gewahrt bleibe und auch dem Bedürfnisse nach vorzugsweiser Schnelligkeit, das einzelnen Verkehrsgattungen innewohnt, entsprechend Rechnung getragen werde; er wird über die Frage der von den Fahrenden für die Benützung des Weges abzuverlangenden Vergütung zu entscheiden, beziehungsweise ihre Höhe und Bemessungsbasis festzusetzen haben — kurz er wird die ganze Thätigkeit, welche er jetzt bezüglich der Strassen und des Verkehres auf denselben ausübt, auch auf die Schienenwege und den Dampfbetrieb in einer der technischen Besonderheit und den anders gestalteten Kostenverhältnissen anpassenden Weise übertragen müssen.

Ist einmal der Eisenbahn im Staatsleben die ihr einzig gebührende Stellung, die Eigenschaft des öffentlichen Weges, zuerkannt, so wird dadurch auch die Entscheidung über noch zu bauende Bahnen von einer Menge schädlicher Einflüsse befreit, welche aus der Verquickung der öffentlichen Angelegenheit der Strassenanlage mit Interessenfragen rein privater Natur hervorgehen, und bisher schon — wie die Konfiguration fast aller Eisenbahnnetze zeigt — so viel Unheil angerichtet haben. Die Wichtigkeit einer Strasse und ihr Nutzen für das wirthschaftliche Gesammtinteresse eines Staates ist mit ganz an-

*) Bericht über die Verhandlungen des vierzehnten Kongresses deutscher Volkswirthe in Wien. (Berlin 1873) S. 95.

derem Maasse zu nehmen, als mit dem der Rente, welche sich aus dem Verkehrsmonopol auf ihr herausschlagen lässt; leider hat man darauf zu wenig Gewicht gelegt und ist dadurch auf arge Abwege gerathen. Als es noch keine Eisenbahn gab, wurde der Verkehr als eine Sache und der Weg als eine andere Sache betrachtet; man erkannte, dass ein lebhafter Verkehr ein mächtiger Förderer wirthschaftlicher Entwicklung sei, und dass man ihm daher Wege bahnen müsse; man untersuchte, in welchen Richtungen unter Voraussetzung eines gebahnten Weges ein grosser Verkehr zu erwarten wäre, und hatte man die betreffende Linie gefunden, so baute man dort Strassen, treffliche Kunst-Strassen über hohe Gebirge mit Aufwand grossen Scharfsinnes und riesiger Geldmittel — aber nach der Rentabilität einer solchen Strasse fragte Niemand. Da kam die Eisenbahn, und da war Weg und Transportbetrieb ein untrennbares Ganzes; der Transportbetrieb ist eine Geschäftssache und muss daher rentabel sein; da aber dieses Geschäft nur auf dem eigens dazu gebauten Wege ausgeübt werden konnte, so musste der Transportbetrieb so rentabel sein, dass er auch das auf den Wegebau verwendete Kapital verzinste — und die Rentabilität der Eisenbahn wurde Grundbedingung für ihre Anlage. Freilich, als allgemach die Eisenbahnen den gesammten grossen Verkehr verschlangen und schliesslich als die einzigen Wege sich darstellten, welche bei grossen Entfernungen zu Lande überhaupt noch in Betracht kommen können, regte sich instinktmässig die Rücksicht auf das „öffentliche Interesse", indem man fühlte, dass es sich bei Eisenbahnen denn doch nicht nur um privates Transportgeschäft sondern auch um die Frage der Wegsamkeit des Landes handle. Es wurde also — abgesehen von den „Konkurrenz"-Linien, die schon in einem früheren Abschnitte gewürdigt worden sind — Manches zur „Unterstützung" des Eisenbahnwesens im Interesse der Wegsamkeit gethan; theils betheiligte sich der Staat durch Aktienübernahme, durch Vorschüsse, durch Zinsengarantien u. dgl., theils baute er selbst Bahnen, welche keine den Anlagekosten entsprechende Rente erwarten liessen; gleichwohl aber — und bei der bestehenden Organisation, welche Bahn und Betrieb nicht trennt, ist dies ganz natürlich, da eben immer auch bedeutende Betriebskosten auflaufen, — konnte man sich nie dazu aufschwingen, von der Frage der Rentabilität gänzlich abzusehen; und auch das, was geschah, that man immer nur im Hinblick auf eine später zu erwartende Steigerung der unmittelbaren Einnahme, aus welcher dann Ersatz geleistet werden sollte. So erklärlich nun aber auch dieses Vorgehen ist, so muss man es doch im höchsten Grunde bedauern — denn unermesslicher Schaden würde dadurch der Gesammtwirthschaft manchen Landes zugefügt, ein Schaden, der jedenfalls weit grösser ist, als die Kosten für die Herstellung der zur Erhaltung und Förderung des Handels des Landes nothwendiger, wenn auch wahrscheinlich unmittelbar nicht „rentabler" Bahnlinien gewesen wären. So hat beispielsweise Oesterreich nachgerade alle Früchte einer weise und mit grossem Blicke koncipirten, mit grossem Kosten-Aufwande und mit einer Bewältigung natürlicher Schwierigkeiten, welche die Bewunderung Europa's erregte, durchgeführten Strassenpolitik in Folge der durch das Eisenbahnwesen herbeigeführten Veränderung der Verkehrsverhältnisse verloren. Trennt man nun wieder, wie es die Natur der Sache verlangt, die Strasse vom Verkehr, so wird man sich auch bald von der durch den ungeahnt raschen Siegeslauf der Eisenbahnen vollzogenen Ueberrumpelung der Geister erholen, und für die Anlage von Eisenbahnen werden wieder allein die Principien maassgebend werden, nach welchen bei Planung und Anlage von Strassenzügen überhaupt zu verfahren ist.

Der Verkehr selbst wird unter solchen Umständen wieder in sein natürliches Recht eingesetzt; der Staat als Verwalter der Wege hat ihm die Benützung dieser letzteren so viel als möglich zu erleichtern, auf seine Entwicklung selbst aber im Uebrigen gar keinen Einfluss zu nehmen. Erscheint ein Theil desselben, der durch eigene Einnahmen die Kosten nicht deckt, im öffentlichen Interesse nothwendig, oder verlangt dieser specielle Organisation, wie bei Beförderung der Post oder bei Truppenbewegungen, so mag immerhin der Staat selbst dabei eintreten oder andere Unternehmer in seinem Namen eintreten lassen; und da eben der Weg ein öffentliches Gut ist, so ist es nur konsequent, dass die Befriedigung öffentlicher Bedürfnisse allen Anderen vorgeht. Der Privatverkehr — gegen dessen Umfang ja übrigens der des Verkehrs von unmittelbar öffentlichem Interesse verschwindend klein ist — wird sich seine Organisation gewiss selbst machen und zwar viel besser, als irgend eine Central-Behörde, welche einen grossen Plan auszuarbeiten hätte. Thut nur die allen gemeinsame Basis ihre Schuldigkeit, so wird bald allen Jammers ein Ende sein. Die Transportpreise werden sich den jeweiligen Gestehungskosten der Leistung annähern, somit es geschäftlich thunlich ist, und im eigenen Interesse werden die Transportunternehmer sich anstrengen, diese Gestehungskosten möglichst zu vermindern; wo der Verkehr zu

Zeiten grösserer Mengen von Betriebsmitteln bedarf, werden diese sofort sich einfinden, und wo er besondere Einrichtungen braucht, werden sie ihm alsbald in der wohlfeilsten und geeignetsten Weise geboten werden. Kurz dem Verkehr und seinen Interessen wird gegeben sein, worauf Jeder im Staate ein Recht hat, und was die Grundbedingung jeder vollen Entwicklung der vorhandenen Kräfte ist: freie Bewegung auf der Grundlage geregelter Verhältnisse.

Eisenbahnpolitik.

Freie Bewegung auf der Grundlage naturgemäss geregelter Verhältnisse — das ist das Ziel der modernen Politik auf allen Gebieten des Staatslebens. Das Verkehrswesen ist nun gewiss kein Gebiet von untergeordneter Bedeutung, und im Verkehrswesen ist heute wohl die Eisenbahn der wichtigste Faktor. Die ganze wirthschaftliche Entwicklung ist abhängig von der Stellung, welche der Staat der Eisenbahnfrage gegenüber einnimmt, und gerade in dieser Hinsicht zeigt sich allenthalben ein Schwanken, ein widerspruchsvolles Wechseln in den Ausgangspunkten für verschiedene Anordnungen, so dass der gänzliche Mangel an einem anerkannten Principe klar zu Tage tritt. In den vorhergehenden Auseinandersetzungen wurde versucht, das Princip festzustellen, welches fürder als Leitstern für das Verhalten des Staates in Eisenbahnfragen maassgebend sein soll, und die Aufgabe zu kennzeichnen, deren Lösung von vornherein als unverrückbares Ziel der Eisenbahnpolitik zu gelten hätte. Es ist darin eigentlich nichts absolut Neues gesagt — es ist nur die Anwendung eines allgemein giltigen Principes auf einen speciellen Fall und die konsequente Fortbildung einer auch in der Praxis bereits zum Durchbruche gelangten Tendenz; jedoch nach Zerlegung der bisher immer nur als untheilbares Individuum aufgefassten Eisenbahnunternehmung in die ihrer Wesenheit nach verschiedenen Elemente.

Das Streben nach grösserer Freiheit in der Bewegung des Verkehrs auf den Eisenbahnen ist schon älteren Datums und fand in dem Verlangen nach Trennung des Frachtverkehrs vom Fahrverkehre seinen konkretesten Ausdruck; diesem Verlangen ist theilweise bereits Rechnung getragen, und es ist Aussicht vorhanden, dass dies in immer grösserer Ausdehnung geschehen werde. Doch blieb der eigentliche Sitz des Uebels, das Traktionsmonopol der Bahneigenthümer bisher noch unangetastet; hoffentlich wird das Votum des volkswirthschaftlichen Kongresses, dessen Anregungen schon so viele segensreiche Folgen gehabt, auch in Bezug auf diesen Punkt die Aufmerksamkeit der im Staate maassgebenden Faktoren in höherem Grade rege machen, als sie es bisher gewesen. Ist man sich aber einmal darüber klar geworden, und hat man den Satz, dass die Freiheit des Verkehrs nur in der Freiheit der Traktion liege, in seiner vollen Berechtigung anerkannt, dann wird man auch sofort zur Erkenntniss kommen, wie die naturgemässe — will sagen: die der Natur der Sache entsprechende — Grundlage für die Entwickelung des freien Verkehrs beschaffen sein müsse. Und hat man diese richtige Grundlage gefunden, so wird sich zeigen, dass auch auf diesem Felde, wie so ziemlich auf allen anderen, die nächste Aufgabe der heutigen Politik darin bestehe, mit überkommenen Irrthümern zu brechen und die begangenen Sünden, welche die Wirkung dieser Irrthümer waren, gut zu machen; weiterhin folgt dann das Fortschreiten auf dem gewonnenen Boden des richtigen Principes.

Vor Allem erscheint es jetzt als ernste und wichtige Pflicht derjenigen, denen die Wahrung und Vertretung öffentlicher Interessen anvertraut ist, einen Ausweg aus dem herrschenden Spiel und Streit der Opportunitäten zu suchen und endlich sich über dieses wichtige Princip Klarheit zu verschaffen; es ist kaum zu zweifeln, dass man bei unbefangener Betrachtung aller Verhältnisse zu den Resultaten kommen wird, zu welchen die vorhergehenden Auseinandersetzungen geführt haben. Hat man dies festgestellt, so ist für die Zukunft Alles gewonnen, und es bedarf nur mehr der Konsequenz in Feststellung des Standpunktes bei weiteren Gesetzgebungsakten, welche mit dem Eisenbahnwesen zusammenhängen; einerseits darf dann nichts mehr geschehen, was mit dem als richtig anerkannten Principe im Widerspruche steht, oder seiner Durchführung Hindernisse bereiten könnte, anderseits wird der Weg ausfindig zu machen sein, auf welchem die praktische Anwendung auf das Bestehende erzielt werden kann. Letzteres ist — da man es mit einem Conglomerate mächtiger Organismen und grossen Fragen finanzieller Natur zu thun hat — jedenfalls das Schwierigere, und es bedarf eines wohlüberlegt planmässigen Vorgehens.

Bevor man zur wirklichen Durchführung schreitet, müssen gewisse Vorfragen erledigt sein, welche die Praxis des Verkehrs nach der neuen Ordnung der Dinge betreffen; dieselben sind theils technischer theils finanzieller Natur. In technischer Beziehung handelt es sich um die Ausarbeitung eines Betriebsreglements; es werden dabei die Betriebsvorrichtungen auf der Bahn selbst, Geleise, Weichen, Bahnhöfe, Wasserstationen und dergl. und die Vorschriften für ihre Benützung in Betracht kommen müssen, dann die Anforderungen, welche an die zur Verwendung bestimmten Transportmittel und die mit ihrer Bedienung betrauten Personen zu stellen sind, die Ablassungszeit, Reihenfolge und Geschwindigkeit der Züge, gewisse Vorschriften für den Transport gefährlicher Güter u. s. w. Eine Kommission tüchtiger und vorurtheilsfreier Techniker wird sicherlich ohne Schwierigkeit das Richtige finden, und was etwa im Beginne mangelhaft ist, wird später die Erfahrung verbessern. In finanzieller Beziehung ist die Frage der für die Benützung der Bahn zu leistenden Vergütung oder des „Bahngeldes" zu entscheiden; man wird darüber schlüssig werden müssen, ob überhaupt eine solche Vergütung verlangt werden soll und, wenn ja, ob das Bahngeld blos zur Deckung der laufenden Kosten oder auch zur Verzinsung oder Amortisirung des Anlage-Kapitals dienen soll; ferner ob es nach Achsen oder Gewicht, nach Stationen oder Meilen bemessen werden, ob es überall gleich oder auf verschiedenen Strecken verschieden hoch sein soll u. s. w. Auch diese Bestimmungen werden in ihrer Aufstellung keine besonderen Schwierigkeiten verursachen, und es versteht sich wohl von selbst, dass bei den diesbezüglichen Entscheidungen nicht bloss Erwägungen rein fiscalischer Natur, sondern auch der Rücksichtnahme auf allgemeine wirthschaftliche Interessen Einfluss zu gestatten sein wird.

Ist in der angedeuteten Weise das System für die nothwendige Regelung des Verkehrs auf dem Schienenwege festgestellt, dann wird man darangehen können, diese Wege selbst von dem heute darauf lastenden Monopol zu befreien. Obwohl es sicherlich am Besten wäre, das als nothwendig Erkannte auch gleich mit einem Schlage, mit einer grossen That zu vollenden, so wird man doch schwerlich irgendwo die Kraft haben, diese Riesenaufgabe so rasch zu bewältigen; es wird daher nöthig sein, schrittweise vorzugehen. Wo man Staatsbahnen hat, ist der erste Schritt von selbst gegeben und verhältnissmässig leicht; man braucht eben nur auf das Betriebsmonopol zu verzichten, und das neue System auf den staatlichen Linien in Anwendung zu bringen; für das Betriebsmaterial findet sich leicht ein Käufer, und alle Bahngesellschaften, deren Bahnen mit diesen Linien in unmittelbarer Verbindung stehen, werden alsbald ihren Vortheil verstehen und von dem ihrer Thätigkeit neu erschlossenen Terrain wetteifernd Besitz ergreifen. Hat man diese Bresche gelegt, so wird man zu dem übergehen, womit in Staaten, welche keine eigenen Bahnen haben, gleich von vornherein begonnen werden muss, zur allmähligen Enteignung der in Privateigenthum befindlichen Bahnkörper. Für die Bestimmung der dabei einzuhaltenden Reihenfolge wird natürlich hauptsächlich der Grad der Wichtigkeit maassgebend sein, welche den einzelnen Linien mit Bezug auf das wirthschaftliche Gesammtinteresse des Staates zuerkannt werden muss.

Die Durchführung der Enteignung ist nun allerdings mit grossen finanziellen Opfern verbunden, aber diese Opfer sind doch nicht so ungeheuerlich, als sie wohl auf den ersten Blick ercheinen mögen. Der höchste Preis wird für die ersten Ablösungen bezahlt werden müssen, aber je weiter das Werk vorschreitet, desto niedriger werden die Entschädigungssummen werden, und zwar nicht etwa blos desshalb, weil später minder wichtige Linien an die Reihe kommen, sondern vorzugsweise desshalb, weil das Interesse der Eisenbahngesellschaften an der Festhaltung des Monopols ein immer geringeres wird, jemehr das Gebiet des freien Verkehrs sich ausdehnt. Die ersten Transportunternehmer, welche sich die Neuerung zu Nutzen machen werden, sind naturgemäss — wie schon angedeutet — die bestehenden Eisenbahngesellschaften, und zwar insbesondere jene, welche mit einer freigegebenen Linie in unmittelbarer Verbindung stehen. Das wird nun zweierlei Folgen haben: einerseits wird, weil eine Strecke für wirkliche und unmittelbare Konkurrenz geschaffen ist, der Vervollkommnung der Transportmittel und der Verwohlfeilung ihrer Verwendung eine bedeutend erhöhte Aufmerksamkeit zugewendet werden, anderseits wird für die geschäftliche Kombination in der Transportleistung ein ganz neues, bisher nicht vorhandenes Element mit in Rechnung gezogen werden müssen, nämlich die vom Wegeeigenthum losgelöste, unabhängige Lokomotion. Dadurch wird zunächst der Transportdienst selbst eine grössere Sorge und Strebsamkeit in Anspruch nehmen und es wird immer schwerer werden, die Sorge für den Weg damit zu verbinden; es wird das Unnatürliche dieser Verbindung, wie sie heute besteht und nur durch die Gewohnheit als vortheilhaft erscheint, sich in immer lästigerer Weise geltend machen, und Jene, welche in der ersten Zeit bestrebt sein werden, sie aufrecht zu erhalten, werden bald erkennen, das ihr wahrer Vortheil darin bestehe, sie so rasch als möglich zu lösen. Dabei mag noch ein Moment erwähnt werden; sobald auf einer Linie der Verkehr (auch unter Voraussetzung eines zu entrichtenden Bahngeldes) freigegeben ist, wird auf jeder mit ihr konkurrirenden Linie das Betriebsmonopol nahezu werthlos, soweit es eben den konkurrirenden Verkehr zwischen gleichen Endpunkten betrifft; wenn aber das Interesse am Monopol fällt, so ist damit auch das besondere Interesse am Bahneigenthum an der Wurzel angegriffen, und es wird eher das Bestreben auftreten, dieses sammt den damit verbundenen Mühen und Lasten loszuwerden. Hat also einmal das Princip der Theilung der Arbeit, das kaum irgenwo eine naturgemässere und berechtigtere Anwendung finden kann, als in der geschäftlichen Loslösung des Verkehrsbetriebes vom Eigenthum und der Verwaltung des Weges, in einer gewissen Ausdehnung Geltung gewonnen, so wird es durch sein eigenes Gewicht und die Vortheile, die es bietet, selbst allen Schritten, die seiner vollen Durchführung näher bringen, die grösste Erleichterung schaffen.

Bei all Dem ist natürlich nicht zu verkennen, dass unter allen Umständen für die Durchführung der hier vorgeschlagenen Reform riesige Schwierigkeiten zu überwinden sind; da diese Reform aber nur die Herstellung des naturgemässen, und daher einzig richtigen Zustandes ist, so wird sie früher oder später durchgeführt werden müssen, und für grosse Zwecke müssen eben grosse Mittel angewendet werden; es wird auch gut sein, so wenig als möglich zu zögern, denn je länger man wartet, desto grösser werden die Schwierigkeiten in jeder Beziehung. Wo man sich von dem wirthschaftlichen Grundgesetze, dass der Weg durch das Land ein öffentliches Gut sein muss, am meisten entfernt gehalten, dort wird die Rückkehr zum Guten und Rechten die grössten Opfer kosten; derjenige Staat aber, welcher diese Rückkehr zuerst vollzieht, wird an der Spitze des wirthschaftlichen Fortschrittes stehen.

BEILAGE I.

Bericht

des gemischten Ausschusses, welcher vom Hause der Lords und vom Hause der Gemeinen eingesetzt wurde, um über die Frage der Verschmelzung der Eisenbahn-Gesellschaften mit besonderer Bezugnahme auf die zu diesem Zwecke dem Parlamente vorliegenden Gesetz-Entwürfe Erhebungen zu pflegen und zu erwägen, ob und welche Bestimmungen im Falle der Gestattung solcher Verschmelzungen vom Parlamente erlassen werden sollen — und dem Hause Bericht zu erstatten.

In Beziehung auf diesen Gegenstand fand es der Ausschuss nothwendig, auf die Geschichte der Eisenbahngesetzgebung und auf die Berichte verschiedener Ausschüsse und Kommissionen zurückzugreifen, vermittelst welcher die Vervollkommnung dieser Gesetzgebung versucht wurde. Er hat auch auf die Praxis fremder Länder Rücksicht genommen. Vieles von der Geschichte über die Eisenbahngesetzgebung dieses Landes vor 1866 findet sich in der Einleitung des Berichtes der königlichen Kommission von 1866; und die gegenwärtige Entwickelung des Eisenbahnwesens ist ausführlich dargestellt in einem Memorandum, welches vom Kapitain Tyler, einem der Inspektionsbeamten des Handelsamtes verfasst und diesem Berichte angeschlossen ist. Die Geschichte der Fusionen, durch welche die Eisenbahngesellschaften ihren gegenwärtigen Zustand erlangt haben, ist in einem im Handelsamte verfassten und gleichfalls beigeschlossenen Berichte dargelegt, während die gegenwärtigen Bezirke der verschiedenen Gesellschaften so gut als möglich in der in einem Parlamentsschriftstücke der gegenwärtigen Session No. 4 enthaltenen Karte beigegeben sind. Der gegenwärtig gesetzliche Zustand der Eisenbahnen in Frankreich, Norddeutschland und Belgien findet sich in einem gleichfalls diesem Berichte beigeschlossenen Memorandum des Herrn Malcolm, Sekretär im Eisenbahndepartement des Handelsamtes, der jene Länder zu diesem Zwecke bereist hat, und in dessen Aussage.

Mit Rücksicht auf den unmittelbareren Gegenstand dieses Berichtes, nämlich die Fusion der Eisenbahnen, fand es der Ausschuss wünschenswerth, ziemlich ausführlich auf deren Geschichte einzugehen, um zu zeigen, welche Ansichten in Bezug auf die darin eingeschlossenen Fragen der Konkurrenz und des Monopols von Zeit zu Zeit herrschten, und wie weit die aktuelle Entwickelung des Eisenbahnnetzes mit diesen Ansichten übereinstimmte. Er beabsichtigte daher zum erstenmal einen kurzen historischen Bericht über die parlamentarischen Untersuchungen und die Gesetzgebung betreffs dieses Gegenstandes zu erstatten, eine Darstellung, welche in keinem der bisher dem Parlamente vorgelegten Berichte gegeben wurde.

Geschichte

der parlamentarischen Untersuchungen und der Gesetzgebung in Beziehung auf Fusion der Eisenbahnen und auf Konkurrenz und Monopol der Eisenbahnen von 1840 bis 1872.

Aus einem Rückblicke auf diese Geschichte geht hervor, dass die herrschende Idee in der öffentlichen Meinung die war, dass die Konkurrenz, welche ein so mächtiger Regulator der meisten kommerciellen Angelegenheiten ist, auch genügen würde, um die Eisenbahnen zu reguliren, während nichtsdestoweniger durch langsam und stufenweise fortschreitende Versuche eine Form der Konkurrenz nach der anderen sich als unzulänglich erwiesen hat.

Zuerst war es ungewiss, ob Eisenbahnen Strassen überflüssig machen würden und lange, nachdem es klar geworden war, dass die Konkurrenz der Strassen unwirksam sei, wurden Kanäle für fähig gehalten, für den schwereren Verkehr wirksam zu konkurriren.

Es wurde auch angenommen, dass Eisenbahnen wie Kanal-Gesellschaften nur die Eigenthümer des Weges seien, für dessen Benutzung Zölle erhebend, und dass unter den ihre eigenen Maschinen und Wagen auf der Linie benützenden Fuhrleuten und Zugkrafteigenthümern weiter Raum für Konkurrenz vorhanden sei.

Die Gesellschaften wurden demzufolge in ihren Koncessionen verpflichtet, die Wagen und Maschinen anderer Personen auf ihren Linien gegen einen gewissen Zollsatz zuzulassen, während sie auch in manchen Fällen, wenn sie selbst als Frächter auftraten, an gewisse in ihren Koncessionen specificirte Maximalsätze gebunden wurden.

Da jedoch die Eisenbahngesellschaften nicht verpflichtet waren, ausser der Benützung des Weges irgend eine Erleichterung zu gewähren, und da eine einheitliche Direktion nothwendig war, griff die Konkurrenz zwischen verschiedenen Frächtern niemals Platz, und im Jahre 1839/40 berichtete ein Ausschuss, welcher zu seinen Mitgliedern den verstorbenen Sir Robert Peel zählte, in den verschiedensten Ausdrücken, dass diese Form der Konkurrenz weder durchführbar noch wünscheuswerth sei und dass das Monopol auf derselben Linie, auf alle Fälle soweit es Passagiere betrifft, unvermeidlich sei. Er führte auch aus, dass das Interesse der Gesellschaften bis zu einer gewissen Ausdehnung eben das des Publikums sei und führt, um dies zu illustriren, folgende Fälle an:

„Man wird finden, dass es die Meinung einiger Experten sei, dass die Interessen der Eisenbahngesellschaft und des Publikums niemals verschieden sein können, und dass die Direktoren dieser grossen Unternehmungen, wenn sie mit erleuchteter Beachtung ihrer eigenen Interessen vorgehen, immer die nöthige Rücksicht auf den allgemeinen Vortheil des Gemeinwesens nehmen werden. Eine genauere Untersuchung hat jedoch gezeigt, dass diese Voraussetzung nicht ohne Ausnahme ist. Ein Hauptgegenstand, den die Direktoren einer Gesellschaft im Auge haben müssen, ist, eine gute Einnahme für das ausgelegte Kapital zu erzielen, während es das erste Interesse des Publikums ist, dass der Verkehr regelmässig mit der grössten Sicherheit, Beschleunigung und Billigkeit unterhalten werde. Bis zu einem gewissen Grade liegt es unzweifelhaft im Vortheile der Gesellschaft, die Wünsche des Gemeinwesens zu befriedigen und seinen Bedürfnissen zu genügen, besonders auf jenen Linien, wo andere Kommunikationsmittel noch existiren und eine, wenn auch diesen mächtigen Unternehmungen gegenüber schwache Konkurrenz bieten; aber es sind schon Fälle vorgekommen, in welchen die Interessen von Privatgesellschaften und die des Publikums als einander entgegengesetzt befunden wurden, und es ist wahrscheinlich, dass in dem Maasse, als dieses neue System andere Arten des Reisens beseitigen wird, andere unzukömmliche Konsequenzen entstehen werden, wenn nicht eine Autorität eingesetzt wird, um über die Interessen des Publikums zu wachen und sie zu beschützen. Die Furcht vor einer rivalisirenden Linie kann in manchen Fällen ein Anstoss für das Vorgehen einer Gesellschaft sein, aber es giebt wenige Distrikte, in welchen das Publikum eine Gelegenheit zur Auswahl hat, und offenbare und ernsthafte Schwierigkeiten müssen entstehen, wenn diese Mittel der Kontrole in Ausführung gebracht werden sollen.

Die „Leeds Selby Eisenbahn" liefert die Illustration eines Falles, wo die Interessen der Gesellschaft von denen des Publikums verschieden waren und ihnen überwogen. Mr. Galt vergleicht in seiner Aussage 2 Zeitabschnitte und zeigt, dass, als die Gesellschaft die Fahrpreise erhöhte und die Zahl der Passagiere sich dadurch um 12000 verminderte, das Einkommen der Gesellschaft um 1300 Pfund wuchs.

Aus der Aussage des Mr. Ritson, des Schatzmeisters der Manchester-Bolten-Bury Eisenbahn, geht hervor, dass auch für diese Eisenbahn aus der Beförderung einer geringeren Anzahl von Passagieren ein grösseres Einkommen erzielt wurde. Diese Resultate sind leicht zu ersehen durch eine Beziehung auf die im Anhange befindlichen Berichte bezüglich der Leeds-Selby, der Manchester-Bolten und der Dundee-Newton Eisenbahn, und dies ist ein Punkt, von welchem ihr Ausschuss fühlt, dass er ganz besonders die Aufmerksamkeit des Parlaments und des Publikums verdient.

Es ist somit die Pflicht der über den pekuniären Interessen der Gesellschaft wachenden Direktoren, die Fahrpreise auf jener Höhe zu erhalten, welche die grösste Summe des Einkommens erzielt — eine Pflicht, welche auf das Publikum sehr schädigend einwirken kann und besonders auf jene Klassen von Passagieren, welche am Wenigsten befähigt sind, die Kosten zu erschwingen."

Aber obwohl dieser Ausschuss so klare Anschauungen über die Sache gehabt zu haben scheint, beschränkte er sich doch fast ganz auf die Anempfehlung eines überwachenden Regierungsdepartements, welches nur die Macht haben sollte, Bericht einzuholen und das Publikum über den Zustand des Verkehrs und der Fahrpreise aufzuklären.

Einen positiven Vorschlag machte er, nämlich, dass die Passagiertaxen so abgestuft werden sollen, um den Passagierverkehr auf der dritten Klasse mehr zu fördern. Dieser Vorschlag wurde später wiederholt von dem Ausschusse von 1844 und wurde auch mit einiger Veränderung im Jahre 1846 angenommen. Die Details und die gegenwärtigen Resultate dieser Massregel sind weiter unten ausführlich besprochen. Die in Folge dieser Berichte angenommenen Gesetze enthielten nichts, was irgend einen Einfluss auf die Einschränkung oder Regulirung des Monopols hatte.

Die grosse Entwickelung der Eisenbahnspekulation in jener Zeit (1844) brachte vorzugsweise eine andere Form der Konkurrenz in Betracht, welche im Anfange wenig beachtet worden zu sein scheint, nämlich die Konkurrenz zwischen verschiedenen Eisenbahngesellschaften, und das unsichere Vorgehen des Parlamentes gegenüber den spekulirenden Gründern ermuthigte sie. Im Jahre 1844 wurde ein strenger Ausschuss beauftragt, den ganzen Gegenstand zu studiren und Mr. Gladstone war dessen Obmann. Sein zweiter Bericht betrachtet die Konkurrenz zwischen existirenden und zukünftigen Eisenbahnen und enthält Vorschläge für die Einsetzung von Privatkonzessionsausschüssen zur Untersuchung der konkurrirenden Pläne. Sein dritter Bericht enthält seine allgemeinen Anschauungen. Es ist etwas schwierig diese auf die Form von kurzen und bestimmten Vorschlägen zu reduciren, aber im Wesentlichen kommen sie darauf hinaus: dass die den früheren Gesellschaften gegebenen unbeschränkten Konzessionen unnöthig geworden sind, dass Fahr- uud Frachtpreise zu hoch sind, dass die Konkurrenz den Eisenbahngesellschaften mehr Schaden brächte als dem Publikum Nutzen, dass der Einfluss des Monopoles sowohl direkt auf das Publikum als auch indirekt auf die Eisenbahngesellschaften zu fürchten und mit Vorsicht zu behandeln sei, und dass mit Beziehung auf neue Linien jedenfalls die Regierung und das Parlament eine gewisse nach einer gegebenen Zeit auszuübende Macht bewahren solle.

Seine Vorschläge in Bezug auf neue Linien sind folgende:

„dass — wenn am Ende einer zu fixirenden Reihe von Jahren der jährlich zu vertheilende Profit für das eingezahlte Aktienkapital einer solchen Eisenbahnlinie einer zu fixirenden Percentuirung gleich sein wird, oder sobald nach dem Verlaufe des genannten Termins die genannte Percentuirung erreicht sein wird, — es in der Wahl der Regierung stehen soll, entweder 1. die Linie zu einem der zu fixirenden Verzinsung durch den zur Vertheilung kommenden Gewinn entsprechenden Preise zu kaufen, oder 2. die Fahrpreise und Frachtsätze auf der Linie in solcher Weise zu reguliren, dass nach Beurtheilung der Regierung der erwähnte zu vertheilende Gewinn auf die erwähnte Percentuirung reducirt werde — immer unter Annahme, dass der jährliche Verkehr in immer gleicher Menge und Art fortdauern werde, aber mit der für die Zeit der Dauer dieses Fahrpreis- und Frachten-Tarifs zu leistenden Garantie von Seiten der Regierung, dass der zur Vertheilung gelangende Gewinn die erwähnte Percentuirung erreiche;

„Und auch, dass bei oder nach Ablauf der genannten Reihe von Jahren es in der Wahl der Regierung liegen solle, die Linie um jene Summe zu kaufen, welche durch den jährlich zu vertheilenden Gewinn verzinst wird, wie hoch immer sich dieser Gewinn belaufe;

„dass diese Anzahl von Jahren 15 sein solle, zu beginnen und zu datiren von dem 1. Januar nach Erlassung des Gesetzes für den Bau der Eisenbahn;

„dass die Höhe des zu vertheilenden Gewinnes, bei welcher das Revisionsrecht erwachsen soll, 10 pCt. betragen soll;

„dass die Verzinsung, welche für die Bemessung des Kaufschillings bei Ankauf für den Staat maassgebend ist, 4 pCt. betragen soll;

„dass der erwähnte jährlich zu vertheilende Gewinn nach dem Durchschnitt der 3 letzten Jahre berechnet werden soll."

Der Ausschuss empfiehlt ferner, dass jeden Tag ein billiger Zug gehen solle, welcher Passagiere der 3. Klasse zu 1 Penny die Meile fährt, und dass die Passagiersteuer von solchen Passagieren um die Hälfte herabgesetzt werden soll. Diese Verpflichtung wäre allen neuen Eisenbahnen aufzulegen und allen alten, welche vom Parlamente neue Rechte erlangen.

Der 5. Bericht dieses Ausschusses enthält eine sehr ausführliche Auseinandersetzung über die beste Art, in der zukünftigen Eisenbahngesetzgebung das grösste Maass von Annäherung an die geringsten Kosten zu sichern, und seine Tendenz ist, die Regulirung der Konkurrenz vorzuziehen, aber die Drohung der Konkurrenz als Mittel zur Auferlegung der Regulirung zu reserviren. Er empfiehlt, das alle Eisenbahngesetzvorschläge vor der Verhandlung im Parlament dem Handelsamte vorgelegt werden sollen.

In Folge dieses Berichtes brachte Mr. Gladstone 1844 einen Gesetzvorschlag ein, welcher stark modificirt schliesslich zum Gesetze wurde.

Folgende sind die Hauptmaassregeln der Vorlage und beziehungsweise des Gesetzes, welche sich auf die Revision der Fahr- und Frachtpreise und auf den Ankauf durch den Staat beziehen.

Gladstone's Vorlage von 1844.	**Akte 7 und 8 Vict. c. 85.**
1. Wenn nach Ablauf von 15 Jahren eine neue Eisenbahn durch 3 Jahre 10 pCt. abgeworfen hat, kann das Handelsamt die Frachtsätze reduciren, aber das Parlament hat 10 pCt. zu garantiren.	1. Wenn nach Ablauf von 21 Jahren irgend eine neue Eisenbahn durch 3 Jahre 10 pCt. abgeworfen hat, kann das Schatzamt die Frachtsätze reduciren, aber es sind 10 pCt. zu garantiren. Die revidirten Sätze und die Garantie haben 21 Jahre zu dauern.
2. Das Handelsamt kann einen Abzug vom garantirten Einkommen wegen schlechter Leitung verlangen.	Ausgelassen.
5. Die Gesellschaft darf ohne Zustimmung des Handelsamtes während der Dauer der revidirten Sätze das Kapital nicht vermehren.	Ausgelassen.
6. Das Handelsamt hat während der Dauer der revidirten Sätze Anstalten zu treffen, um die Interessen des Publikums zu sichern.	Ausgelassen.
7. Nach 15 Jahren ist das Handelsamt zu ermächtigen, jede neue Eisen-	2. Nach 15 Jahren kann das Schatzamt eine neue Eisenbahn um den 25fachen

bahn um den 25fachen Betrag des Durchschnittseinkommens der letzten 3 Jahre zu kaufen, aber so dass, wie hoch immer der aktuelle Gewinn sei, das Einkommen, auf Grund dessen der Kaufpreis berechnet ist, 10 pCt. nicht übersteigen soll.

Betrag des durchschnittlichen Gewinnes der letzten drei Jahre kaufen; aber, wenn der Gewinn weniger als 10 pCt. beträgt, ist der Betrag durch ein Schiedsgericht zu bestimmen.

3. Keine Eisenbahn von weniger als 5 Meilen Länge soll gekauft werden, und keine Zweigbahn soll gekauft werden, wenn nicht die ganze Bahn gekauft wird.

9. 10. Wenn die Eisenbahn und das Betriebsmaterial nicht in gutem Zustand ist, soll ein entsprechender Abzug pro tanto von dem Kaufpreise gemacht werden.

Ausgelassen.

19—24. Differenzen sind von Schiedsgerichten zu entscheiden.

4. Besagt, dass die Rathsamkeit von Revision oder Ankauf nicht im voraus beurtheilt werden kann und dass „öffentliche Einnahmsquellen" nicht angewendet werden sollen um eine ungerechte Konkurrenz mit unabhängigen Gesellschaften aufrecht zu erhalten und bestimmt, dass Revision oder Ankauf nicht ohne eine Parlamentsakte Platz greifen sollen, welche Garantie oder Ankauf autorisirt und die Art der Durchführung bestimmt.

Das Gesetz ging mit Schwierigkeit durch und wurde, was zu beachten ist, sehr zu Gunsten der Gesellschaften geändert, insbesondere in Bezug auf die Ankaufsbestimmungen. Aber es ist zu bezweifeln, ob es seinen Zweck erreicht hätte, wenn es so durchgegangen wäre, wie es vorgeschlagen war, denn —

1. Es ist unmöglich, die nach 1844 gebauten Eisenbahnen zu bekämpfen, ohne die vor dieser Zeit gebauten Eisenbahnen zu bekämpfen, da Beide Theile desselben Netzes bilden.
2. Mit Beziehung auf die Revision der Frachtsätze würde keine Regierung es unternehmen, die Reducirung der Sätze bei einer unabhängigen Gesellschaft zu versuchen, deren Einkommen sie garantiren muss, und eine thatkräftige oder ökonomische Administration könnte selten erwartet werden von einer Eisenbahngesellschaft, deren Frachtsätze herabgesetzt worden wären und deren Dividende mit 10 pCt. von der Regierung garantirt wäre. Das der Regierung vorbehaltene Recht, das Kapital zu beschränken, Abzüge für schlechte Verwaltung zu machen und Vorschriften für die Sicherung der öffentlichen Interessen zu erlassen, was als Ersatz für das Selbstinteresse vorgeschlagen war, würde wahrscheinlich undurchführbar gewesen sein.

Was immer für ein Werth in der den Gesellschaften in diesem Gesetze bezüglich ihrer Unterordnung unter das Zwangskaufrecht des Staates gegebenen

Andeutung liegen mag — ausser dem allgemeinen, dem letzteren in solchen Fällen zustehenden Expropriationsrechte, scheinen seine Bestimmungen dem gegenwärtigen Zustande des Eisenbahneigenthums nicht angemessen, noch anempfehlenswerth, um von dem Parlament angenommen zu werden für den Fall, dass beim Parlament in einer zukünftigen Zeit irgend eine Absicht bestünde die Eisenbahnen zu kaufen.

Im Jahre 1844 ging ein Gesetz durch, welches nicht, wie in dem Berichte der königlichen Eisenbahnkommission behauptet worden ist, allgemeines Pachtrecht (leasing powers) in Privateisenbahn-Konzessionen verbot, sondern jede solche durch irgend eine Privatkonzession der damaligen Session ertheilte Ermächtigung aufhob.

Zufolge des Berichtes des Ausschusses von 1844 wurde im August jenes Jahres unter und in dem Handelsamte ein Amt eingesetzt, dessen Hauptaufgabe war, über neue Eisenbahnpläne und Vorlagen zu berichten mit Beziehung auf deren positiven und vergleichsweisen Vortheil für das Publikum und insbesondere mit Beziehung auf die Fragen der Ausdehnung der Fusion und der Konkurrenz.

Dieses Amt, unter der Leitung des verstorbenen Lord Dalhousie, legte dem Parlament eine Reihe von Berichten über den Werth der Eisenbahnpläne von 1845 vor, welche den Privatkoncessionsausschüssen der beiden Häuser als Richtschnur zu dienen bestimmt waren. Die Verhandlungen des Amtes, obwohl es die Partheien vernahm, wurden nicht öffentlich geführt, und es veröffentlichte seine Entscheidungen ohne Gründe in der „Gazette“, bevor es seine Berichte mit den Begründungen herausgab. Unter diesen Umständen traten Jene, gegen welche es berichtete, auf einmal feindlich auf, scharfe Einwendungen wurden gegen seine Entscheidungen gemacht und Sir Robert Peel erklärte bei der Eröffnung der Session, dass die Regierung beabsichtige, die Vorlagen wie früher der Beurtheilung der Privatkoncessionsausschüsse zu überlassen. Diese Ausschüsse, jeder für sich arbeitend und die Fachmänner, Agenten und Partheien für sich vernehmend, fassten natürlich ihre eigenen verschiedenen Beschlüsse, und in manchen wichtigen Fällen z. B. im Falle der direkten Portsmouth-Eisenbahn, in dem grossen Streite wegen breiter und schmaler Spurweite (Greatwestern Eisenbahn und London-Northwestern Eisenbahn) und in dem Falle der Fusion der Liverpool-Manchester, der Grand Junction und der North-Union sahen sie von den Berichten des Eisenbahndepartements des Handelsamtes ab und empfahlen Gesetzvorschläge abweichend von diesen Berichten. Unter solchen Umständen wurden nicht nur die Berichte des Handelsamtes, ob an sich gut oder nicht, unnütz oder schlechter als unnütz, sondern die Stellung Jener, deren Pflicht es war, sie zu erstatten, wurde unerträglich, und im August 1845 wurde das 1844 eingesetzte spezielle Eisenbahnamt aufgehoben, und die Praxis über den wirklichen oder vergleichsweisen Werth von Eisenbahnen Bericht zu erstatten, wurde ein Ende gemacht, indem man es dem wie früher zusammengesetzten Handelsamte überliess, wenn es solches passend finden sollte, Spezialberichte zu machen über Fragen der öffentlichen Sicherheit, Abweichungen vom allgemeinen Eisenbahngesetz und „Fragen, welche neue Prinzipien oder ausgedehnte Betrachtungen über Eisenbahnpolitik umfassen einschliesslich die Fusionen“ etc. etc..

In dem ersten vom Handelsamte erstatteten Bericht über die Projekte von

1845 war eine Aufstellung der Principien, nach welchen Eisenbahnfusionen gestattet sein sollen, enthalten. Die so aufgestellten Principien waren, dass Fusionen nicht im Allgemeinen und übereilt gestattet werden sollen entweder, wo die fusionirten Linien Zweig- oder Zufuhrslinien sind, oder wo sie Theile einer fortsetzungsweisen Verbindungslinie bilden, dass aber die Fusion nicht erlaubt sein soll, wo die Gesellschaften eine unabhängige Existenz haben, und wo die Vereinigung den Zweck hat, der Konkurrenz ein Ende zu machen; und es wurde die Behauptung aufgestellt, dass zeitweilige und abänderungsfähige Betriebs-Uebereinkünfte oft den Fusionen vorzuziehen sind.

Principien dieser Art sind früher und später von Ausschüssen und Kommissionen aufgestellt worden, aber in diesem Falle gingen Lord Dalhousie und seine Kollegen mit ihrer Anwendung auf vorliegende Fälle vor, und es ist nicht wenig merkwürdig zu sehen, was solche Männer durch diese Principien bezweckten und ihre Meinung mit dem, was seitdem geschehen, zu vergleichen.

Die erste Fusion, über welche sie berichteten, ist die zwischen der Grand-Junction Eisenbahn von Liverpool nach Birmingham, der Liverpool-Manchester Eisenbahn und der North-Union Eisenbahn von Warrington nach Preston. Dieser Fusion wiedersetzten sich öffentliche Körperschaften und Kaufleute in Lancashire und Lord Dalhousie's Bericht behauptet, dass die Gründe gegen die Fusion in diesem Falle weitaus überwiegen, dass wenig natürliche Identität der Interessen zwischen den drei Gesellschaften bestehe, dass die Fusion den Handel von Lancashire mit Liverpool in grossem Maasse in die Hände einer Gesellschaft legen würde, dass die Interessen der vereinigten Gesellschaften in vieler Hinsicht denen des Publikums entgegengesetzt wären, und dass von ihnen keine der unabhängigen Konkurrenz gleichkommenden Bürgschaften gegeben werden könnten.

Der für die Vorlage gewählte Ausschuss empfahl jedoch in demselben Jahre ihre Annahme, und es ist sehr nöthig beizufügen, dass diese Gesellschaften seither längst vereinigt wurden und nur einen Theil des gegenwärtigen London und North-Western-Netzes bilden. Auch der Bericht des Handelsamtes von 1845 ist entschieden gegen die Vereinigung der Chester-Birkenhead mit der Chester-Holyhead-Eisenbahn, zweier Linien, welche seither nicht allein mit einander vereint wurden, sondern auch mit allen übrigen Bestandtheilen der London-North-Western-Eisenbahn.

Das Handelsamt sprach sich aus ähnlichen Gründen gegen andere und ähnliche Uebereinkünfte in den midland-counties aus, welche seither, wenn nicht gerade so in Wirksamkeit gesetzt, durch viel weiter gehende Fusionen in der Bildung der Manchester-Cheffield-Lincolnshire und anderer grosser Gesellschaften ersetzt wurden.

Es ist somit klar, dass die damaligen Behörden, um sich der in ihren verschiedenen Berichten enthaltenen etwas weitläufigen Sprache zu bedienen, eine der wirklich eingeschlagenen Politik entgegengesetzte Meinung hegten, und dass sie entschieden solche Kombinationen hintangehalten haben wollten, wie die gegenwärtige London-North-Western, Great-Western, die North-Eastern, die Midland, die Great-Northern oder die Great-Eastern Eisenbahnen.

Im Jahre 1845 war die Aufmerksamkeit der Gesetzgebung auf die damals im Schwange befindliche Konkurrenz zwischen Eisenbahnen und Kanälen gerichtet, und es wurde für zweckmässig gehalten, die schwächeren der konkurrirenden Theile — die Kanäle — zu begünstigen. Hiemit übereinstimmend ging ein Gesetz durch, dessen Einleitung (nachdem sie die Verfügung der railway's clauses consolidation act, 1845, welche den Eisenbahngesellschaften das Recht zur Veränderung ihrer Frachtsätze gibt, angeführt hat) erklärt, dass „eine grössere Konkurrenz für den öffentlichen Vortheil erreicht würde, wenn Kanalgesellschaften etc. die gleichen Rechte in Bezug auf ihre Kanäle erhielten“ etc.; und das Gesetz giebt somit solchen Gesellschafien die nöthige Berechtigung zur Veränderung ihrer Zölle.

In derselben Session und zu demselben Zweck ging ein Gesetz durch, um die Kanalgesellschaften zu ermächtigen, Waarenfrächter auf ihren Kanälen zu werden und mit anderen Kanalgesellschaften Betriebsübereinkünfte zu schliessen oder ihnen ihre Kanäle zu vermiethen. Die Einleitung zählt die den Eisenbahngesellschaften als Frachtern auf ihren Bahnen gegebenen Rechte auf und behauptet „dass eine grössere Konkurrenz für den öffentlichen Vortheil erzielt würde, wenn ähnliche Rechte auch den Kanal- und Schifffahrtsgesellschaften ertheilt würden.“

Nach zweijähriger Erfahrung über die Wirkung des letzterwähnten Gesetzes beabsichtigte die Gesetzgebung es noch wirksamer zu machen durch ein anderes Gesetz, welches die Kanalgesellschaften ermächtigte für obigen Zweck Geld aufzunehmen.

In und nach dem Jahre 1845 wurde in alle Eisenbahngesetze folgende Klausel aufgenommen: „Nichts hierin Enthaltenes soll dafür gelten oder gedeutet werden, die durch dieses Gesetz zur Erbauung zugelassenen Eisenbahnen von den Verfügungen irgend eines allgemeinen auf Eisenbahnen bezüglichen Gesetzes auszunehmen; oder von der besseren und unparteiischeren Prüfung der Eisenbahngesellschaftsrechnungen, welche jetzt in Kraft ist, oder welche späterhin während dieser oder irgend einer zukünftigen Parlamentssession Gesetzeskraft erlangen mag, oder von irgend einer zukünftigen unter der Autorität des Parlaments vorzunehmenden Revision oder Veränderung der Maximalsätze der Fahr- und Frachtpreise oder der Frachtsätze für Packete, welche durch dieses Gesetz autorisirt sind.“

Im Jahre 1846, in welchem es mehr als 200 Vorlagen mit Verfügungen über Eisenbahn- und Kanalfusionen gab, wurde ein anderer Ausschuss des Hauses der Gemeinen beauftragt, sich mit dem Gegenstande zu befassen.

In seinem ersten Berichte hob er die wachsende Tendenz nach Vereinigung und Ausdehnung hervor, er anerkennt einerseits die Vortheile der einheitlichen Direktion und andererseits die Uebel des Monopols; aber er ist nicht im Stande irgend welche allgemeine Regeln aufzustellen und macht nur Vorschläge zur Richtschnur der Privatkoncessionsausschüsse. Er unterstützt die vom Handelsamte im Jahre 1845 gemachten Vorschläge. Er empfiehlt, dass allgemeine Ermächtigungen zum Verkaufe oder zur Verpachtung in die Privatkoncessionen nicht aufgenommen werden sollen, dass bei Fusionen die Maximal-Zölle und Frachtsätze revidirt werden sollen, dass im Allgemeinen das neue Maximum das niedrigste Maximum einer der fusionirenden Gesellschaften nicht überschreiten soll und dass besondere Aufmerksamkeit den Sätzen für die Verfrachtung von Kohlen gewidmet werden soll. Er schliesst seinen Bericht mit der Bemerkung, dass einige wichtige, ursprünglich unabhängige Linien durch Privatübereinkünfte faktisch unter eine Herrschaft und Direktion kommen, so dass alle Nachtheile der Fusion geschaffen werden können, ohne Gelegenheit zu einer parlamentarischen Untersuchung zu geben. Diese Bemerkung geht auf den Kern der Sache und zeigt, wie viele Gesellschaften den Weg der Fusionirung und des Monopols einschlagen können, ohne vor das Parlament zu kommen. In seinem zweiten Berichte behandelt dieser selbe Ausschuss specieller die Frage der Fusion zwischen Eisenbahnen und Kanälen. Er setzt auseinander, dass die Kanäle (wovon 2500 Meilen existirten) früher die ausschliessliche Verfrachtung der schweren Waaren hatten, dass die Konkurrenz der Eisenbahnen zuerst niedrigere Frachtsätze hervorrief, und dass die Konkurrenz der Kanäle besonders wichtig ist, seitdem alle Personen auf ihnen verfrachten können. Aber nichtsdestoweniger kann er aus verschiedenen Gründen die Zurückweisnng der Fusion zwischen Eisenbahn- und Kanalgesellschaften nicht beantragen, sondern verlangt nur, dass jeder Fall genau geprüft werden soll und fasst seine Vorschläge zusammen, wie folgt:

1. Die Auferlegung eines niedrigen Zoll- und Frachttarifes auf alle Theile des Netzes. Es soll in Betracht genommen werden, dass bei den Kanälen der Zolltarif viel wichtiger ist, als bei den Eisenbahnen, denn da in den meisten Fällen das Publikum selbst auf den Kanälen verfrachtet, ist es mehr an den Zöllen interessirt als an den allgemeinen Frachtsätzen. Mit Rücksicht auf diese Bemerkung verweist Ihr Ausschuss auf die in seinem früheren Berichte enthaltenen Vorschläge bezüglich der Zölle und Frachtsätze, welche er in gleicher Weise für anwendbar hält bei der Fusion von Eisenbahnen mit Kanälen.

2. Es sollen genaue Regulative erlassen werden um die Kanäle in gutem Stande zu erhalten und den gehörigen Zufluss von Wasser zu sichern.

3. Es soll dem Publikum ausdrücklich das Recht zugesichert werden, Passagiere und alle Arten von Gütern und Waaren auf den Kanälen zu befördern.

4. Das Privilegium Reglements zu erlassen soll einer sorgfältigen Regelung unterworfen werden.

Manche Kanalgesellschaften üben in dieser Hinsicht grosse Rechte aus. Sie sind beispielsweise ermächtigt, vermöge dieser Reglements die Schifffahrt auf den Kanälen aus verschiedenen Gründen und für unbestimmte Zeit zu suspendiren, und obwohl dieses Recht unschädlich sein kann, so lange es von einer zugleich mit dem Publikum direkt an beschränkter Ausübung interessirten Parthei ausgeübt wird, ist es doch offenbar ein solches, welches von darauf ausgehenden Partheien mit einem grossen und schädlichen Einflusse auf die gerechte Konkurrenz ausgeübt werden kann.

5. Im Falle der Umwandlung eines Kanals in eine Eisenbahn soll dafür Sorge getragen werden, dass kein Bezirk wirksamer Mittel für den allgemeinen Verkehr beraubt werde, und die Gesellschaft soll dazu verhalten werden, Kanalgesellschaften und anderen Partheien, welche durch den Wechsel zu Schaden kommen können, die nöthigen Erleichterungen in der Benützung zu gewähren.

Ihr Ausschuss hält es ferner für seine Pflicht auf den Umstand aufmerksam zu machen, dass Fusionsberechtigungen, welche in jener grossen Klasse von Vorlagen, die nicht ausschliesslich Fusionen betreffen, enthalten sind, in manchen Fällen der Aufmerksamkeit entgangen sind, wo die beabsichtigte

Ausübung solcher Rechte nicht angezeigt zu werden braucht. Er empfiehlt dass in Hinkunft in allen Fällen von Fusionen eine besondere Mittheilung verlangt werden soll, welche ein Verzeichniss der zur Aufnahme in die neue Koncession bestimmten Frachtsätze zu enthalten hat."

Der Bericht schliesst mit folgenden Worten:

„Ihr Ausschuss unterbreitet diese Vorschläge dem Hause als dem öffentlichen Interesse einige, wenn auch keinesfalls eine vollständige Sicherung bietend.

Das System der Eisenbahnen und Kanäle ist jetzt so ausgedehnt geworden und ihre Beziehungen unter einander sind so komplicirt, dass keine für ihre Leitung und Regelung vom Parlamente angenommene gesetzliche Verfügung für alle Fälle vorsehen oder vollständig in Wirksamkeit gesetzt werden kann, ausser mit einem wirksameren Mechanismus als bisher existirt. Nach dieser Erwägung ist Ihr Ausschuss zu dem Schlusse gekommen, dass es absolut nothwendig ist, dass ein allgemein Respekt und Vertrauen einzuflössen geeignetes Departement der Exekutive mit der Aufsicht über Eisenbahnen und Kanäle betraut werden sollte, und zwar mit der vollen Macht, solche Verfügungen durchzuführen, welche von Zeit zu Zeit für die Bedürfnisse und allgemeinen Interessen des Publikums unerlässlich erscheinen werden.

Ihr Ausschuss wies in seinem früheren Bericht auf den Fall privater Vereinbarungen zwischen den Eisenbahngesellschaften als ernsthafte Beachtung verdienend hin. Die Erfahrung, welche er früher gewonnen, hat gezeigt, dass Uebereinkommen dieser Art zwischen Eisenbahnen und Kanalgesellschaften die öffentlichen Interessen in einem noch höheren Grade berühren, und er ist überzeugt, dass die einzige wirksame Art, die Uebel abzuwenden, welche aus einem Missbrauch der von solchen Privatübereinkommen abgeleiteten Rechte entstehen könnten, in der Einsetzung einer solchen Behörde zu finden ist, wie er sie soeben vorgeschlagen.

Ihr Ausschuss zweifelt nicht, dass ein so eingerichtetes Departement ausser diesen Pflichten dem Parlamente bei der Eisenbahngesetzgebung materiellen Beistand leisten kann. Es könnte durch vorläufige Erhebungen in Beziehung auf Fakta den koncessionswerbenden Parteien viel Geld und den beiden Häusern viel werthvolle Zeit ersparen ohne in irgend einer Weise in die oberherrliche Gewalt des Parlaments und seine ausschliessliche Zuerkennung in Betreff der Eigenthumsrechte einzugreifen."

Ein Ausschuss für denselben Gegenstand wurde auch im Oberhaus für dieselbe Session eingesetzt. Dieser Ausschuss that wenig mehr, als die Fusionirungstendenz unter den grossen Gesellschaften hervorzuheben, und er adoptirte Wort für Wort den Antrag des Ausschusses betreffs Einsetzung eines Regierungsdepartements zur Ueberwachung der Eisenbahnen und Kanäle.

1846 wurde übereinstimmend ein Gesetz angenommen über Einsetzung der Eisenbahnkommission. Dieselbe besteht aus 5 durch königliches Handschreiben ernannten Personen. Der Präsident erhält 2000 Pfund jährlich, und 2 andere Mitglieder je 1500 Pfund. Der Präsident und die 2 unbezahlten Mitglieder können im Parlament sitzen; sie hat über specielle ihr zugewiesene Fälle Bericht zu erstatten, auch über Privatkoncessionen und speciell über konkurrirende Pläne und Fusionen.

1847 wurde eine Vorlage eingebracht zur Erweiterung der Rechte der Eisenbahnkommissäre. Die beste Darlegung dieses Planes findet man in der Rede des Lord Belper, (damals Mr. Strutt) bei Einbringung der Vorlage, welche nicht als in sich selbst vollständig gemeint war, sondern durch eine Durchführungsverordnung ergänzt wurde. Ihre Hauptzüge waren Einvernehmung von kompetenten Personen über dem Parlament darzulegende Pläne, und Specialenquêten und Berichte über Frachtsätze und Zölle, welche nach einer gewissen Reihe von Jahren einer Revision zu unterwerfen wären. Es war ausdrücklich beabsichtigt, dass diese Berichte Parlamentsausschüssen zur Richtschnur dienen sollten. Die Vorlage wurde jedoch nicht angenommen und im Jahre 1851 wurde die Kommission aufgehoben und deren Aufgabe wieder dem Handelsamte übertragen.

1847 wurde ein weiterer wichtiger Schritt zu verbesserten Vereinbarungen zwischen den Eisenbahn-Gesellschaften von den Gesellschaften selbst gethan durch die Einrichtung des Eisenbahn-Clearinghouse, zu dem Zwecke um die Rechnungen des gemeinsamen Verkehrs auszugleichen. Es erhielt nach und nach den Beitritt aller wichtigen Gesellschaften und erlangte 1850 ein Gesetz, welches seine Einrichtungen legalisirte und es ermächtigte, vertragsbrüchige Mitglieder gerichtlich zu verfolgen. Dieses Gesetz und die gegenwärtigen Reglements des Clearinghouse sind als Beilage zu diesem Berichte abgedruckt.

Eine Wirkung der vom Parlament den konkurrirenden Plänen gezeigten Geneigtheit war die Ermuthigung einer grossen Menge von Spekulationsunternehmungen. Diesen Spekulationen von 1840 bis 1846 folgte eine Reaktion. 1850 nahm das Parlament ein Gesetz an, welches das allgemeine Aufgeben von Plänen gestattete, die spekulirende Gesellschaften auszuführen unternommen hatten, und es ist von dem Ausschusse von 1853 festgestellt, dass zahlreiche Unternehmungen (2000 Meilen und 40 Millionen Pfund Sterling Kapital betragend) ohne Zustimmung des Parlaments aufgegeben waren.

1853 lebte die Spekulation wieder auf. Der Streit zwischen den grossen Gesellschaften um den Besitz verschiedener Bezirke fing wieder an, und die Zahl und Grösse der in den Vorlagen jener Session proponirten Fusionspläne erregte Besorgniss. Und wieder wurde ein gemischter Ausschuss eingesetzt, zu dessen Obmann nach dem Regierungswechsel im Winter Mr. Cardwell bestimmt ward.

Sein 4. und 5. Bericht enthält seine Meinungen und Vorschläge. Wie die früheren Ausschüsse sieht er klar, dass die Tendenz der Gesellschaften auf Vereinigung und Ausdehnung gerichtet ist, und dass Konkurrenz gewöhnlich in Vereinbarung ausgeht. Er sieht ferner, dass die Gesellschaften in der Lage sind, in grossem Umfange diesen Schluss durch Verständigung unter einander ohne Ermächtigung des Parlamentes herbeizuführen, und er bemerkt, was früher nicht klar hervorgehoben worden war, den Mangel von Mitteln, geeignete Vereinbarungen für den Durchgangsverkehr zwischen den Gesellschaften zu erzwingen.

Das Resultat seiner früheren Berichte war, dass er die damals schwebenden Fusionsvorlagen suspendirte und beantragte, das Parlament solle keine Fusionen bewilligen ohne „Freiheit und Billigkeit des Verkehrs von einem Theile des Königreichs bis zum andern“ zu sichern.

Der 5. Bericht dieses Ausschusses enthält eine sehr ausführliche Auseinandersetzung:

1. über Fusion,

2. über den Uebergangs-Verkehr,
3. über Privatkoncessionsgesetzgebung.

In Bezug auf die Fusion kommt der Bericht, obwohl sehr sorgfältig und vollständig in seiner Besprechung der Thatsachen und der Schwierigkeiten des Gegenstandes, zu keiner Schlussfolgerung.

Er betont die Ersparungen und Erleichterungen, welche aus der Fusion resultiren und gibt vollständig zu, dass für den Missbrauch der Macht der Eisenbahngesellschaften Konkurrenz, wie sie gewöhnlich verstanden wird, kein genügendes Abhülfsmitel bietet. Andererseits hebt er hervor, dass ein Geschäft zu umfangreich sein kann, um gut geleitet zu werden, dass eine mächtige Gesellschaft kleinere Nachbarn unterdrücken kann, dass sie den Verkehr in unnatürliche Wege lenken kann, dass sie einen Theil ihres Bezirkes vernachlässigen oder schädigen kann, um in einem anderen einen Rivalen zu unterbieten, dass die Beweggründe für eine Fusion häufig aus der Offensiv- und Defensiv-Politik gegen ihre Nachbarn, und aus dem Wunsche ihre dermaligen Interessen gegen neue Spekulationen zu schützen entstehen.

Der Bericht betrachtet und verwirft hierauf die Absicht, grosse unabhängige Gesellschaften und ihre Kapitalien in ein gemeinsames Geschäft zu vereinigen, und er verwirft auch den Vorschlag, das Land in verschiedene Gesellschaftssprengel zu vertheilen (districting). Andererseits spricht er in allgemeinen Ausdrücken die Meinung aus, dass bestehende Gesellschaften nicht ihrer Privilegien beraubt werden dürfen, ohne klare Gründe der öffentlichen Wohlfahrt; und er beschliesst diese Auseinandersetzung über das Princip der Fusion mit dem Vorschlag, dass Betriebsübereinkünfte gestattet sein sollen, aber wirkliche Fusionen grosser Gesellschaften nicht.

Was die Natur der Fusionen, gegen welche sich der Ausschuss damals verwahrte, ist, kann aus seinem Berichte über die vorgeschlagene Fusion der London- und North-Western-Bahn entnommen werden, welche festgestelltermaassen die Vereinigung eines Kapitals von 60 Millionen L. St. eines Einkommens von 4 Millionen und eines Baarschatzes von 1200 Meilen Länge beabsichtigte und die Existenz unabhängiger rivalisirender Rumpflinien unmöglich machen wollte. Was das darauf folgende Vorgehen des Parlamentes war, kann aus der Thatsache beurtheilt werden, dass das Kapital dieser Gesellschaft nach dem letzten Berichte 62,952.436 Pf. exclusive 3.188.000 Pf. welche ihr in mit anderen Gesellschaften zusammen besessenen Eisenbahnstrecken gehören, ihr jährliches Einkommen 7,014,703 und ihre Meilenlänge 1507 beträgt.

Mit Bezug auf den Uebergangs-Verkehr hebt der Ausschuss die Zweckmässigkeit der Gewährung von Fahrberechtigungen (running powers) in gewissen Ausnahmsfällen hervor, aber für die meisten Fälle ist das Abhilfsmittel, welches er vorschlägt, dass der Thatbestand eines Unrechtes vor einem öffentlichen Gerichte festgestellt werden und dass die Beihülfe einer Exekutivbehörde zu erlangen sein soll, um dem Gerichte die Feststellung seiner Entscheidung zu ermöglichen.

Die wirklichen Vorschläge des Ausschusses über den Gegenstand sind folgende:

1. dass die Art, in welcher die Eisenbahnvorlagen bis jetzt in dem Hause der Gemeinen behandelt worden, abgeändert werden soll, um durch die Einsetzung eines Ausschusses von permanenterem Charakter als es bisher

Praxis gewesen, eine umfassende Uebersicht über alle dem Parlament in jeder Session vorgelegten Pläne zu sichern und dass diesem Ausschusse das Eisenbahndepartement der Regierung alle Aufklärung und Unterstützung gewähren soll, welche der Ausschuss verlangen mag.

2. dass der Ausschuss für die Klarlegung streitiger Vorlagen das ganze Land in Distrikte theilen, Principienfragen entscheiden und für die Entscheidung von Fragen, in denen mehrere Distrikte interessirt sein könnten, Uebereinkommen treffen solle; er sollte so die Prüfung von Projekten in den verschiedenen Bezirken derart vornehmen, um für das Publikum in jedem derselben den grössten Vortheil zu sichern, welcher von einer gerechten Kombination neuer Linien mit bereits bestehenden abgeleitet werden kann. Er sollte auch Vorsorge treffen, um das Durchgehen unbeanstandeter Vorlagen zu erleichtern.

3. Dass kein Projekt geprüft werden soll, ohne die Sicherheit zu haben, dass, im Fall es Gesetzeskraft erlangt, auch der Bau wirklich ausgeführt werde.

4. Dass die Praxis der Zuerkennung der Zulässigkeit (locus standi) der Nothwendigkeit angepasst werden soll, die in jedem Plane enthaltenen öffentlichen Kosten (issue) direkt und mit umfassender Rücksicht auf den allgemeinen Vortheil zu prüfen, und dass für die Zahlung der Kosten Sorge getragen werden soll in Fällen, in welchen das Vorgehen einer Partei als betrügerisch, vexatorisch und ungerechtfertigt sich herausstellen sollte.

5. dass Betriebsübereinkünfte zwischen verschiedenen Gesellschaften für die Regelung des Verkehrs und die Theilung des Gewinnes unter passenden Bedingungen und für begrenzte Zeitabschnitte sanktionirt werden sollen, dass aber Fusionen von Gesellschaften nicht gestattet werden sollen ausser in kleineren oder speciellen Fällen, wo es dem beständigen Ausschusse klar erscheint, dass der wahre und einzige Zweck solcher Fusion zweckmässige Ersparniss in der Direktion und demzufolge der Vortheil des Publikums ist.

6. Dass Fahrberechtigungen aus Grund der Gefahr im Allgemeinen vermieden und nur in solchen Fällen ertheilt werden sollen, wo der öffentliche Zweck des Verkehrs-Uebergangs von einem Netze auf das andere durch andere Mittel nicht praktisch erreicht werden kann.

7. Dass jede Eisenbahngesellschaft gezwungen werden soll, dem Publikum in Beziehung auf Waaren und Passagiere den ganzen Vortheil eines entsprechenden Uebergangs von einem Netz zum anderen zu bieten, ferner jeder Art von Verkehr mit Einschluss der Postverbindung gerechte Erleichterung zu gewähren und alle statutarischen Verpflichtungen genau zu beobachten, insbesondere jene, welche gleiche Frachtsätze unter gleichen Umständen verlangen, und dass, wo Klagen über die Verletzung dieser Pflichten seitens einer Gesellschaft entstehen, die Möglichkeit geboten sein soll, über solche Klage vor einem öffentlichen Gerichte verhandeln und entscheiden zu lassen, und zwar mit der Berechtigung, sich der Dazwischenkunft des Eisenbahndepartements zu dem Zwecke zu bedienen, um festzustellen, durch welche specielle und detaillirte Anordnungen abgeholfen werden kann.

8. Dass, wo ein Streit zwischen zwei oder mehreren Eisenbahn- oder Kanalgesellschaften entsteht, und die Gesellschaften einverstanden sind,

damit vor das Handelsamt zu gehen, dieses Amt ermächtigt sein soll, falls es solches für zweckmässig hält, mit Rücksicht auf das öffentliche Interesse die Austragung zu besorgen, und dass seine Entscheidung rechtskräftig und für die Gesellschaften bindend sein soll."

Der Haupterfolg dieses Ausschusses war die Annahme des Kanal- und Eisenbahngesetzes 1854, eine in der That sehr werthvolle und nach Zweck und Absicht sehr wichtige Maassregel. Eingebracht von Mr. Cardwell war es in genauer Uebereinstimmung mit dem oben angeführten 7. Antrage des gemischten Ausschusses. Es sprach Principien aus, nämlich:

1. Dass jede Gesellschaft entsprechende Erleichterung für die Förderung des Verkehrs bieten solle,
2. dass keine Bevorzugungen gegeben werden sollen.

Das letztere dieser Principien ist nur eine erweiterte Anwendung des allgemeinen Gesetzes über Frachtführer, und es wurde an den von dem Gerichte mit Rücksicht auf diesen Theil des Gesetzes geschöpften Entscheidungen nichts auszusetzen gefunden, aber es wurde darüber Klage geführt, dass die Schwierigkeiten und Auslagen, um einen Fall vor das Civilgericht zu bringen, so gross sind, um ausser reichen Kaufleuten, welche grosse Interessen auf dem Spiel haben, Jeden von dem Beginnen eines Prozesses mit den mächtigen Eisenbahngesellschaften abzuschrecken; und Fragen ungerechtfertigter Bevorzügung sind oft so technisch, so abhängig von speciellen Verhältnissen der Eisenbahndirektion und so enge verbunden mit Fragen der „gebotenen Erleichterungen" um den Ausschuss zur Schlussfolgerung zu führen, dass eben dieser Theil des Gesetzes nicht so oft zur Anwendung gebracht worden ist, als es geschehen wäre, wenn eine rasche und summarische Verhandlung von einem praktische Kenntniss des Gegenstandes habenden Gerichte hätte vorgenommen werden können.*)

---

*) Ein Auszug aus den Entscheidungen nach dem Eisenbahn- und Kanalverkehrsgesetze findet sich in Shelford's „Law of railway's" 4. Ausgabe, Band I, Seite 166 — 174. In Betreff eines Theiles des Gesetzes, nämlich desjenigen, welcher gleiche Behandlung vorschreibt, scheint der Effekt der Entscheidungen zu sein, dass eine Gesellschaft verpflichtet ist, allen Personen gleichmässig unter den gleichen Verhältnissen die gleiche Behandlung angedeihen zu lassen, aber, dass eine Gesellschaft nicht verhindert werden kann, wenn sie mit Rücksicht auf ihren eigenen Gewinn vorgeht, solche Bedingungen aufzustellen, dass sie gleichzeitig den Effekt haben, eine Klasse von Kaufleuten, oder eine Stadt, oder einen Theil ihres Verkehrs zu begünstigen, wenn nur die Bedingungen für alle Personen die gleichen und so beschaffen sind, um zu dem Schlusse zu führen, dass sie wirklich zu dem Vortheil der Eisenbahngesellschaft angeordnet sind.

In Betreff des anderen Theiles des Gesetzes, welcher nämlich vorschreibt, dass die Eisenbahn Erleichterungen für den Durchgangsverkehr gewähren soll, scheint es, dass nur zwei Fälle vorgekommen sind, und in keinem derselben hat die Anwendung Erfolg gehabt. Im ersten punkto Chaterham-Eisenbahngesellschaft gegen die London, Brighton und South-Eastern Eisenbahngesellschaften 1 C. B. (N. S.) 410, verlangten die, die Hauptlinien besitzenden Gesellschaften von den auf der Hauptlinie reisenden Passagieren höhere Frachtpreise, als von den auf ihnen gehörigen Zweiglinien von gleicher Länge reisenden Passagieren. Im zweiten Falle puncto Barret gegen die Great-, Northern- und Midland Eisenbahngesellschaften 1 C. B. (N. S.) 423 wurde behauptet, dass, um die Dazwischenkunft des Gerichtes zur Erzwingung direkter Züge auf einer ununterbrochenen Eisenbahnlinie zu rechtfertigen, nachgewiesen werden muss, dass das öffentliche Interesse dies verlangt, und es vernünftigerweise gewährt werden kann. Es greift nicht ein auf das Ansuchen eines Individuums, wenn es eine ununterbrochene Linie giebt,

Bezüglich des ersten der im Gesetze aufgestellten Principien ist die Sache viel strenger. Das Princip geht auf die Wurzel eines der hauptsächlichsten Uebel der Eisenbahndirektionen. Die eingebrachte Vorlage beantragte, dass eine Beschwerde zuerst vor einem Gerichte genügend erwiesen werden soll, und dass das Gericht, wenn es erkannt, dass die Beschwerde wirklich besteht, den Fall dem Handelsamte zu übermitteln habe, welches durch seine Exekutivbeamten einen Plan für die bessere Anordnung des Verkehres und für die Beseitigung der Beschwerde vorschlagen möge. Dieser Plan wäre dann von dem Gerichte zu billigen, oder, wenn ihn das Gericht über Anhörung der Partheien nicht billigt, an das Handelsamt zurück zu verweisen, und, wenn endlich von dem Gerichte gebilligt, über seinen Auftrag durchzuführen.

Aber durch den Einfluss der Gesellschaften wurde die Vorlage sehr verändert. Alle Ueberweisungen an das Handelsamt wurde gestrichen, und, da die anderen Gerichte ihre Ungeneigtheit diese Pflichten zu übernehmen mitgetheilt hatten, wurde der ganze Vorgang dem court of common pleas, wenn nöthig unter Beiziehung eines Ingenieurs oder Advokaten überwiesen.

Dieser Theil des Gesetzes hat sich als praktisch unwirksam erwiesen. Sein Fehlschlagen wurde von Lord Campbell vorausgesagt in folgender Stelle seiner Rede bei der dritten Lesung der Vorlage im Oberhaus: „das wäre kein Gesetz, welches die Richter auslegen könnten, es überliesse ihnen gänzlich, Billigkeit zu üben in Bezug auf das, was sie für vernünftig halten. Sie hätten sich ausserdem über alle die Eisenbahn-Direktion betreffenden Klagefälle, welche vor sie kommen mögen, ein richtiges Urtheil zu bilden, und sie hätten einem Codex von Reglements für die Leitung von Eisenbahngesellschaften festzustellen. Die Richter, und er selbst unter ihnen, fühlten sich inkompetent über diese Fragen zu entscheiden. Er habe einen grossen Theil seines Lebens mit dem Studium der Gesetze seines Landes verbracht, aber er gestehe, dass er vollständig unbekannt mit Eisenbahngeschäftsführung, sowie auch mit dem Transporte von Waaren auf Booten gewesen sei, er wisse nicht, wie er entscheiden solle, was ein vernünftiger Fahrpreis, was eine unerlaubte Verzögerung sei, oder innerhalb welcher Zeit Last-Waggons oder Boote zurückkehren sollen. Er glaube, er habe korrekt die Gefühle aller seiner gelehrten Brüder am Gerichtstische in Beziehung auf diesen Gesetzvorschlag ausgedrückt mit einer einzigen Ausnahme, welche er mit Ehre, Respekt und Hochachtung nenne, er meine den gelehrten Oberrichter vom court of common pleas." Und weiter: „Er (Lord Campbell) wolle ergebenst bemerken, dass, wenn die Erfüllung der durch die Vorlage auferlegten Pflichten dem court of common pleas zufallen solle, wo es so gelehrte und treffliche Richter gebe, als jemals in Westminster Hall gesessen, es dem Lande grosse Genugthuung bereiten werde, jedoch beantrage er nicht auf andere Richter eine Aufgabe zu wälzen, welche Keinem von ihnen auferlegt werden sollte. Es sollte ein Laientribunal für die Entscheidung von Fragen der in der Vorlage behandelten Natur geben, und nicht ein aus Richtern zusammengesetztes."

Mit dem Gesetz 21 und 22 Victoria c. 75. 1858 wird Kanalgesellschaften,

---

auf welcher direkte Billete ausgegeben werden, wenn auch auf einer längeren Route, sofern nicht höhere Kosten oder ernsthafter Zeitverlust dadurch herbeigeführt werden, und keine wesentliche Unzukömmlichkeit dadurch für das Publikum verursacht wird, und es scheint, dass keine Klagen über die Unbilligkeit der existirenden Einrichtungen geführt wurden.

welche auch Eisenbahngesellschaften sind, die Annahme der Pachtung anderer Kanäle ohne Gestattung durch ein specielles Gesetz verboten. Es scheint, dass nach dem Gesetze von 8 und 9 Victoria c. 42, durch welches Kanalgesellschaften ermächtigt wurden, Waaren auf ihren Kanälen zu verführen, Eisenbahngesellschaften, welche Kanäle gekauft hatten, mit diesen andere unabhängige Kanäle fusionirt haben, und das Gesetz von 1858 wurde in Berücksichtigung des Kanalinteresses zu dem Zwecke erlassen, um für die Zukunft solche Fusionen ohne specielle Ermächtigung des Parlamentes zu verhindern.

1863 wurden einige Bestimmungen, welche in Folge der Ertheilung von Eisenbahnkoncessionen gebräuchlich geworden waren, durch das Eisenbahngesetz (railways clauses act) von 1863 festgesetzt; darunter waren Bestimmungen betreffs Betriebsübereinkünften zwischen Gesellschaften, d. i. Uebereinkunft über Erhaltung, Leitung und Betrieb ihrer Bahnen, die Vertheilung der Einnahmen und gemeinschaftliche Benützung der Stationen; öffentliche Bekanntmachungen sollten erlassen werden, und nach einer gewissen Zeit für die Einwendungen waren sie von dem Handelsamte zu genehmigen.

1864 entstand ein anderes Gesetz, welches unter Anderem alle Gesellschaften in den Stand setzte, die Ermächtigung zur Eingehung von Betriebsvereinbarungen durch eine nach schuldiger Meldung vom Handelsamte ertheilte Erlaubniss und ohne ein Specialgesetz zu erlangen. Es wurde jedoch niemals eine solche Ermächtigung ertheilt.

1865 wurde eine kgl. Kommission beauftragt, den Gegenstand der Eisenbahnverbindungen zu studieren, mehr mit besonderer Rücksicht auf die Herabsetzung der Tarife und den Verbandverkehr, und sie erstattete ihren Bericht 1867 nachdem sie eine grosse Menge von Erhebungen über englische und auswärtige Eisenbahnen gepflogen.

Der Bericht enthält in den ersten 4 Theilen eine Geschichte der Entstehung und Entwickelung des Eisenbahnsystems im vereinigten Königreich und der Gesetzgebung hierüber, eine Auseinandersetzung über die Frage des Staatskaufes und eine andere über den Gegenstand der Privatkoncessionsgesetzgebung in Betreff der Eisenbahnen. Hierauf geht er über zur Behandlung der Frage der Fracht- und Fahrpreise und anderer den Verkehr von Passagieren und Waaren betreffenden Fragen. Er thut dies in grosser Ausführlichkeit und mit sehr interessanten Bemerkungen. Aber er behandelt nicht die Frage ob Konkurrenz aufrecht erhalten werden kann, und wenn nicht, ob das Monopol regulirt werden kann.

Unter den in diesem Berichte enthaltenen Anträgen scheinen die folgenden bei dieser Gelegenheit besondere Hervorhebung zu verdienen.

Bezüglich der Gesetzgebung greifen die Kommissäre zurück auf das Auskunftsmittel der Heranziehung des Handelsamtes zur Unterstützung der parlamentarischen Ausschüsse. Es ist jedoch zu bemerken, dass in der werthvollen Vorrede zu ihrem Berichte, welche die Geschichte der Eisenbahngesetzgebung giebt, unterlassen wird, das Fehlschlagen von Lord Dalhausie's Versuch, das Vorgehen des Parlamentes von 1845 zu leiten, mitzutheilen.

Rücksichtlich der Fahr- und Frachtpreise behandeln und erledigen sie den Vorschlag, gleiche Meilensätze zu verlangen.

Rücksichtlich der Fahrpreise empfehlen sie, dass die Eisenbahngesellschaften verpflichtet sein sollen, täglich mindestens 2 Züge für Passagiere III. Klasse abzulassen, aber sie erwähnen nicht die Schwierigkeiten, welche über diesen Gegenstand aus der gegenwärtigen Gesetzgebung entstanden sind, und welche weiter unten betrachtet werden.

Bezüglich des Verbandverkehrs heben sie hervor, dass es nicht nützlich ist, Betriebsvereinbarungen, welche die Gesellschaften durch sich selbst ohne parlamentarische Sanktion ausführen können, durch eine Zahl von statutarischen Bestimmungen zu erschweren. Sie konstatiren ferner, dass das gegenwärtige Eisenbahn- und Kanalverkehrsgesetz genügend ist, um einen zweckmässigen Verbandpassagierverkehr zu sichern und führen zur Unterstützung dieser Aufstellung folgende Stellen aus dem Urtheil des court of common pleas in der Streitsache Barnet contra Great-Northern- und Midland-Eisenbahngesellschaften an: „In solcher Anwendung ist es nicht nöthig eine individuelle Beschwerde zu berücksichtigen, sondern es ist ganz klar, dass ein Fall von öffentlicher Unzukömmlichkeit bewiesen sein muss .....; wo es zwei konkurrirende Linien giebt, nämlich von A nach B, und eine von ihnen eine Fortsetzung von B nach C hat, kann die die Fortsetzung habende Gesellschaft die Abfahrten von B so anordnen, dass sie der anderen und vielleicht kürzeren Linie ernsthaften Eintrag thut, und zum Nachtheil und Beschädigung des Publikums vorgehen, um den Verkehr nach B über eine grössere Linienausdehnung zu nöthigen mit Opfern von Zeit oder Geld, oder Beidem. Ein solcher Fall fiele unter das Gesetz und der Gerichtshof wäre berechtigt sich damit zu befassen," und weiter: „Es wäre unvernünftig, zwei Gesellschaften zur Abschliessung von Uebereinkommen in Bezug auf ihren Passagierverkehr zu zwingen, ausser es würde uns genügend nachgewiesen, dass es das öffentliche Interesse verlangt."

In Betreff der Waaren schliessen sie mit einem wichtigen Antrage, nämlich, dass jede Gesellschaft verpflichtet sein soll einen direkten Frachtsatz für Waaren über die Linien jeder anderen Gesellschaft festzustellen.

Von den in der oben angeführten Stelle des Urtheils des court of common pleas aufgestellten Principien kann es keine Ausnahme geben. Wenn diese Principien in Ausführung gebracht worden wären, und wenn überdies als ein Mittel der Durchführung des Gesetzes das von den Kommissären so sehr befürwortete Princip der Aufstellung von direkten Sätzen angenommen worden wäre, hätte es wenig Ursache zu Klagen gegeben, aber es ist bekannt, wie oben konstatirt, dass das Eisenbahn- und Kanalverkehrsgesetz in dieser Richtung unwirksam gewesen ist, und der vortreffliche Vorschlag der kgl. Kommissäre, dass es durch die Ermächtigung zur Aufstellung an direkten Frachtsätzen ergänzt werden solle, zeigt, dass sie seine Absicht und seine Fehler fühlten.

In Betreff des Uebergangsverkehrs, sowie aller anderen Verpflichtungen der Eisenbahngesellschaften empfiehlt der Bericht ferner, dass, wo immer das öffentliche Interesse verletzt ist, Jedermann berechtigt sein solle das Handelsamt zu benachrichtigen, und dass dieses Amt, nachdem es durch eine vorläufige Untersuchung der Angelegenheit sich überzeugt, dass die Klage begründet ist, die nöthigen Maassregeln ergreifen soll, indem es die Klage zur Untersuchung und Entscheidung vor den betreffenden Gerichtshof bringt.

Wir sind von dem Handelsamte unterrichtet, dass dieser Vorschlag nicht angenommen wurde, und dass die Gründe folgende waren:

1. Es ist ein Ding von grosser Schwierigkeit zu wissen, was und was nicht Gegenstand öffentlichen Interesses ist: Das betreffende Interesse kann

sein, das eines einzelnen Kaufmanns, eines einzelnen Handelszweiges, eines Kirchspiels, einer Stadt, einer Grafschaft.

2. Ferner ist es selten möglich zu sagen, was eine Verletzung ist (grievance). Die der Abhülfe bedürftigen Fälle sind, wie oben erwähnt, Mangel an Konvenienz und Vortheil, nicht individuelle Handlungen der Rechtsverletzung, wie solche gewöhnlich Gegenstände der Verfolgung bei einem Gerichtshofe sind.

3. Die Entscheidungen oder der Mangel an Entscheidungen mit Beziehung auf das Eisenbahn- und Kanalverkehrsgesetz zeigen wie ungeeignet ein Gerichtshof ist, solche Fälle zu behandeln.

4. Der vorgeschriebene Plan wird das Handelsamt in eine falsche Stellung bringen und würde, wenn dieses wirklich fähig wäre, in der beantragten Weise einzuschreiten, dem Publikum eine schwere Last auferlegen.

Was endlich den unmittelbar naheliegenden Gegenstand betrifft, nämlich das Wachsen und den Fortschritt des Monopols, so beschäftigen sich die Kommissäre nicht mit dieser Frage.

Ihr einziger die Fusion betreffender Antrag, ist der in §. 201 enthaltene, welcher lautet wie folgt:

„In Betreff der Fusion zwischen Gesellschaften meinen wir, dass als eine Frage öffentlichen Interesses eine dauernde Fusion von Unternehmungen der Eisenbahngesellschaften nicht Platz greifen solle, ohne dem Parlament die Gelegenheit zu bieten, welche es jetzt besitzt, die Bedingungen festzustellen, unter welchen eine solche Fusion erlaubt sein soll.“

Es ist zu bemerken, dass nicht gesagt ist, welche diese Bedingungen sein sollen.

Mit dieser Kommission endet für jetzt die lange Reihe von Untersuchungen und Berichten, welche den dem gegenwärtigen vereinigten Ausschusse zugewiesenen Gegenstand betreffen.

Wie gering die Wirkung der in diesen Berichten zum Ausdruck gebrachten Principien gewesen ist, kann aus der in den dem vereinigten Ausschuss gelieferten Berichten enthaltenen kurzen Geschichte der grossen Gesellschaften ersehen werden. Nehmen wir zwei der grössten Eisenbahnen, nämlich die London-North-Western, und die Great-Western und zwei von jenen, welche das vollständigste Monopol in ihren Bezirken haben, nämlich die North-Eastern und Eastern counties, so finden wir folgende Resultate:

1846 unmittelbar nach den Berichten des Ausschusses von 1844 und 1846 und dem Berichte Lord Dalhausie's von 1845 wurden die London-Birmingham, Grand-Junktion, und Liverpool-Manchester mit anderen kleineren Linien, zusammen 379 Meilen umfassend, fusionirt. 1847 wurden 180 Meilen diesem Unternehmen angefügt. 1859, nicht lang nach dem Berichte von Mr. Cardwell's Ausschuss wurden hinzugefügt 3 wallisische Linien nach Holyhead mit 106 Meilen und 1860 die Linien von Breston nach Carlisle mit anderen 100 Meilen. Diese und spätere Anfügungen haben die Meilenlänge dieser einen Gesellschaft von 379, der Ausdehnung von 1846, bis auf 1507, die Ausdehnung von 1871 gebracht.

Die Great-Western, welche ursprünglich aus 118 Meilen bestand, fusionirte sich 1844 mit 2 andern 68 Meilen umfassenden Linien und 1846 mit der Berks-Hants, Oxford-Rugby und Monmouth-Hereford, zusammen 126 Meilen. 1851 wurde beigefügt die Wilts-Somerseth-Weymouth mit 121 Meilen und 1852 die Birmingham und Oxford-Junction und die Birmingham-Wolverhampton und Dudley (444 Meilen) und 1854, dem Jahre von Mr. Cardwell's Ausschuss, wurde beigefügt die Shrewsbury Birmingham und Shrewsbury-Chester, zusammen 93 Meilen, und 1863 die West-Midland, South-Wales und andere Linien, zusammen 430 Meilen. Diese Anfügungen und andere, welche, was zu bemerken ist, in allen Arten von Bezirken, in jeder Richtung und gleichzeitig mit Berichten gegen grosse Fusionen vorgenommen wurden, haben die Meilenlänge der Great-Western-Eisenbahn von 118 Meilen in 1836 auf 1387 in 1870 gebracht. Die North-Eastern hat jetzt ein vollständiges Monopol in den nordöstlichen Grafschaften von England. Von Hull bis Carlisle und von Leeds und York bis Berwik kommt selten eine andere Gesellschaft mit ihr in Widerstreit. Ihre ersten grossen Fusionen waren in den Jahren 1845, 46 und 47, unmittelbar nach den oben erwähnten Berichten von 1844, 45 und 46. Durch diese Fusionen wurde die Meilenausdehnung 247. 1854, gleichzeitig mit Mr. Cardwells Bericht wird die York-North Midland (146 Meilen) und andere Linien zusammen 375 Meilen mit ihr vereinigt und durch diese und andere Beifügungen war ihre Meilenzahl 1870 auf 1281 gestiegen und sie durchschneidet und beherrscht einen der reichsten und wichtigsten Bezirke des Königreichs.

Die ursprüngliche Eastern-Counties, 139 Meilen lang, verschlang die Northern und Eastern, 56 Meilen lang 1844, und andere 43 Meilen umfassende Linien 1847. Besondere Fusionen anderer Theile des Systems griffen 1847 Platz, und 1862 wurden diese Gesellschaften und andere mit 629 Meilen zur Great-Eastern vereinigt, und durch spätere Anfügungen erhob sich ihre Meilenzahl 1870 bis auf 874 mit grösstentheils ausschliesslichem Besitze der hauptsächlichen Bezirke, über welche sie sich ausdehnt.

Diese Thatsachen und Ziffern liefern den Beweis, dass die allgemeinen Anträge und Beschlüsse von Ausschüssen, Kommissionen und Regierungsdepartements einen geringen Einfluss auf die Thätigkeit von Privatkoncessionsausschüsse ausgeübt, und das Vorgehen der Gesellschaften auf dem Wege der Fusion nicht aufgehalten haben.

Züge für Passagiere 3. Klasse und „parlamentarische Züge.“

Es giebt einen speciellen Fall, nämlich die Beförderung der ärmeren Klasse von Passagieren, in welchem das Parlament, ängstlich, dass das wachsende Monopol der Eisenbahngesellschaften die arme und schwächste Klasse schädlich berühren könnte, bestrebt war, strenge Reglements aufzustellen. Wie oben mitgetheilt, beantragte der Ausschuss von 1840, dass die Eisenbahngesellschaften veranlasst werden sollen, solche Passagiere mit einer ihnen günstigen Abstufung der Fahrpreise zu befördern. Diesem Antrage folgte ein ausführlicherer Antrag im Bericht von 1844.

1844, durch Verordnung des Eisenbahngesetzes dieses Jahres, wurden alle Passagiereisenbahnen (definirt in Abschnitt 25 als solche Eisenbahnen, welche $\frac{1}{3}$ oder mehr ihrer Roheinnahme von Passagieren beziehen) aufgefordert jeden Tag von einem Ende zum anderen ihrer Linie einen Zug zu befördern, welcher

Passagiere 3. Klasse zu einem Fahrpreise von nicht mehr als einem Penny per Meile befördert, an allen Stationen anhält, zu den vom Handelsamte genehmigten Stunden abgeht, mindestens 12 Meilen in der Stunde zurücklegt und mit gegen das Wetter geschützten Wagen. Der Fahrpreis von 1 Penny pro Meile wurde absolut festgestellt, aber es wurde dem Handelsamte die Ermächtigung ertheilt, an Stelle der übrigen Bedingungen andere den Passagieren günstigere zu stellen.

Durch den 9. Absatz wurde vorgeschrieben, dass von den Einnahmen der Eisenbahngesellschaften aus der Beförderung von Passagieren mit den vorerwähnten billigen Zügen zu einem 1 Penny für die Meile nicht übersteigenden Fahrpreise keine Steuer erhoben werden soll.

Gesellschaften, welche an Sonntagen Züge ablassen, würden verpflichtet bei dem einen Zuge, welcher an der grössten Zahl von Stationen anhält, Wagen 3. Klasse anzuhängen.

1858 wurden für Theile einer Meile Vorschriften erlassen.

Im Verlaufe der Zeit wurden die Vergnügungszüge einträglich, und die Gesellschaften verlangten in Bezug auf dieselben Befreiung von der Passagiersteuer. Um diesen Missbrauch abzustellen, wurde 1863 ein Gesetz erlassen, welches vorschrieb, dass die Erlassung der Steuern sich nicht erstrecken solle auf Züge, welche nicht 6 Tage in der Woche gehen oder nicht vom Handelsamte als solche genehmigte Marktzüge sind, oder vom Handelsamte genehmigte Sonntagszüge dritter Klasse.

Es ist wahrscheinlich, dass durch diese Gesetze die Armen in manchen Fällen Erleichterungen erhalten haben und möglich, dass sie auch jetzt noch in einigen Fällen solche erhalten, welche ihnen anderweitig versagt gewesen wären. Aber es ist gewiss, dass in manchen Fällen die Gesetze sich als unnöthig erwiesen haben, dass sie dies von Tag zu Tag mehr werden, dass sie einem sehr einträglichen Geschäfte eine unvernünftige Steuerbefreiuung verleihen unter der Voraussetzung, dass die in Frage stehende Steuer aufrecht erhalten werden soll, dass sie ernsthafte Schwierigkeiten zwischen der Regierung und den Gesellschaften verursachen, und dass sie leicht zum Nachtheile der Klassen wirken können, welchen zu nützen sie bestimmt waren. Die Verhältnisse des Passagierverkehrs haben sich seit 1844 vollständig verändert und sind so beschaffen, wie sie der fähige Mann, welcher das Zwangsgesetz jenes Datums beantragte, niemals vorausgesehen haben konnte. Die Beförderung von Passagieren 3. Klasse wird bei manchen Gesellschaften einer der wichtigsten Zweige ihres Geschäftes. Die Vergnügungszüge haben, wie wir gesehen haben, schon eine Beschränkung der ursprünglichen Befreiung verursacht. Aber auch der gewöhnliche Verkehr hat sich zu einer Ausdehnung entwickelt, welche gar nicht erwartet war.

Die gesammte, von den Eisenbahngesellschaften in England und Wales im Jahre 1844 von Passagieren erzielte Summe war 3,439,294 Liv. Sterling und die Gesammtzahl von Passagieren war 27,763,602.

Von der obigen Summe wurden nur 483,069 Livr. St. oder etwa $\frac{1}{8}$ von den Passagieren 3. Klasse eingenommen, und von der obigen Zahl von Passagieren waren bloss 8,583,085 oder etwa $\frac{1}{3}$ Passagiere 3. Klasse.

Aus den Berichten für 1870 geht hervor, dass die gesammte von Eisenbahngesellschaften in England und Wales für Passagiere eingenommene Summe 14,470,964 Livres war und die Gesammtzahl von Passagieren 288,632,921.

Von dieser letztenSumme wurden 7,177,230 Liv. St. oder nicht viel weniger als die Hälfte von Passagieren 3. Klasse eingenommen, und an der letzten Zahl waren 194,891,712 oder $^2/_3$ Passagiere 3. Klasse, und man wird wahrscheinlich finden, dass der Verkehr von Passagieren 3. Klasse sich in immer steigendem Maasse entwickelt. Seit der gegenwärtige Ausschuss seine Arbeiten begonnen hat, wurde bekannt gemacht, dass folgende grosse Gesellschaften, und zwar die Midland, die London und North-Western, die Great Western, die die North-Eastern und die Great-Northern beabsichtigen, Wagen 3. Klasse mit allen oder fast allen ihrer Züge zu befördern. Unter diesen Umständen scheint es nicht, dass dieser Verkehr noch als allgemeine Regel die Zwangsgesetzgebung von 1844 oder den Anreitz der Steuerbefreiung nöthig hat.

Andrerseits sind die aus dieser Befreiung entstehenden Misstände von Bedeutung geworden. Das Inland revenue departement hängt vollständig von den durch die Gesellschaften gegebenen Berichten ab, und es ist schwierig, sie zu kontroliren. Die principiellen Differenzen zwischen den Gesellschaften und des Departements sind ernsthaft. Die Gesellschaften erlangen die Befreiung für alle Züge im Tage, welche sie in Erfüllnng der parlamentarischen Bedingung der Beförderung von Passagieren zum Satze von nicht mehr als 1 Penny per Meile abgehen lassen, vorausgesetzt, dass sie vom Handelsamte genehmigt sind. Das Inland revenue departement bestreitet dieses Recht der Befreiung, wenn nicht, abgesehen von der Genehmigung des Handelsamtes auch die anderen Bedingungen des Gesetzes, betreffs des Aufnehmens und Absetzens der Passagiere mit erfüllt sind. Die Gesellschaften verlangen Steuerbefreiung für Tour- und Retourkarten, weil der Gesammtpreis weniger als 1 Penny per Meile beträgt; das Departement bestreitet ihr Recht auf Befreiung, wenn nicht auch die einfache Fahrt mit einem Penny per Meile, oder weniger bemessen ist. Die Gesellschaften verlangen die Befreiung, wo für die ganze Distanz weniger als 1 Penny per Meile verlangt wird, obwohl der Zug nicht an jeder Station hält; das Departement bestreitet ihr Verlangen, wenn nicht der Zug auf jeder Station in der ganzen Strecke hält. Diese Fragen werden jetzt vor die Gerichte gebracht. Der Ausgang kann nicht befriedigend sein. Wenn die Gesellschaften gewinnen, ist es klar, dass sie eine ausnahmsweise Steuerbefreiung auf einen gewinnreichen und zunehmenden Theil ihres Verkehrs erlangen. Wenn sie verlieren, wird das Resultat sein, ihnen einen Antrieb zu geben, dass sie sich auf die vom strikten Buchstaben des Gesetzes vorgeschriebenen Erleichterungen beschränken und die besonderen Erleichterungen, welche sie jetzt gewähren, zurückziehen. Z. B. die North-Eastern Eisenbahngesellschaft bringt Passagiere 3. Klasse von Norden nach York mit einem parlamentarischen Zuge, welcher an allen Stationen hält, und somit ein eigentlicher wohlfeiler Zug und zur Steuerbefreiung berechtigt ist. Wenn er in York ankommt, werden diese Passagiere nach London mit einem gewöhnlichen direkten Zuge befördert, welcher zu gleicher Zeit abgeht und nur an den Hauptstationen zwischen York und London hält. Wenn die Auffassung des Inland revenue departement richtig ist, sind die Einnahmen an diesen Passagieren von der Passagiersteuer nicht befreit, wären aber befreit, wenn die Passagiere aufgehalten würden und einige Stunden in York auf den parlamentarischen Zug von York nach London warten und dann mit diesem, der bei allen Stationen zwischen York und London anhält, befördert würden.

Das Handelsamt legte dem Ausschusse Tabellen vor, welche die Entwickelung des Verkehrs von Passagieren I., II. und III. Klasse seit 1850 auf allen Eisenbahnen in England und Wales und der London-North-Western und Lancashire-Yorkshire nachweisen. Diese Zahlen zeigen entschieden, wie rasch der Verkehr dritter Klasse zunimmt und wie wenig specielle gesetzliche Verpflichtungen oder specielle Privilegien zu dem Zwecke ihn zu entwickeln nöthig sind.

Dieser Punkt wurde ausführlich discutirt, theils, weil einer der wenigen Vorschläge der kgl. Kommission für Zwangsgesetzgebung eine beträchtliche Ausdehnung der gegenwärtigen Verpflichtungen Züge oder Wagen für Passagiere 3. Klasse zu befördern beantragt; aber specieller, weil er zeigt, wie wenig es möglich gewesen ist, die Entwickelung des Geschäftes und Verkehrs voraus zu sehen, und wie ungeeignet die Bestrebungen gewesen sind, das Monopol durch die Aufstellung fixer Fahr- und Frachtpreismaxima zu regeln.

Wenn es nöthig wäre noch weiter auf diesem letzteren Punkte zu verweilen, würde der Ausschuss auf die nunmehr ihm vorliegende Expertise verweisen, aus welcher hervorgeht, dass die Maximal-Fracht- und Fahrpreise sollen lange Zeit hindurch die wirklichen Preise bleiben, und dass, wie der Verkehr wächst, es das Interesse der Gesellschaften wird, ihn im Ganzen billiger zu machen, und soweit es die Frachtsätze betrifft, so mannigfaltig, dass der Director die London North-Western Eisenbahn sagt, es wäre geradezu unmöglich darüber zu berichten.

Resumé der vorstehenden Geschichte.

Aus obiger Darstellung geht hervor:

1. Dass sorgfältig ausgewählte Ausschüsse und Kommissionen in den letzten dreissig Jahren sich an eine Form der Konkurrenz nach der andern gehalten haben; dass es nichts destoweniger mehr und mehr klar wurde, dass die Konkurrenz verfehlen muss, für Eisenbahnen das zu thun, was sie für den gewöhnlichen Handel thut, und dass bisher keine Mittel angegeben worden sind, durch welche die Konkurrenz dauernd aufrecht erhalten werden kann.

2. Dass den Vorschlägen dieser Autoritäten zum Trotz Vereinbarung und Fusion auf Ansuchen der Gesellschaften ohne Kontrole und meistens ohne Regelung ins Leben traten. Es existiren jetzt vereinigte Netze, welche durch ihre Grösse und durch ihren ausschliesslichen Besitz ganzer Distrikte Monopole schaffen, denen sich die früheren Autoritäten sehr entschieden widersetzt hätten. Auch ist kein Grund vorauszusetzen, dass das Fortschreiten der Vereinbarungen aufgehört habe, oder aufhören werde, bevor Grossbritannien unter einer kleinen Zahl von grossen Gesellschaften vertheilt sein wird. Es ist daher von der grössten Wichtigkeit, dass die bestehenden Thatsachen klar erhoben werden, so dass das Publikum bekannt werde mit den reellen Alternativen, welche vor ihm liegen. In dieser Hinsicht erscheint es wünschenswerth eingehend folgende Fragen zu betrachten und zwar:

1. In welcher Ausdehnung existirt gegenwärtig Konkurrenz, und bis zu welcher Ausdehnung kann man auf sie zählen?

2. Wenn Konkurrenz nicht in einem genügenden Grade existirt, um die Preise und die Leistungen zu regeln, oder wenn es undurchführbar ist sie aufrecht zu erhalten, können die daraus entstehenden Monopolien geregelt werden, und wenn ja, in welcher Weise?

Konkurrenz, soweit man auf sie zählen kann.

Auf die erste Frage, nämlich, in welcher Ausdehnung eine Konkurrenz gegenwärtig vorhanden ist, und wieweit man auf sie zählen kann, ist es schwer eine allgemeine Antwort zu geben.

I. Konkurrenz zur See.

In erster Linie kann nicht bezweifelt werden, dass eine thatsächliche Konkurrenz zwischen Plätzen besteht, zwischen denen es einen Seetransport giebt. Die See ist eine Strasse, welche nicht geschlossen oder eingeengt werden kann, und welche jede Anzahl von konkurrirenden Fahrzeugen zulässt. Schiffe sind bald gebaut, Gewinne sind bald damit gemacht, und fortwährende Verbesserungen im Bau und Ersparungen in der Arbeit ermuthigen unaufhörlich den Bau; und, leicht wie sie gebaut sind, sind sie noch leichter von einem Handelszweig oder einem Wege auf einen anderen übertragen. Wo Nachfrage nach Seefahrzeugen ist, folgt sicher das Angebot. Daher, wenn Eisenbahnen mit Schiffen konkurriren, sind Fahr- und Frachtpreise in der Regel ausnahmsweise billig. Dies ist bis zu einer gewissen Ausdehnung der Fall bei dem Passagierverkehr, wie bei der Beförderung von Passagieren zwischen London und Margate oder Ramsgate, zwischen Liverpool und Glasgow, oder zwischen London und Aberden; aber es ist noch weit mehr der Fall bei Waaren. Auch ist die Wirkung dieser Konkurrenz nicht beschränkt auf den Handel zwischen 2 Plätzen, welche miteinander zur See verkehren, z. B. der Durchgangsverkehr zwischen England und Irland wird zwischen verschiedenen englischen und irischen Häfen von verschiedenen Dampferlinien besorgt, von denen einige Eisenbahn-Gesellschaften, andere unabhängigen Schiffseigenthümern gehören; und es scheint, dass die Konkurrenz für diesen durchgehenden Verkehr nicht nur die Raten für den Seeweg, sondern auch die Preise für die Benutzung der zum Hafen führenden Eisenbahn beeinflusst, so dass z. B. die Frachtsätze von Manchester nach Fleetwood selten höher sind, als die von demselben Platze nach Breston, obwohl Fleetwood 20 Meilen weiter von demselben Platze entfernt ist als Breston. Die Frachtsätze für Waaren für den Export sind immer niedriger, als die nach denselben Plätzen für den Konsum: So werden Kohlen von Wigan nach Widnes für den Export zur See für 1 Shilling 2 pence verführt, während dieselben Kohlen zu 2 s. 4 d. verfrachtet werden, wenn sie die Industrie in Widnes verbraucht. Eine weitere wichtige Betrachtung ist, dass eine Herabsetzung in den Frachtkosten, welche irgend eine Art von Waaren, die von irgend einem Platze zum Markte geführt werden, betrifft, auch die Frachtkosten für dieselbe Waarenart, wenn sie von andern Plätzen demselben Markte zugeführt wird, beeinflusst, so dass, wenn durch die Konkurrenz zur See der Frachtpreis von Newcastle nach London vermindert wird, diese Verminderung für die Preise der Befrachtung von Kohlen von irgend einem Platze nach London drückt. Demzufolge ist die Konkurrenz der Seefracht ein wichtiges Element in der Bestimmung von Eisenbahnfrachtsätzen für Waaren und hat eine grosse sowohl indirekte als auch direkte Wirkung. Die Ausdehnung und Wichtigkeit dieser Form der Konkurrenz kann einigermassen geschätzt werden nach der Antwort eines sehr competenten Experten, welcher aussagt, dass nach einiger Nachforschung er glaubt, sie beeinflusse die Waarenfrachtsätze von $^{3}/_{5}$ aller Eisenbahnstationen in dem vereinigten Königreich.

Ferner: Diese Form der Konkurrenz war nicht und wird auch nicht leicht wesentlich beeinflusst von irgend einer Ausdehnung des Eisenbahnsystems. Es ist selten, dass eine Eisenbahngesellschaft alle Docks und Verkehrseinrichtungen in irgend einem Hafen erwerben kann, ausser in solchen Fällen, wie in Folkestone, Hartlepool, Fleetwood oder Barrow, wo sie selbst zum Vortheile des Publikums den Hafen gemacht und seinen Verkehr entwickelt haben; und auch, wenn sie solches thun könnten, giebt es wenig Häfen, welche nicht rivalisirende Häfen haben um mit ihnen zu konkurriren. Es ist jedoch möglich, dass eine Eisenbahngesellschaft durch Erwerbung eines Hafens und der zu ihm führenden Eisenbahnen die Herrschaft über das Ganze eines gewissen Zweiges des Verkehrs sowohl zur See als auch zu Land erwerben kann. Es ist z. B. möglich, dass, wenn eine grosse Fusion stattfinden sollte zwischen der North-Eastern, der Great-Northern und der Midland, die vereinigte Gesellschaft den Besitz des Tyne, des Wear und des Tees erlangen könnte, sowie die North - Eastern den von Hartlepool hat; und in diesem Falle könnten sie und würden sie wahrscheinlich die See-Verfrachtung von Kohlen nach London und anderen Häfen in England abschrecken. Es giebt somit in dieser Hinsicht eine Gefahr, welche die Aufmerksamkeit des Parlaments verdient, und man kann nicht als genügende Vorsorge dagegen den Standing order (151) des Hauses der Gemeinen betrachten, welcher verfügt, dass keine Eisenbahngesellschaft einen Hafen, ein Dampfschiff und dergl. erwerben soll, ausser wenn der Ausschuss über die Vorlage berichtet, dass eine solche Beschränkung nicht durchgeführt werden soll und zwar unter Angabe der Gründe und Thatsachen, auf welche seine Meinung gestützt ist.

Die Behandlung dieses Theils des Gegenstandes wäre nicht vollständig ohne die Bemerkung, dass es eine Form giebt, in welcher die Eisenbahngesellschaften bis zu einem gewissen Grade das Monopol des Seeverkehrs erlangen können und erlangen, nämlich, wo die Passage die Natur einer Fähre hat und die Gesellschaften selbst die Dampfschiffe besitzen oder sich mit Dampfschifffahrtsgesellschaften alliiren und direkt kartiren. Solche Fälle sind jene der Dampfer zwischen Dover oder Folkestone und Boulogne, Holyhead und Kingstown, Milford und Waterford, Harwich und Antwerpen. In den meisten dieser Fälle haben die Gesellschaften die Ermächtigung erhalten, Dampfschiffe zu besitzen und in Verbindung mit ihren Eisenbahnen zu verwenden. Ermächtigungen dieser Art wurden und werden von Dampfschiffeigenthümern angegriffen, da der Besitz von solchen Dampfschiffen den Gesellschaften das Monopol des Ueberfuhrverkehrs gebe, und da es in ihrer Macht liege durch ihre Eisenbahneinnahmen ihre Dampfer zu billigeren Fahr- und Frachtpreisen zu verwenden, als irgend ein gewöhnlicher Dampfschiffeigner dem Verkehre bieten könnte. Es ist kein Zweifel, dass das wahr sein kann, aber andererseits waren die grossen Erleichterungen, welche dem Publikum durch die Vereinigung aller Glieder des direkten Verkehres in eine Hand geboten wurden, so gross, dass sie das Parlament veranlassten, diese Ermächtigung in solchen Fällen, wie die oben erwähnten, zu ertheilen, und eben durch Specialgesetze den Gesellschaften, welche direkt kartiren, die Wohlthaten derselben Begrenzung der Haftbarkeit für Seegefahren, wie sie gewöhnlich Schiffseigenthümern ertheilt werden, zu gewähren. Um Jenen, welche mit den Dampfern der Gesellschaft, aber nicht mit ihrer Eisenbahn reisen, hat das Parlament auch verfügt, dass solche Personen für die Seefahrt keine höheren Preise zahlen sollen, als Jene, die auch die Bahn benützen.

Von Eisenbahngesellschaften an das Parlament gerichtete Ansuchen um die Ermächtigung zum Erwerbe von Häfen oder Dampfschiffen können leicht wiederkommen, und der Ausschuss ist der Meinung, dass sie dem später vorgeschlagenen gemischten Ausschuss überwiesen werden sollen.

2. Konkurrenz der Kanäle.

Es ist viel schwerer zu sagen, welche Summe von Konkurrenz zwischen Eisenbahnen und Kanälen existirt.

Der gegenwärtige Zustand der Kanäle von England und Wales und der Umfang, in welchem sie in die Hände von Eisenbahngesellschaften übergegangen sind, ist dargestellt in einer im Handelsamte ausgearbeiteten und diesem Berichte beigegebenen Karte, und ein Bericht wurde beantragt von dem Obmann und angeordnet von dem Unterhause, welcher mehr im Detail die Natur des Arrangements zeigte, unter welchem jeder Kanal von einer Eisenbahngesellschaft besessen oder beherrscht wird. Ein anderer Bericht, von Mr. Dodds eingebracht und als Parlamentspapier gedruckt (N. 184. 1870), zeigt das Kapital, die Schuld und die Einkünfte der verschiedenen Kanäle. Diese beiden Berichte sind im Anhange zu diesem Berichte gedruckt.

Nach der Aussage des Mr. Wilson gab es 1865 bei 4000 Meilen Wasser- und Flusskommunikationen in England und Schottland, und von diesen wurde ungefähr $1/3$ mit verschiedenen Eisenbahngesellschaften fusionirt. Nach dem oben bezogenen Berichte dieser Session giebt es jetzt in England und Schottland 1544 Meilen Kanäle im Besitze von Eisenbahngesellschaften, davon 1300 für beständig und die übrigen 244 Meilen in Pacht oder andererzeitweiligen Innehabung. In Irland sind 92 Meilen Kanäle im Besitze von Eisenbahnkompagnien. Es scheint nicht, dass es seit 1865 Fusionen von Kanälen mit Eisenbahnen gegeben hat, aber mit einer Vorlage dieser Session, welche dem Ausschusse vorgelegen, sucht die Midland-Gesellschaft die Ermächtigung an, den Worcester-Birmingham-Kanal zu erwerben.

Es wurden parlamentarische Mittheilungen gemacht (welche im Anhange gedruckt sind) über Vorlagen zur Autorisirung des Verkaufes des Bridgewaterkanals an eine Aktiengesellschaft, aber keine Vorlage ist eingebracht worden, auch hat der Ausschuss keine Kenntniss von der Natur des Geschäftes. Was an diesem Gerüchte wahr ist, und ob dieses Geschäft im öffentlichen Interesse ist oder nicht, vermag der Ausschuss nicht zu sagen, aber er zögert nicht, die Meinung auszusprechen, dass eine solche Uebertragung des Eigenthums und der Direktion eines so wichtigen Verkehrsweges, welche ihn faktisch unter die Herrschaft einer Eisenbahngesellschaft stellen würde, nicht geschehen sollte ohne die ausdrückliche Gestattung des Parlamentes.

Es soll weiterhin bemerkt werden, dass es gewisse Fälle von schiffbaren Flüssen giebt, wo die Schifffahrt einer öffentlichen Behörde untersteht, und wo, so lange die Schifffahrt überhaupt erhalten bleibt, immer leicht eine Konkurrenz bestehen kann. So ist es der Fall bei der Themse, dem Weaver, Severn etc. etc.

Es möchte scheinen, dass Eisenbahngesellschaften bei Kanälen mehr als die gewöhnlichen Beweggründe haben, den Rivalen zu unterdrücken, und wenn sie die Herrschaft über einen Kanal erlangen können, seinem Verkehr ein Ende zu machen. Auf den Eisenbahnen sind sie sowohl Frächter als Eigenthümer des Weges und erndten Gewinn in beiden Eigenschaften. Auf Kanälen verfrachten sie, wenn überhaupt, nur in Konkurrenz mit anderen Bootseigenthümern.

Ferner haben Eisenbahngesellschaften, wenn überhaupt, selten eine ganze, grosse, durchgehende Kanallinie und demzufolge ist es ihr Interesse, den Verkehr lieber auf der Bahn zu besorgen, wo sie den ganzen Weg in ihrer Hand haben, als auf dem Kanal, von dem sie nur einen Theil haben. Was die Kraft zur Aufrechterhaltung der Konkurrenz betrifft, so hat die Wasserfracht manche Vortheile in der Vorführung von rohen und schweren Artikeln, wie Dünger und Kalk; und auch in der Verführung von gebrechlichen Artikeln, wie Töpferwaaren. Wo, was häufig der Fall ist, die Vortheile in der Manipulation, d. i. Leichtigkeit des Ein- und Ausladens gross sind, können sie für eine geringe Distanz, etwa 60 Meilen konkurriren und von den unabhängigen Kanälen südlich von Birmingham zahlen jetzt einige 16 und 12 Percent. Der Aire-Calder-Kanal giebt grosse Summen für Verbesserungen aus. Er zahlt Interessen für eine Schuld von 500000 Pfund Sterling und 50000 Livre jährlich als Verzinsung des Aktienkapitals von 1,500,000 Livres. Sie haben dort Dampfschlepper mit einer Art Train angehängter Schiffe eingeführt, womit sie selbst den Zug besorgen; und sie haben die Schleppkosten von 8½ auf 2½ Pence herabgesetzt. Mit direkten Frachtsätzen behaupten sie, dass sie alle Aussicht haben erfolgreich mit den Eisenbahnen zu konkurriren. Andererseits können Kanäle im Allgemeinen nicht konkurriren, wo die Entfernungen gross sind; oder in der Verführung werthvollerer Waaren; sie befördern keine Passagiere, und die ungeheure Entwickelung der Zweiglinien und Stationen der Eisenbahnen verstopfte manche der Quellen, welche früher ihren Verkehr zu nähren pflegten.

Ferner ist es klar, dass, wo eine Konkurrenz zwischen einem Kanal und einer grossen Eisenbahnkompagnie besteht, die Eisenbahngesellschaft, welche ihr Einkommen von Passagieren und zahlreichen dem Kanale nicht zu gut kommenden Quellen schöpft, ihre Sätze für den konkurrirenden Verkehr erniedrigen und so das Geschäft und die Gewinne des Kanals bis zu dessen Erschöpfung erniedrigen kann, und, wie aus den Expertisen hervorgeht, es auch wirklich thut.

Die wichtigste Methode, mit welcher die Eisenbahngesellschaften die Konkurrenz von Kanälen beseitiget haben, war der Ankauf wichtiger Glieder in dem Schifffahrtssystem und die Beseitigung des direkten Verkehrs.

Südlich von Birmingham giebt es unabhängige Kanäle, welche gemeinschaftlich arbeiten, während es in demselben und den benachbarten Distrikten noch andere Kanäle giebt, nämlich den Birmingham und Liverpool-Junktion-, Trent-Mersey-, Ashby-de-la-Zouch- und Stratford upon Avon Kanal, welche mit den unabhängigen Kanälen ein unabhängiges System bilden, oder bilden sollten, jedoch in die Hände von Eisenbahngesellschaften gefallen sind. Es ist festgestellt, dass die unabhängigen Kanäle gemeinsam arbeiten; dass die Verfrachtung von Privatschiffen besorgt wird; dass wenn der Verkehr es bietet, die unabhängigen Kanäle Special- und günstige Route-Frachtsätze machen; dass jedoch die Eisenbahngesellschaften auf dem ihnen gehörigen Theile des Netzes ähnliche Sätze zu gewähren verweigern und in manchen Fällen einen Absperrungszoll,

d. i. einen hohen und meistentheils prohibitiven Zoll auf Schiffe legen, welche von den unabhängigen Kanälen in ihre Kanäle einfahren. So ist der Durchgangsfrachtsatz für Eisen nach London 4 S. 6 d., davon erheben die unabhängigen Kanäle 3 S. für 146 Meilen, während der Birmingham-Kanal, welcher vermittelst einer Garanzie unter der faktischen Herrschaft der London- und North-Western Eisenbahngesellschaft ist, 1 S. 6 d. für 10 Meilen nimmt. Die Great-Western Eisenbahngesellschaft verlangt 10½ Pence für 12 Meilen auf ihrem Stratford upon Avon Kanal, aber, wenn die Waare auf einen unabhängigen Kanal übergeht einen Extra- oder Sperrungszoll von 1 S. 10 d. — 4 d. ist der Preis per Tonne für die Benutzung des Birmingham-Kanals, aber wenn das Schiff in einen unabhängigen Kanal übergeht, wird 1 S. 6 d. auferlegt. Der Verkehr ist gezwungen, 67 Meilen auf unabhängigen Kanälen umzugehen, statt der kürzesten Route, welche 37 Meilen beträgt. Die unabhängigen Kanäle haben seit der Zeit, als die Vereinbarung zwischen dem Birminghamkanal und der Eisenbahngesellschaft Platz gegriffen, ihre Zölle um eine zwischen 70 und 25 pCt. variirenden Summe vermindert, und im Allgemeinen um etwa 50 pCt., während diese ganze Periode hindurch keinerlei Ermässigung auf dem Birmingham-Kanal stattgefunden hat. Sie besorgen einen grösseren Lokalverkehr als die im Besitze von Eisenbahngesellschaften befindlichen Kanäle. Der Worcester Kanal, welcher nahezu bankerott ist, und den die Midland-Eisenbahngesellschaft jetzt zu kaufen beabsichtigt, ist, wie man sagt, dadurch ruinirt worden, dass er zwischen Kanälen liegt, welche in den Händen von Eisenbahngesellschaften sind.

Ferner der Ayre-Calder-Kanal, welcher im Osten mit dem Humber Kanal verbunden ist, communicirt mit Lancashire und dem Mersey auf 3 Wegen, nämlich durch den Huddersfieldkanal, den Rochdalekanal und den Leeds-Liverpoolkanal; von diesen gehört der Huddersfieldkanal, welcher der kleinste und mindest bewerthete ist, der London-North-Western-Eisenbahn, die Zölle auf demselben sind durch Koncession auf eine niedere Rate fixirt, aber es ist konstatirt, dass der Verkehr auf mannichfache Weise behindert und das Wasser ungenügend ist. Der Rochdalekanal, welcher grosse Erleichterungen in Manchester hat, ist den London-North-Western-, Lancashire-Yorkshire- und North-Eastern-Eisenbahngesesllschaften verpachtet unter einer Pachtung, von welcher noch nicht 4 Jahre verflossen sind, und es ist konstatirt, dass die Zölle auf diesen Kanal prohibitivisch sind. Der Leeds-Liverpool-Kanal hat seinen Waarenverkehr mit Ausnahme der Mineralien zeitweise den London-North-Western- und Lancashire-Yorkshire-Eisenbahnen verpachtet. Diese Gesellschaften zahlen, wie festgestellt ist, den Aktionären des Leeds-Liverpool-Kanals 37500 Pfund jährlich um die Zölle auf dem Kanal auf ein Maximum zu erhöhen, so dass der Frachtpreis auf dem Kanal für Zölle allein 16 S. beträgt, während die Eisenbahngesellschaften für 15. S. befördert. Als Folge für die Ayre-Calder Gesellschaft wird angegeben, dass sie keine Güter höherer Klasse von Osten nach Westen oder vice versa direct befördern kann, und dass sie 75 pCt. ihres Verkehrs auf den westlichen Kanälen verloren hat.

Wo die Zölle durch Parlamentsakte auf eine lohnende Höhe festgesetzt sind, ist in manchen Fällen festgestellt, dass die die Kanäle besitzenden Eisenbahngesellschaften nicht nur keine Verbesserungen machen, sondern dass sie durch Vernachlässigung der Reparaturen, durch Schliessen der Kanäle bei

Nacht oder durch Fehlen des Wasserzuflusses den Verkehr auf den Kanälen unterdrücken. Die Fusionen der obengenannten Kanäle mit den Eisenbahnen hat man sich energisch widersetzt, und in manchen Fällen hat sich das Parlament bemüht, der Fusion Bedingungen beizufügen, um die Kompagnien zu zwingen, dass sie die Kanäle in betriebsfähigem Zustand erhalten, dass sie sie frei und offen für den Verkehr halten und ebenso, dass sie anderen Kanalgesellschaften gestatten Durchgangssätze festzusetzen. Diese Bedingungen jedoch haben meistens gleichmässig versagt, und der gegenwärtige Zustand der Dinge erscheint so, wie oben beschrieben. Verpflichtungen dieser Art können viel leichter von den Eigenthümern des Kanals umgangen, als von den denselben Benützenden erzwungen werden. Es ist schwer, eine Gesellschaft zur Aufrechthaltung einer wirksamen Konkurrenz mit sich selbst zu zwingen.

Die Lancashire-Yorkshire-Gesellschaft besitzt einen grossen Theil der Wasserverbindung zwischen den Lancashire-Städten, uud es ist das Resultat konstatirt, dass der Kanalverkehr ernsthaft behindert ist.

Im Falle des Worecester Birmingham Kanals, welcher jetzt dem Ausschusse vorliegt, werden Befürchtungen eines ähnlichen Resultates energisch ausgesprochen, und obwohl von Seite der Midland Eisenbahngesellschaft angegeben wird, dass sie beim Ankauf des Kanals kein Interesse gegen die Entwicklung seines Verkehrs haben kann, ist es auch festgestellt und nicht geleugnet, dass manche Frachtsätze der Midland Eisenbahn von Cheltenham nach Birmingham, wo es keine Kanalkonkurrenz giebt, höher sind, als die Sätze derselben Eisenbahn zwischen Gloucester und Birmingham, wo eine solche Konkurrenz existirt. Und es ist merkwürdig, dass der Direktor der Midland-Eisenbahn, als er seine Gesellschaft vor der kgl. Kommission gegen den Vorwurf, dass sie niedrigere Frachtsätze zwischen Gloucester-Birmingham als zwischen Liverpool und Birmingham fortsetze, vertheidigte, als Grund die unabhängige Fluss- und Kanalkonkurrenz anführte, welche zwischen den zwei ersteren Plätzen existirte.

Während die obigen Betrachtungen zeigen, wie wichtig die Konkurrenz zwischen Eisenbahnen und Kanälen ist, oder gewesen sein könnte, zeigen sie auch die Schwierigkeit, das, was noch davon existirt, zu erhalten und noch mehr, das, was bereits entschwunden ist wieder herzustellen. Die weit grösseren Kapitalien und Hülfsquellen der Eisenbahnen gewähren ihnen grosse Vortheile. Der Besitz der wichtigsten Kanäle treibt diese Vortheile noch weiter, und das Resultat ist, dass in manchen Fällen die Kanalgesellschaft um ihre Aktionäre zu sichern, der Eisenbahngesellschaft entweder den Kanal selbst oder Vereinbarungen anbietet, durch welche die Konkurrenz aufhört. Unter diesen Umständen verlangen die Vertreter der Konkurrenz, dass das Parlament seine Genehmigung solchen Fusionen versagen oder zum Schutze des Publikums Bedingungen auferlegen sollte. Das Parlament hat natürlich volle Macht Gesetze, welche solche Fusionen genehmigen, zurückzuweisen, aber dieselben Kräfte, welche die Eisenbahnen befähigt haben, Kanalgesellschaften zu drücken und sie so zu Vereinbarungen zu zwingen, werden fort wirksam bleiben, und wenn die Kanalaktionäre zum Parlament kommen und anführen, dass der einzige Weg ihr Eigenthum zu retten der ist, ihn von einer Eisenbahngesellschaft kaufen zu lassen, ist es schwer für jeden Ausschuss die Genehmigung zu versagen. Eben im Falle des Ayre-Calden-Kanals, dessen Sekretär vor der kgl. Kommission als Vertheidiger der unabhängigen Konkurrenz durch Kanäle erschien, kommt es vor, dass wenige Jahre vorher die Ayre-Calder-Gesellschaft, gedrückt von der Konkurrenz der Eisenbahn und nicht unterstützt vom Parlament, auf dem Punkte gewesen war, eine Vereinbarung mit der Lancashire-Yorkshire Eisenbahn einzugehen, welche der Konkurrenz ein Ende gemacht hätte.

Weiterhin ist zu bemerken, dass die Ayre-Calder-Gesellschaft findet, dass die billigste Art der Besorgung eines umfangreichen Verkehrs auf Kanälen ist, sie selbst zu unternehmen, und diese Art der Besorgung wird sich fernerhin leicht ausbreiten. In diesem Falle wird die Konkurrenz von Privatgeschäftsleuten zu Ende sein, und die Kanalgesellschaften werden in derselben Stellung sein, wie die Eisenbahngesellschaften. Wenn überdies die Politik der Fusion der Kanäle untereinander angenommen wird, werden die direkten Routen in eine gewisse Anzahl von Händen fallen, und das kann zur Kombination zwischen den Eisenbahn- und Kanalgesellschaften führen. Gleichzeitig wäre es das Interesse der vereinigten Unternehmer, die Leistungsfähigkeit jedes Theiles des Systems zu entwickeln, anstatt, wie bisher, einen Theil davon zu entwerthen und zu unterdrücken zu dem Zwecke um ihn billig zu kaufen oder einen anderen zu begünstigen. Unter diesen Umständen ist es nicht leicht abzusehen, was am Ende als die weiseste Politik in Bezug auf Kanäle zu verfolgen wäre. Jede Politik, mit Ausnahme der des Staatskaufs, führt leicht zu Koalition und Monopol. Aber Koalition und Monopol lassen möglicherweise grössere Vortheile erwarten als das gegenwärtige zerfahrene System. Für jetzt scheint das System der Wasserverfrachtung leichter zu entwickeln und zu erhalten durch Kräftigung der Hände unabhängiger Kanalgesellschaften, als durch Anheimgeben wichtiger Glieder einer durchgehenden Verbindung an die Willkür der Eisenbahngesellschaften; aber es ist schwer eine zwingende Regel aufzustellen, welche die zukünftige Uebertragung von Kanälen an Eisenbahngesellschaften im Ganzen verbieten würde, und es ist noch schwerer solche Kanalgesellschaften, welche bereits übertragen worden sind, wieder zu unabhängigen herzustellen.

In anderen Ländern wurde die Konkurrenz zu Wasser eifersüchtig aufrecht erhalten. In Belgien war und bleibt das ausgedehnte Kanalsystem in den Händen der Regierung. In Norddeutschland sind die grossen schiffbaren Flüsse öffentliches Eigenthum, und man verlangt dort neue Kanäle zur Konkurrenz mit den Eisenbahnen. In Frankreich sind die Flüsse und Kanäle öffentliches Eigenthum und es erscheint, dass die Regierung die Kanäle zu Kosten des Staaten von 8,400,000 Frcs. erhält, während ihr Einkommen aus dieser Quelle nur 3,500,000 Frcs. beträgt.

Eine mögliche Lösung der Schwierigkeit wäre, dass der Staat die Kanäle kaufen soll und Geschäftsleute aneifern auf ihnen eine unabhängige Konkurrenz mit den Eisenbahnen zu unterhalten. Aber es giebt grosse Schwierigkeiten für diesen Kauf. Für die guten Kanäle wäre ein hoher Preis zu zahlen, während die kleineren Kanäle zu jedem Preise ein schlechter Einkauf wären. Die Eisenbahngesellschaften würden alle ihre Macht anwenden um die Uebertragung der Kanäle zu irgend einem vernünftigen Preise von ihnen selbst an den Staat zu verhindern, da deren Werth nicht nur auf der Summe des direkten Gewinnes, den sie aus ihnen beziehen, beruht, sondern auf der Summe des Gewinnes, den sie ihnen durch Beseitigung der Konkurrenz gewähren; und, vorausgesetzt, dass der Kauf geschehen wäre, wäre noch immer ein grosser Zweifel, ob die Konkurrenz mit den Eisenbahngesellschaften aufrecht erhalten werden könnte, ausser für kurze Entfernungen und specielle Verkehrsarten. Und wenn die Konkurrenz der Kanäle fehlschlagen und die von der Regierung für ihre Benützung eingenommenen Zölle zu ihrer Unterhaltung nicht genügen sollten, wäre es die grösste Schwierigkeit das Parlament zur Votirung von Geld (wie es in Frankreich geschieht) zu veranlassen, nicht um einen gewinnreichen Verkehr zu entwickeln, sondern um eine verlustbringende Konkurrenz mit den Eisenbahnen aufrecht zu erhalten.

In Erwägung des ganzen Gegenstandes sind es folgende Anträge, welche der Ausschuss in Bezug auf Kanäle zu stellen hat.

1. Dass kein schiffbares Binnengewässer, welches gegenwärtig in den Händen einer öffentlichen Verwaltung sich befindet, einer Eisenbahngesellschaft übertragen oder ihrer Herrschaft unterstellt werden soll, und dass, wenn die Verwalter eines schiffbaren Binnengewässers oder einer Kanalgesellschaft von dem Parlamente die Ermächtigung verlangen, einen Kanal zwangsweise von einer Eisenbahngesellschaft zu kaufen, solcher Verkauf vom Parlament günstig berücksichtigt werden soll.

2. Dass die möglichste Erleichterung gegeben werden soll für die Fusion durch Verbindung von Kanälen unter einander oder mit anderen schiffbaren Binnengewässern.

3. Dass kein Kanal einer Eisenbahngesellschaft übertragen oder direkt oder ndirekt unter ihre Herrschaft gestellt werden, ferner, dass keine zeitweilige Verpachtung eines Kanals an eine Eisenbahngesellschaft erneuert werden soll, wenn nicht eingehend nachgewiesen ist, dass der Kanal mit einem benachbarten Kanale fusionirt, oder von einem benachbarten Kanale oder der Verwaltung eines benachbarten Binnengewässers betrieben werden kann.

4. Dass jede Vorlage für eine solche Uebertragung oder Erneuerung des Eigenthums oder der Herrschaft dem weiter unten beantragten gemischten Ausschuss vorgelegt werden soll.

5. Dass, wann immer eine Eisenbahngesellschaft, welche sich wegen Fusion an das Parlament wendet, in ihrem Eigenthum oder unter ihrer Herrschaft irgend eine Kanalverbindung in ihrem Bezirke hat, die Zweckmässigkeit der Fortsetzung oder Abänderung solchen Eigenthums oder solcher Herrschaft einen Gegenstand der Untersuchung durch den gemischten Ausschuss bilden soll.

6. Dass die Principien des Eisenbahn- und Kanalverkehrgesetzes streng in Wirksamkeit gesetzt werden sollen durch Verhaltung jeder einen Kanal besitzenden oder beherrschenden Gesellschaft, ihn im Zustand durchgängiger Brauchbarkeit zu erhalten, jede Erleichterung für Durchgangsverkehr zu gewähren und jedes Hinderniss, sei es durch Auferlegen von Sperrzöllen oder anderswie, welches zum Zwecke der Verhinderung des Durchgangsverkehres aufgestellt ist, zu entfernen, und dass diese Verpflichtungen im Processwege erzwungen werden sollen vor einem speciellen Gerichte oder einer Kommission, deren Natur weiter unten in Betracht gezogen wird.

7. Dass die Eigenthümer eines Kanals das Recht haben sollen, einen Durchgangs-Zoll oder Frachtsatz von oder nach irgend einem Platze an ihrem eigenen Kanal, nach oder von irgend einem Platze an irgend einem anderen Kanal oder einer Eisenbahn, welche eine durchgängige Route bilden, aufzustellen, so dass der Zoll- oder Frachtsatz zwischen den verschiedenen Eigenthümern der Route getheilt werden soll, und zwar als allgemeine Regel im Verhältniss zur Meilen-

zahl, aber mit der Einschränkung, dass, wenn irgend eine Einwendung gegen den proponirten Zoll- oder Frachtsatz oder die Vertheilung als unbillig gemacht würde, und keine Vereinbarung zu Stande kommen könnte, das Specialgericht oder die Kommission, wovon unten die Rede ist, nach Anhörung aller betheiligten Partheien über den streitigen Gegenstand entscheiden soll.

8. Dass die beiden zuletzt erwähnten Vorschläge durch allgemeine Gesetzgebung in Ausführung gebracht und einstweilen allen Kanäle besitzenden Gesellschaften, welche um neue Rechte beim Parlamente ansuchen, als Bedingungen auferlegt werden sollen.

9. Um diese Anträge in Ausführung zu bringen wird es eines eigens zu diesem Zwecke eingesetzten Gerichtshofes bedürfen. Dieser Gegenstand ist unten eingehender behandelt.

Die obigen Vorschläge sind nicht in der Erwartung vorgebracht, dass sie, wenn angenommen, endgiltig ein System allgemeiner Konkurrenz zwischen Kanälen und Eisenbahnen aufrecht erhalten werden, aber obwohl sie diesen Erfolg nicht erzielen können, so werden sie doch nach der Meinung des Ausschusses einen anderen und kaum minder wichtigen erreichen, nämlich die Beendigung des gegenwärtigen unbefriedigenden Zustandes der Dinge (bei welchem manche Eigenthümer von Kanälen ein Interesse daran haben den Verkehr auf denselben eher zu unterdrücken als zu erhalten und zu vergrössern), und die Ermuthigung, Erleichterung und Beförderung der alten Entwickelung und Ausnützung der Binnenschifffahrt des Landes.

3. Konkurrenz zwischen Eisenbahngesellschaften.

Nun zur Konkurrenz zwischen Eisenbahngesellschaften. Es hat bei verschiedenen Gelegenheiten eine wirkliche Konkurrenz zwischen Eisenbahngesellschaften in Bezug auf die Preise gegeben, und es ist wahrscheinlich, dass die jetzt bestehenden Sätze noch die Spuren jener Konkurrenz tragen, aber es kann als allgemeine Regel angenommen werden, dass es gegenwärtig in Beziehung auf Fracht- und Fahrpreise keine wirksame Konkurrenz zwischen verschiedenen Eisenbahnen gibt. Wo immer verschiedene Gesellschaften zwischen denselben Plätzen fahren, vereinbaren sie ihre Preise, so z. B. machen die London- und North-Western, die Midland und die Great-Western nicht nur dieselben Preise zwischen Manchester und Southhampton, sondern sie verbinden sich durch Uebereinkunft, keine niedrigeren Sätze zu machen, so dass keine ihre Sätze ohne die Zustimmung der beiden anderen herabsetzen kann, und wenn eine neue Eisenbahn eröffnet werden sollte mit dem Versprechen billigerer Sätze, so ist es sicher, dass sie nach einer kurzen Zeit mit ihren ursprünglichen Rivalen ein System gleicher Sätze vereinbaren wird; folglich existirt die direkte Wirkung der Konkurrenz, durch welche in gewöhnlichen Fällen der Preis für den Konsumenten soweit herabgesetzt wird, dass er dem Producenten einen angemessenen Gewinn und nicht mehr bietet, im Eisenbahnwesen nicht, oder ist nicht verlässlich, und es ist nothwendig auf ein anderes Mittel der Bestimmung von Preis und Werth zu denken.

Mr. Price und Sir G. Watkin behaupten, dass eine direkte Konkurrenz in Fracht- und Fahrpreisen existire. Der Letztere führt Fälle von Preisreduktionen an, welche, wie er sagt, eine Folge der Entstehung neuer Routen zwischen

London und Manchester und London und Dover gewesen sind, aber Mr. Cardwell konstatirt, dass es im ersten Falle keine wirkliche Konkurrenz gegeben habe. Und Mr. Thompson, Obmann der North-Eastern hat gezeigt, dass zwischen verschiedenen in verschiedenen Theilen des North-Eastern-Systems gelegenen Städten, obwohl es dort ein vollständiges Monopol gibt, die Fahrpreise innerhalb derselben Zeit in viel ausgedehnterem Maasse herabgesetzt worden sind. In der That bedarf es kaum dieser Expertise, um zu beweisen, dass, wo die angeblich konkurrirenden Partheien so wenige sind, und sie thatsächlich die Preise festsetzen, direkte Konkurrenz nur wenig mit dieser Festsetzung zu thun haben kann.

Gleichwohl kann es nicht in Abrede gestellt werden, dass die Konkurrenz zwischen Eisenbahnen immerhin einigen Einfluss auf die Preise ausübt. So lange es zwei noch nicht völlig vereinigte Eisenbahnen gibt, welche zwischen denselben Orten Passagiere und Waaren befördern, wirken sie einschränkend auf einander; wenn eine auf einem sehr übertriebenen Preise besteht, treibt sie die andere eher zur Rivalität, als zur Vereinbarung, und demzufolge wirkt, so lange ihre Interessen nicht permanent durch Fusion vereinigt sind, die Furcht vor einander in einer gewissen Ausdehnung einschränkend auf beide ein.

In anderer weniger direkten Richtung hat auch die Konkurrenz beträchtliche Wirkung; in der grossen Verschiedenheit von Geschäften und Vereinbarungen, welche Eisenbahngesellschaften ausführen, ist es für eine Gesellschaft möglich, Bequemlichkeiten oder Erleichterungen zu bieten, welche die andere nicht bietet, ohne dass sie die Vereinbarungen, welche sie mit der anderen bezüglich gleicher Preise gemacht hat, bricht oder zu brechen scheint. Es können bei einer Eisenbahn die Züge bequemer oder rascher, die Wagen besser eingerichtet, die Bequemlichkeiten für die Ansammlung und Beförderung der Güter grösser sein, als bei einer anderen, und in allen diesen Hinsichten können Eisenbahnen, welche gemeinschaftlich arbeiten noch mit einander konkurriren, und thun es auch zweifelsohne bis zu einer gewissen Ausdehnung. Oft gehen Züge zur selben Zeit auf verschiedenen Linien nach denselben Plätzen, wobei bezweifelt werden kann, welcher schliesslich Vortheil oder Nachtheil für das Publikum bringt. Es heisst, dass die Bequemlichkeit in den Stationen verbessert, Beschwerden beseitigt, Güter so schnell befördert werden, um einen Dampfer zu erreichen, und es ist von einem Experten angegeben, dass Sconti und Kommissionsvergütungen, welche in Wirklichkeit eine Preisherabsetzung involviren, einzelnen Kaufleuten gewährt werden. Es ist so ziemlich unmöglich zu sagen, wie die wirkliche Ausdehnung dieser Erleichterungen sei, oder wie weit sie der Konkurrenz zu verdanken sind. Noch weniger ist es möglich zu sagen, ob nicht grössere Erleichterungen durch die Fusion zu erzeugen sind. Aber, dass sie bis zu einer gewissen Ausdehnung existiren und dass die Konkurrenz einen Beweggrund abgibt sie zu bieten, das kann nicht bezweifelt werden.

Die Ausdehnung, bis zu welcher diese Formen der Konkurrenz wirken können, hängt in einem gewissen Grade von den verschiedenen Formen ab, welche die Vereinbarung annehmen kann. Die einfachste und wenigst vollständige Form der Vereinbarung ist ein Uebereinkommen wegen gleicher Fracht- und Fahrpreise und in manchen Fällen für gleiche Geschwindigkeit, wo ein konkurrirender Verkehr ist. Dieses Uebereinkommen erscheint jetzt als allgemein und kann von den Gesellschaften in Ausführung gebracht werden, ohne sich an

8*

das Parlament oder eine andere Behörde zu wenden und ohne das Publikum vorher zu verständigen.

Eine vollständigere Form der Vereinbarung ist jene, bei welcher die Gesellschaften einander auf ihren Linien die Beförderung von Waaren gestatten, indem jede Gesellschaft das Beneficium von allem aus der Beförderung auf ihrer Linie entstehenden Profit nimmt, und eine weitere Entwickelung von Uebereinkünften dieser Art ist, wo jede dieser Gesellschaften der anderen erlaubt, Züge über ihre Linien zu führen, wobei die beiden Gesellschaften den Gewinn von derlei Zügen in gewissen Verhältnissen theilen. Diese Art von Uebereinkommen kann, wie es scheint, auch vollständig ohne besondere Gesetzgebung ausgeführt werden.

In den angeführten Fällen hat jede Gesellschaft, obwohl sie nicht ferner durch direkte Preisherabsetzung konkurrirt, ein Interesse daran, soviel als möglich Waare auf ihrer eigenen Linie oder mit ihren eigenen Zügen zu befördern und lässt demnach erwarten, dass sie Erleichterungen bieten werde, um dies zu erreichen.

Eine dritte Form der Vereinbarung ist, wenn die Gesellschaften übereinkommen, gemeinschaftliche Kasse zu machen, d. i. die von einem speciellen Verkehr entstehenden Gewinne in einem gewissen festgesetzten Verhältniss zu theilen, ohne Rücksicht darauf, ob der Verkehr thatsächlich über die Linie oder vermittels der Züge der einen oder der andern Gesellschaft stattgefunden habe.

Es gibt ein Beispiel dieser beiden letzten Vereinbarungsformen in den gegenwärtigen Uebereinkünften zwischen der London-North-Western- und der Lancashire-Yorkshire-Eisenbahn. Es gibt ein anderes Beispiel in der jetzt dem Parlament vorliegenden Uebereinkunft zwischen der Great-Western- und South-Western-Eisenbahngesellschaften, durch welches sie übereinkommen, für einander den Verkehr nach Plätzen zu befördern, wo sie keine konkurrirenden Linien haben und zwar ohne gemeinschaftliche Kasse, jedoch eine gemeinschaftliche Kasse zu machen für den Verkehr nach jenen Plätzen, nach welchen beide konkurrirende Linien besitzen. Im Falle der gemeinschaftlichen Kasse hat keine Gesellschaft einen Beweggrund, den Verkehr von der anderen Linie auf ihre eigene zu ziehen, ausgenommen jenes, welches aus der Beachtung der Möglichkeit eines Aufhörens der Uebereinkunft entstehen könnte. Dies ist jedoch von der Wahrscheinlichkeit soweit entfernt, dass Mr. Grierson ein Uebereinkommen dieser Art offenbar nur als einen Schritt zur Fusion betrachtet.

Ob die Theilung der Verkehrseinnahmen nach dem Princip der gemeinschaftlichen Kasse gesetzlich gestattet ist oder nicht, ist Gegenstand beträchtlicher Zweifel. Es ist klar, dass die Gerichte ein solches Uebereinkommen nicht aufheben werden aus dem Grunde, dass es als dem öffentlichen Interesse widersprechend ungesetzlich ist. Aber der Zweifel ist, ob ein solches Uebereinkommen, welches thatsächlich eine Art von Partnerschaft ist, nicht über die Macht einer Kompagnie hinausgeht, und ob es daher nicht auf Anlangen eines Aktionärs aufgehoben werden kann. Dieser Zweifel ist, wie man dem Ausschusse mitgetheilt hat, stark genug, um es für die Gesellschaften unsicher zu machen, in solche Uebereinkünfte ohne die Genehmigung des Parlamentes einzugehen, obwohl nachgewiesen ist, dass sie es zuweilen thun. Es scheint dem Ausschusse, dass diese Form von Uebereinkommen manche der Nachtheile der Fusion und des Monopols hat, während sie einige der Hauptvortheile, welche aus kompletter Einigung hervorgehen, nicht hat. Sie lässt das Monopol unberührt, wo Monopol existirt und beseitigt die Konknrrenz, wo Konkurrenz existirt. Aber sie hält zwei verschiedene Direktionsämter aufrecht oder macht möglicher Weise ein drittes gemischtes Amt nöthig und sie bietet nicht die Sicherheit für eine grosse Kapitalsauslage (z. B. für einen gemeinschaftlichen Bahnhof) welche durch die Fusion geboten wird.

Die vierte und vollständigste Form der Vereinbarung ist die Fusion. Sie unterscheidet sich von der letzterwähnten Form hauptsächlich dadurch, dass sie permanent ist, so das es kein aus einer in Aussicht stehenden Unabhängigkeit entstehendes Motiv gibt, um die Direktoren zu veranlassen eine Linie im System mehr als eine andere zu begünstigen. Und so, um die Worte eines Liverpooler Experten zu gebrauchen, ist nicht nur alle wirkliche, sondern auch alle möglicherweise eintretende (potential) Konkurrenz zwischen ihnen gänzlich zu Ende.

Es giebt eine andere Art von Uebereinkommen, welche hier erwähnt werden kann, nämlich die Pachtung, wobei der ganze Betrieb der Linie in den Händen der die Pachtung nehmenden Gesellschaft ist, während die das Eigenthum habende Gesellschaft nur die Rente bezieht. Diese Form von Uebereinkommen mag den Vortheil haben, dass sie den Betrieb von kleineren und schwächeren Linien in die Hände von grösseren und kräftigeren Gesellschaften gibt, welche in der Lage sind, sie mit grösserem Vortheil für sich und das Publikum zu befahren, aber sie ist mit dem Nachtheil behaftet, dass, wenn, wie es gewöhnlich der Fall ist, die letzteren Gesellschaften die Fusion oder den Kauf beabsichtigen, es in ihrem Interesse sein kann, den Verkehr und die Einnahmen herabzudrücken und so das Geschäft zu entwerthen, um es zu einem billigeren Preise zu erwerben. Unter solchen Umständen erscheint es dem Ausschusse mehr im öffentlichen Interesse zu liegen, dass, wenn eine Gesellschaft die ganze Geschäftsführung und den Betrieb auf den Linien einer andern Gesellschaft unternimmt, die Uebertragung durch Fusion oder Ankauf vollständig, als dass sie blos zeitweilig im Wege der Pachtung stattfinde.

Wenn die Erfahrung bewiesen hätte, dass es möglich ist, die weniger vollständigen Formen der Vereinbarung zu genehmigen und zu erhalten und die sich einigenden Gesellschaften von der Theilung des Verkehres oder der Erlangung vollständiger Fusion abzuhalten, wäre es wünschenswerth besonders zu erforschen, ob die von früheren Ausschüssen und insbesondere von Mr. Cardwells Ausschuss von 1853 anempfohlene Politik, nämlich die Politik, Betriebs-Uebereinkünfte zu fördern, aber Fusionen zu hindern nicht noch angenommen werden solle. Aber während einerseits es äusserst ungewiss ist, bis zu welcher Ausdehnung die weniger vollständigen Formen der Vereinbarung Konkurrenz zulassen, und was der Werth solcher Konkurrenz ist, kann man, nach dem Vergangenen urtheilend, kaum daran zweifeln, dass sie nicht als die letzten Formen aufrecht erhalten werden können und sicherlich, was immer für Principien von Ausschüssen oder Kommissionen aufgestellt werden mögen, mit kompletter Fusion endigen. Um so viel ist die Macht des Reichthums, des Eigeninteresses und des vereinigten Vorgehens der in ihrer eigenen Angelegenheit mit Klarheit und Entschiedenheit handelnden Gesellschaften stärker als die irgend welcher allgemeinen Principien, durch welche Ausschüsse und Kommissionen das öffentliche Interesse schützen zu können geglaubt haben. Aber es wäre nicht angemessen sei es für die Gesellschaften, sei es für die Specialausschüsse für Fusionsvorlagen anzunehmen, dass das öffentliche Interesse bei der Annahme solcher Vorlagen übersehen worden. Es ist im Allgemeinen leicht zu zeigen, dass das Publikum durch harmonische Uebereinkünfte viel gewinnt; und in der Erwägung, wie zweifelhaft die Ausdehnung der Konkurrenz oder der von ihr hervorgerufenen Erleichterungen ist, kann die Wage des Vortheils sowohl für das Publikum als für die Aktionäre oft gut nach der Seite der Fusion geneigt gedacht werden.

Der Fall der North-Eastern Bahn ist eine treffende Illustration. Diese Bahn oder dieses Bahnnetz ist aus 37 Linien zusammengesetzt, von denen früher einige mit einander konkurrirten. Vor ihrer Fusion hatten sie, um allgemein zu reden, hohe Fracht- uud Fahrpreise und niedrige Dividenden. Das Netz ist jetzt das vollständigste Monopol im vereinigten Königreich. Von Tyne zum Humbre hat es mit einer einzigen lokalen Ausnahme das ganze Land für sich und hat die niedrigsten Preise und die höchste Dividende unter allen grossen englischen Bahnen. Die Bahn hat wenig oder gar keinen Streit mit anderen Gesellschaften. Während von Lancashire und Yorkshire, wo es sogenannte konkurrirende Linien gibt, Klagen gehört wurden, ist kein Experte erschienen, um über die North-Eastern zu klagen, und die allgemeine Meinung in dem Bezirk, dem sie dient, scheint ihrer Direktion günstig zu sein.

Es ist gleichwohl zu beachten, dass es in diesem Falle eine besondere Gestaltung gibt, welche wahrscheinlich bei der Erzeugung dieser liberalen Geschäftsführung und allgemeinen Befriedigung einige Wirkung ausübt, nämlich, dass die Lokalbevölkerung und die Geschäftsleute des Bezirkes sowohl in der Direktion als in den Aktionärversammlungen stark vertreten sind.

In dem gegenwärtigen Falle der London-North-Western und Lancashire-Yorkshire Gesellschaft gewähren die grössere Konkurrenz der Züge, die grössere Ausnutzung des Rollmaterials, die gleichmässige Benutzung der Bahnhöfe, die Verbesserung der Bahnhöfe wie in Breston und Hattersfield, welche von den Gesellschaften versprochen ist, dem Publikum Vortheile, welche, ob sie nun die Nachtheile der Fusion aufzuwiegen vermögen oder nicht, gewiss an sich nicht unwichtig sind.

Es gibt eine andere Form, in welcher die möglicherweise eintretende (potential) Konkurrenz von Seiten möglicherweise entstehender Eisenbahngesellschaften zweifelsohne eine mächtige Wirkung hätte; wenn eine bestehende Eisenbahnkompagnie übermässige Preise macht oder vernünftige Erleichterungen versagt, kann dies andere Partheien zur Unternehmung einer neuen und konkurrirenden Linie aufmuntern.

Es ist sicher, dass eine solche neue Linie früher oder später in die Vereinbarung der existirenden Eisenbahnen eintritt und mit ihnen gemeinsame Sache macht; aber in der Zwischenzeit kann sie eine grosse Herabsetzung der Preise bewirken und zum Schlusse, wenn die Vereinbarung mit existirenden Bahnen vollständig geworden, wird sie zweifellòs ihr Kapital beschädigen, da sie ihnen einen Theil ihres Vermögens wegnimmt. Die existirenden Eisenbahngesellschaften wissen das, und so wirkt die Furcht vor möglicher zukünftiger Konkurrenz gewissermaassen als Dämpfer auf die Preise, obwohl die Konkurrenz selbst sicherlich nicht dauernd wäre.

Einige der Experten legen auf diese Form der Konkurrenz einen grossen Nachdruck. Dass sie in früheren Jahren fühlbar, um nicht zu sagen stark gewirkt hat, ist zweifellos, aber sie hat von Tag zu Tag weniger Kraft und Wirkung. Die Erfahrung hat gezeigt, wie unprofitabel die Erbauung von Konkurrenzlinien oft für die Aktionäre geworden ist. Jede grosse Gesellschaft reisst mehr und mehr die Herrschaft über ihren Bezirk an sich. Es wird immer weniger möglich, für eine Konkurrenzgesellsehaft die Verzweigungen von neuen und Zufuhrs-Linien zu schaffen, welche für ihren Erfolg nöthig sind, und das Parlament wird unter solchen Umständen immer weniger um die Autorisirung von Konkurrenzlinien angegangen. In der That, wenn man blos das öffentliche Interesse im Auge hat, ist es eine wichtige Erwägung, dass der Nothwendigkeit, auf das für die neue Linie beizuschaffende neu hinzukommende Kapital die Interessen zu gewinnen, zuweilen dahin führt, die Preise eher zu erhöhen als herabzusetzen.

Unter diesen Umständen erscheint es, dass es in Bezug auf Preise keine direkte Konkurrenz zwischen Eisenbahnen gebe, dass es wahrscheinlich, wenn zwei Eisenbahnen zwischen denselben Plätzen fahren, oder fahren können, eine indirekte Einwirkung auf die Preise durch die Furcht vor Konkurrenz hervorgerufen wird, und dass es eine direktere Einwirkung in Bezug auf Erleichterung gibt. Aber, welche immer die so aus der Konkurrenz abgeleiteten gegenwärtigen Vortheile sein mögen, die Erfahrung der Vergangenheit führt zur Schlussfolgerung, dass, wo immer Konkurrenz den Interesseu der Gesellschaften widerstreitend gefunden wird, sie in der langen Fahrt von der Vereinbarung verdrängt werden wird.

Vor dem Verlassen des Gegenstandes der Konkurrenz zwischen Eisenbahnen mag es wünschenswerth sein einen Vorschlag für die Erhaltung der Konkurrenz und gleichzeitig Beförderung und Beeinflussung der Fusion zu erwähnen, welche von Mr. Price und Mr. Alport, dem Obmann und dem Betriebs-Direktor der Midland Eisenbahn, und von Sir E. Watkin, Obmann der Manchester-Sheffield-Lincolnshire- und der South-Eastern-Eisenbahn gemacht worden ist. Das Princip des Vorschlages ist, dass die verschiedenen Eisenbahngesellschaften vermöge direkter Frachtsätze, Erleichterungen und Fahrberechtigungen die Mittel haben sollen, den Verkehr über die Linien anderer Gesellschaften nach und von ausserhalb ihres eigenen Netzes gelegenen Plätzen zu befördern, und sie sollen so, während sie in Beziehung auf die Angelegenheiten des Eigenthums der Linie auf ihr eigenes Netz beschränkt bleiben, als Frachtführer mit und auf anderen Linien konkurriren. Unter solchen Bedingungen kann, wie hervorgehoben wird Fusion in jeder Weise in gewissen Richtungen und innerhalb gewisser gegebener Grenzen mit Sicherheit gestattet werden, während Konkurrenz überall aufrecht erhalten bliebe.

Wenn dieser Vorschlag in seiner vollen logischen Ansdehnung ausgeführt würde, würde er jeder Eisenbahngesellschaft die ausgedehnteste Benützung der Linien, Bahnhöfe, Magazine und Angestellten jeder anderen Gesellschaft gestatten, und würde zu Gunsten der Eisenbahngesellschaften die ursprüngliche Theorie realisiren, dass die Linie jeder Gesellschaft, allen Frachtführern gegen Bezahlung von Zöllen offen stehen soll. In diesem Falle gäbe es vollständige Freiheit der Konkurrenz für jede bestehende Eisenbahngesellschaft, für jeden durchgehenden oder lokalen Verkehr und auf den Linien jeder anderen Gesellschaft, und es wäre verhältnissmässig unwesentlich, welcher Gesellschaft die Linie gehörte.

Ein solcher Plan ist jedoch in dem gegenwärtigen Zustande der Dinge offenbar undurchführbar und die Urheber des Antrages schlagen nicht vor, ihn in solcher Ausdehnung in's Werk zu setzen. Als ihr Plan erscheint, dass das

Parlament manchen besondern Fusionsplan befördern soll, z. B. die Vereinigung der jetzt das Centrum von England inne habenden Gesellschaften in zwei oder drei grosse Gruppen, von denen jede eine vollständige Linie zwischen dem Forth und Clyde im Norden und der Themse und dem Severn im Süden hätte, und dass jenseits dieser Grenze die die ausserhalb liegenden Distrikte inne habenden Eisenbahnen ermächtigt und aufgemuntert werden sollen, sich unter einander zu fusioniren. Die ersteren wären nach dieser Theorie konkurrirende Linien, während die letzteren neutrale Bezirke wären, in welchen jede der ersteren für den Durchgangsverkehr konkurriren könnte.

Um für den Zugang jeder Gesellschaft in den Bezirk jeder anderen Gesellschaft zu sorgen, hätte nach diesem Plane jede Gesellschaft das Recht direkte Sätze nach den Netzen anderer Gesellschaften aufzustellen, und das Verhältniss, in welchem der Satz zu vertheilen wäre, wäre im Falle von Schwierigkeiten von einem kompetenten Gerichtshofe festzustellen. Dieses Recht wäre allgemein und seine Vorzüge, wenn man diese als allgemeinen Plan für wechselseitigen Verkehr betrachtet, sind weiter unten eingehender behandelt.

Aber es ist ein anderer Gesichtspunkt in dem Plane, auf welchen seine Urheber grossen Nachdruck legen, nämlich, dass zum Zwecke der Vorsorge für Fälle, in welchen eine Gesellschaft den Verkehr einer anderen sperrt, oder wo in Folge von Fusion eine Gesellschaft von der Benützung einer Linie ausgeschlossen wird oder werden könnte, welche, so lange sie unabhängig war, für den Gebrauch durch eine dritte angrenzende Gesellschaft bisher offen war oder offen sein konnte, Fahrberechtigungen mit dem ausgedehntesten Gebrauche der Stationen und anderer Einrichtungen dieser letzteren Gesellschaft gegeben werden sollen, so dass sie thatsächlich auf der Linie der Eigenthumsgesellschaft so fahren kann, als ob es ihre eigene wäre. Diese Fahrberechtigungen sollen durch Vermittelung eines kompetenten Gerichts zu erzwingen sein.

Das Gericht oder Amt wäre nach Mr. Price durch die Behörde zu ernennen; aber nach Sir E. Watkin wäre es der Hauptsache nach wählbar, d. i. von den Eisenbahngesellschaften selbst zu ernennen. Es hätte die ausgedehntesten und summarischesten Rechte in Streitigkeiten zwischen Eisenbahngesellschaften.

Die wichtige Frage, welche hier zu beachten kommt, ist, ob der vorgeschlagene Plan die Konkurrenz aufrecht erhalten wird.

In erster Linie zeigt er nicht, ob er den Lokalverkehr im Konkurrenzwege behandelt. Es ist vorgeschlagen, dass Züge einer Gesellschaft, welche auf den Linien einer anderen fahren, berechtigt sein sollen, den Lokalverkehr aufzunehmen, aber dass das Verhältniss des aus einem solchen ihnen zukommenden Verkehre entstehenden Frachtsatzes nicht so sein soll, um sie zur Konkurrenz mit der Eigenthumsgesellschaft zu veranlassen. Aber der Lokalverkehr bildet einen grossen und mit dem Fortschreiten der Fusionen wachsenden Theil des Verkehrs jeder Gesellschaft. Auf der North-Eastern erreicht der Lokalverkehr 65% bei einer Gesammtsumme von etwa 5000000 Pfd. Sterling jährlich — demzufolge verspricht eben für den grösseren Theil des Verkehres des Landes der Plan nicht die Konkurrenz zu erhalten oder zu schaffen.

Zweitens würden die Urheber des Vorschlages ihn augenscheinlich auf die grossen Gesellschaften beschränken. Sie würden Durchgangssätze kleineren Gesellschaften nicht zugestehen, welche noch der Willkür der grösseren unterworfen bleiben, und nicht fähig sein würden gegen ihre mächtigen Rivalen in's Feld zu ziehen.

Drittens ist zu beachten, dass es nach einigen Experten sehr zweifelhaft ist, ob Fahrberechtigungen ohne freiwillige Vereinbarung zwischen den verschiedenen Gesellschaften durchgeführt werden können. Aber angenommen, dass sie mit Erfolg von ausserhalb auferlegt werden könnten, was wird ihr letzter Effekt sein?

Wenn feindselig ausgeübt, würden sie eine ernsthafte Inkonvenienz für den Verkehr auf einer stark befahrenen Linie bilden. Wenn sie wirklich so ausgeübt werden, um Konkurrenz zu erzeugen, würden die Eigenthumsgesellschaften in der ihrem eigenen Verkehr verursachten Behinderung und in ihrem Verluste durch die Konkurrenz einen doppelten Beweggrund haben, um sich von solchen Rechten zu befreien, und das Resultat wäre ohne Zweifel eine Vereinbarung zwischen den die Linien Besitzenden und den das Fahrrecht habenden Gesellschaften, welche aller Konkurrenz ein Ende machen würde. Der wirkliche Erfolg wäre, eine Art von vereinigtem Eigenthum oder Partnerschaft auf der Linie zu schaffen, und die Annahme, dass Konkurrenz mit Partnerschaft gemeinschaftlich fortexistiren könnte, widerspricht aller Erfahrung. Eben Sir E. Watkin ist gezwungen zuzugeben, dass dies der Fall sein kann, und er gibt eine gute Illustration von dem, was geschehen könnte, wenn er von den Cheshire-Linien, welche im gemeinschaftlichen Besitz von drei Gesellschaften waren, sagt, „dass sie zu gegenseitigem Schutze einen Frachtsatz für das Unternehmen gewählt haben mit der Rücksicht, für die Auslagen Interessen einzunehmen.“ Kurz unter einem solchen System wäre entweder keine Konkurrenz, oder die Konkurrenz würde, wie es gewöhnlich der Fall war, zur Vereinbarung führen.

Schlussfolgerungen bezüglich der Konkurrenz.

Die Antwort auf die Frage: wie weit existirt Konkurrenz und wie weit kann man sich darauf verlassen? — muss also lauten wie folgt:

Es gibt eine wahre und wirksame Konkurrenz zwischen Eisenbahnen und dem Seeverkehr besonders in der Verfrachtung an schweren Gütern, und diese Konkurrenz kann leicht fortdauern, wenn nicht das Parlament öffentliche Häfen in die Hände der Eisenbahngesellschaften giebt.

Es gibt einige Konkurrenz zwischen Eisenbahnen und Kanälen, und es ist wünschenswerth alle Anstrengungen zu machen, um das Netz der Binnenschiffahrt zu erhalten und zu entwickeln, obwohl es unwahrscheinlich ist, dass dieses Netz eine allgemeine oder kräftige Konkurrenz mit Eisenbahnen aufrecht erhalten kann.

Es gibt wenig thatsächliche Konkurrenz in Bezug auf Preise zwischen Eisenbahngesellschaften, und auf ihre Fortdauer kann man sich nicht verlassen. Es gibt gegenwärtig eine beträchtliche Konkurrenz in Bezug auf Erleichterungen, aber die Sicherheit ihrer Fortdauer ist ungewiss.

Interesse der Gesellschaften, soweit es das des Publikums betrifft.

Da man sich also auf die Konkurrenz nicht verlassen kann, um guten Dienst und billigen Preis zu sichern, entstehen die ferneren Fragen: Kann man den Eigeninteressen der Gesellschaften trauen? Ist ihr Interesse dasselbe, wie das des Publikums, und wenn nicht, was ist auf dem Wege der Regelung zu erzielen?

Zunächst muss man nicht zu rasch annehmen, dass das Eigeninteresse in diesen grossen Unternehmungen dieselbe Rolle spielt, wie in gewöhnlichen Handelsgeschäften. Es gibt da eine mächtige Bureaukratie von Verwaltungsräthen und Beamten. Die wirklichen Geschäftsleiter sind dem Einflusse der Aktionäre weit entrückt, und die letzteren sind zu einem grossen Theil ein fluktuirender und hilfloser Körper. Die Geschichte der Eisenbahnunternehmungen zeigt, wie oft ihre Interessen der Politik, den Spekulationen oder Leidenschaften der wirklichen Geschäftsleiter geopfert worden sind. Andererseits sind die Direktoren und Hauptbeamten dieser grossen Unternehmungen oft Männer von hoher Stellung, welche fühlen, dass ihre Stellung von jener blosser Geschäftsleiter von Handelsunternehmungen einigermaassen verschieden ist, und werden in einem gewissen Sinne zugänglich für die öffentliche Meinung und insbesondere für ihren Ausdruck im Parlament. So unterscheidet sich, wohl oder übel, die Geschäftsleitung von Eisenbahnen von einem gewöhnlichen Handels- oder Industriegeschäfte und nähert sich einigermaassen dem Geschäfte eines öffentlichen Amtes.

Eigeninteresse ist jedoch noch und wird auch fernerhin sein der leitende Beweggrnnd der Eisenbahngesellschaften, und es ist somit wichtig zu sehen, wie weit ihr Interesse mit dem des Publikums zusammenfällt. Es ist das Interesse der Gesellschaften, den Verkehr zu entwickeln, so lange dieser Verkehr ihnen Gewinn bringt; es ist ihr Interesse einen neuen und hoffnungsreichen Verkehr aufzumuntern, selbst wenn auch ihr unmittelbarer Gewinn klein oder Null wäre; es ist ihr Interesse, neue Routen zu pflegen, und sie gegen existirende Konkurrenz zu erhalten; neue Häfen und Landungsplätze zu entwickeln und Konkurrenz zu erzeugen zwischen entfernten Handels- oder Industriesitzen durch Neutralisirung der Entfernungen, welche die Natur zwischen diese Sitze und die verschiedenen Märkte für ihre Erzeugnisse gelegt hat. In all diesen Fällen befähigen der Reichthum und die Hilfsquellen der Gesellschaften dieselben, gegenwärtigen Verlust zum Besten künftigen Vortheiles zu ertragen, und obwohl sie bei solchem Vorgehen dem Nachtheile ausgesetzt sein können, dass sie einige Theile ihres Netzes für andere bezahlen lassen, ist ihre Handlung im Ganzen wahrscheinlich vortheilhaft, sowohl für das Publikum als für sie selbst.

Aber es gibt Grenzen für dieses Zusammenfallen der Interessen. Es ist, wie von dem Ausschusse von 1839—40 hervorgehoben, im Interesse der Gesellschaften, einen möglichst grossen Gewinn mit möglichst geringer Auslage zu machen; es ist somit mehr in ihrem Interesse, einen Pasagier oder eine Tonne Waare für 1 Schilling, als 2 Passagiere oder 2 Tonnen Waaren zu je 6 Pence zu befördern, während das Gegentheil offenbar das Interesse des Publikums ist. Ferner ist es im Interesse der Gesellschaften, konkurrirende Wasserwege auszuschliessen, und nach einigen der Expertisen sind sie bei Kanälen zuweilen so vorgegangen. Ferner ist es oder kann es das Interesse einer Gesellschäft schaft sein, die Passagiere und Waaren nicht auf der kürzesten oder passendsten Route zu befördern, sondern auf jener Route, welcher der Gesellschaft die grösste Summe von Gewinn gibt und zu diesem Zwecke die Uebernahme des Verkehrs von anderen Eisenbahnen an den nächsten oder passendsten Punkten zu verweigern, um ihn auf längeren Distancen auf ihren eigenen Linien herumzuführen, und für Passagierzüge eine solche Zeiteintheilung zu machen, dass das Reisen auf anderen Linien schwer oder undurchführbar wird; und endlich ist es im Interesse des Publikums, dass Zweiglinien gebaut werden, aber es ist nicht im Interesse einer Gesellschaft sie zu bauen, wenn sie nicht das ausgelegte Kapital gut verzinsen.

Es ist somit klar, dass sowohl mit Rücksicht auf die Höhe der Preise als auch auf die gebotene Bequemlichkeit das Interesse der Gesellschaften dem Publikum keine so vollständige oder genügende Bürgschaft gibt, wie sie von der Konkurrenz gegeben wird, wo Konkurrenz existirt. Lässt man daher die Frage der Aufrechterhaltung bestehender Konkurrenz, welche oben behandelt worden ist, bei Seite, wird es nöthig zu beobachten, was im Wege der Regelung gethan werden kann.

Es ist passend, sich gegenwärtig zu halten, dass die Fragen, welche so zwischen den Eisenbahngesellschaften und dem Publikum entstehen können, wie folgt unterschieden werden können, u. zw.

1) Angenommen, dass die Gewinne der Gesellschaften so zu wachsen fortfahren, wie sie es neuestens gethan, sollen alle diese Gewinne den Gesellschaften gehören, und wenn nicht, in welchem Verhältniss, in welcher Weise und durch welchen Vorgang sollen die erwachsenen Gewinne zwischen den Aktionären und dem Publikum getheilt werden?

2) Ist die jetzt von den Gesellschaften ausgeübte Willkühr auf verschiedenen Theilen ihrer Netze verschiedene Fracht- und Fahrpreise aufzustellen, von öffentlichem Vortheil, und wenn nicht, wie kann sie eingeschränkt werden?

3) In welcher Weise können die Eisenhahnnetze der verschiedenen Gesellschaften als ein Ganzes genommen so in Uebereinstimmung gebracht und ausgedehnt werden, um ihre verschiedenen Leistungsfähigkeiten zur möglichsten Entwickelung zu bringen, und um dem Publikum die volle Ausnützung der Linien und freie Wahl zwischen ihnen zu sichern?

Man wird finden, dass die verschiedenen Vorschläge, welche wir zu betrachten vorhaben, alle sich auf eine oder mehrere dieser drei Fragen beziehen.

Staatskauf.

Eine andere und noch grössere Frage wurde aufgeworfen, welche an diesem Orte erwähnt werden muss, nämlich ob das Fortschreiten der Vereinbarungen zwischen Eisenbahnen nicht in einiger Zeit zur Schaffung so weniger, so grosser und so mächtiger Korporationen führen kann, um es aus politischen, wenn nicht kommerciellen Gründen zweckmässig erscheinen zu lassen, dass in den gegenwärtigen Beziehungen zwischen den Eisenbahnen und dem Staate eine gründliche Aenderung Platz greifen solle. Der so in's Auge gefasste Zustand der Dinge kann möglicherweise eintreten, und soweit die dem Ausschusse vorgelegten Expertisen diesen Gegenstand berührt haben, ist das einzige hierfür vorgeschlagene Mittel die Erwerbung der Eisenbahnen durch den Staat. Es scheint uns jedoch nicht, dass gegenwärtig eine Nothwendigkeit existirt, auf die vollständige und ausgedehnte Forschung einzugehen, welche eine so grosse und schwere Frage verlangen würde, und wir gehen daher daran das Eisenbahnsystem, so wie es gegenwärtig existirt, zu betrachten, mit der Rücksicht festzustellen, welche Verbesserungen in der Eisenbahngesetzgebung in Berücksichtigung der guten Rechte der Gesellschaft gemacht werden können, welche das Publikum gegen gewisse in das gegenwärtige System fallende Uebel schützen würden.

Durch Fusion gewährte Vortheile.

Vor Prüfung der Frage, welche Beschränkungen, wenn überhanpt, den Eisenbahngesellschaften auferlegt werden können, mag es gut sein zu untersuchen, welche besondere Gelegenheit die Fusion für die Auferlegung solcher Beschränkungen darbietet. Erzeugt Fusion, oder ist zu erwarten, dass sie erzeugt, irgend welche besondere Uebel, gegen welche es wünschenswerth wäre besondere Schutzmaasregeln vorzusehen? Oder vorausgesetzt, dass dies nicht der Fall sei und angenommen, dass die gegenwärtig den Eisenbahngesellschaften auferlegten Bedingungen für den Schutz der öffentlichen Interessen ungenügend sind; bietet die Fusion eine geeignete Gelegenheit ihnen genügende Beschränkungen aufzuerlegen?

Die Antwort auf die erste dieser Fragen muss zweifelhaft sein. Wenige Fälle wurden vorgebracht, in welchen bereits durchgeführte Fusionen zu erhöhten Preisen oder verminderten Erleichterungen geführt hätten, während es andererseits ersichtlich ist, dass die vollständigste Fusion, welche bisher Platz gegriffen, nämlich die der North-Eastern eine Erniedrigung der Fahr- und Frachtpreise und Vermehrung der Erleichterungen ebensowohl wie eine erhöhte Dividende im Gefolge gehabt hat. Auch kann es nicht bezweifelt werden, dass manche von den beklagten Uebelständen besonders in entfernter liegenden Bezirken, so der Mangel an System und Leistungsfähigkeit auf den Wales'schen Eisenbahnen und der Mangel an Entwickelung des Verkehrs auf einigen der irischen Bahnen, ihre beste Abhülfe in der Fnsion finden würden. Was der Fall wäre, wenn Fusionen von grösserer Ausdehnung, als die jetzt vorgeschlagenen Platz zu greifen gestattet würde, und wenn das vereinigte Königreich in Bezirken zwischen 2 oder 3 Gesellschaften getheilt werden sollte, ist schwer vorauszusagen.

Dass die in dieser Session vorgeschlagenen Fusionen die Gesellschaften befähigen würden, harmonische und passende Uebereinkünfte zu treffen, scheint evident.

Andererseits würde ohne Zweifel die Fusion jene Beweggründe für die Gewährung von Erleichterungen vermindern oder beseitigen, welche aus der wirklichen oder zu befürchtenden (potential) Konkurrenz, die jetzt existirt, entstehen, und sie kann die Gesellschaften im Widerstande gegen neue Konkurrenz kräftigen.

Die Antwort auf die zweite Frage ist viel leichter. Es ist zugestanden, dass die Fusion eine Quelle erhöhter Ersparungen und Gewinne für die Aktionäre darbieten muss, und dass zum Zweck ihrer Durchführung neue Ermächtigungen von Parlamente verlangt werden müssen. Es ist sonach klar, dass das Parlament bei Ertheilung solcher Ermächtigungen ein volles Recht hat auf neuen Bedingungen zu Gunsten des Publikums zu bestehen, ob nun solche Bedingungen speciell auf die von der Fusion befürchteten Gefahren Bezug haben oder auf Fehler in den bestehenden Arrangements zwischen den Gesellschaften und dem Publikum.

Es ist wichtig diesen Punkt klar zu machen, weil viele von den gegen die vorgeschlagenen Fusionen abgegebenen Expertisen mehr gegen behauptete allgemeine Mängel in dem bestehenden Eisenbahnsystem gerichtet sind, als gegen irgend welche neue aus der Ausdehnung des Monopols entstehen sollende Uebel; und bei Beurtheilung der Bedingungen, deren Auferlegung für die Eisenbahngesellschaften vorgeschlagen worden ist, ist es schwer, wenn nicht unmöglich, zu unterscheiden zwischen Bedingungen, welche auf Fusionen, und solchen, welche auf das Eisenbahnsystem im Allgemeinen Bezug haben. In den folgenden Bemerkungen sind somit die verschiedenen Beschränkungen, welche das Parlament den jetzt die Fusion ansuchenden Gesellschaften aufzuerlegen gebeten wird, als Beschränkungen betrachtet, welche man zum grössten Theil als den Eisenbahnen durch allgemeine Gesetzgebung aufzuerlegen für wünschenswerth erachtet und zwar mit dem Gedanken, dass Gesuche um Fusionen, wenn sie auch solche Beschränkungen nicht speciell nöthig machen, eine schöne Gelegenheit bieten, die ansuchenden Gesellschaften zu ihrer Annahme zu nöthigen.

Vorgeschlagene Regelungen:

Die Vorschläge, welche gemacht worden sind, können unterschieden werden wie folgt:

1. gleichmässige Meilensätze.
2. die Sätze zu fixiren in Uebereinstimmung mit den Transportkosten unter Hinzufügung eines gewissen Gewinnes für das Kapital.
3. Bestimmung von Nebengebühren.
4. Unmittelbare Herabsetzung der Fahr- und Frachtpreise.
5. Weiterhin periodische Revisionen der Fracht- und Fahrpreise.
6. Absolute Begrenzung der Dividende.
7. Herabsetzung der Frachtsätze, nachdem die Dividende einen gewissen Procentsatz erreicht hat, um den Gewinnüberschuss zwischen der Gesellschaft und dem Publikum zu theilen.
8. Klassificirung der Sätze.
9. Veröffentlichung der Sätze.
10. Kodifikation der einzelnen Gesetze. (Consolidation of acts.)
11. Arbeiterzüge.
12. Bildung von Bezirken.
13. Erbauung von Zweiglinien.
14. Verbandsverkehr; direkte Sätze und Fahrberechtigungen.
15. Revision der Fahrpreise für Truppentransporte.
16. Erweiterte Erleichterungen für den Postdienst.
17. Ein Eisenbahngericht.

Es ist kaum möglich diese verschiedenen Vorschläge getrennt zu behandeln. Manche von ihnen hängen von einander ab, und wenn einer fällt, fallen andere auch. Man wird ersehen, dass das Bestreben, irgend einen möglichst abstrakten oder allgemeinen Maassstab für Preise zu finden, nach welchem alle Fracht- und Fahrpreise geprüft werden sollen, manchen von ihnen zu Grunde liegt. Jene von ihnen, welche diesen Punkt betreffen, sind somit in der obigen Liste zuerst gesetzt. Wenn bei Behandlung dieser gezeigt werden könnte, dass es für die Gesetzgebung nöthig wäre, irgend einen solchen allgemeinen Maassstab anzunehmen, wäre das Bestreben, die Eisenbahnen in Bezug auf ihre Preise zu beherrschen, viel weniger schwer, als es sein wird, wenn kein solcher Maassstab angenommen werden kann.

I. Gleiche Meilensätze.

Die Form, welche der Vorschlag für einen bestimmten Maassstab der Preise gewöhnlich angenommen hat, ist „gleicher Meilensatz", d. i. ein Preis für jede Klasse von Waaren und Passagieren im Verhältniss zur Entfernung, auf welche sie befördert werden. Dieser Punkt, von der königlichen Kommission stark betont, ist in ihrem Bericht so eingehend behandelt, dass es kaum nöthig scheint ihn weiter zu behandeln; aber er erscheint wieder in den Aussagen Mancher der Experten vor diesem Ausschusse und es mag daher wünschenswerth erscheinen kurz zu sagen, warum er undurchführbar ist.

a. Er würde die Eisenbahngesellschaften verhindern, ihre Fahr- und Frachtpreise herunterzusetzen, um mit dem Verkehr zur See, auf Kanälen oder auf einer kürzeren oder anderswie billigeren Eisenbahn zu konkurriren, und würde so das Publikum der Wohlthat der Konkurrenz und die Gesellschaft einer gesetzmässigen Einnahmsquelle berauben.

b. Er würde Eisenbahngesellschaften verhindern, vollkommen passende Uebereinkünfte abzuschliessen für die Beförderung von in grossen und konstanten Quantitäten beigebrachten Waaren zu einem billigeren als dem gewöhnlichen Frachtsatze und für die Beförderung auf weite Entfernungen zu einem billigeren Satz, als auf kurze.

c. Er würde eine Gesellschaft zwingen, zu demselben Frachtsatze über eine Linie, welche sehr theuer im Bau gewesen, oder welche wegen Steigungen oder anderswie sehr theuer im Betriebe ist, zu befördern, zu welchem Frachtsatze sie über billigere Linien befördert.

In Kürze: den Gesellschaften gleiche Meilensätze auferlegen hiesse: das Publikum der Wohlthat eines grossen Theiles der Konkurrenz, welche bis jetzt existirt oder existirt hat, berauben, die Preise für das Publikum in manchen Fällen hinauftreiben, wo die Gesellschaften es jetzt in ihrem Interesse finden, sie zu erniedrigen, und Monopolien in Transport, Handel und Industrie zu Gunsten jener Routen und Plätze, welche die nächsten oder wenigst kostspieligen sind, verewigen, wo die veränderlichen Preise der Gesellschaften jetzt Konkurrenz schaffen. Und wenn man in die Vertheidiger der gleichen Meilensätze drängt, wird man finden, dass sie oft wirklich nicht so sehr meinen, die Frachten, die sie selbst bezahlen, seien zu hoch, sondern die Frachten, welche Andere bezahlen, seien zu niedrig.

Gedrängt durch diese Schwierigkeiten haben die Vertheidiger der gleichen Meilensätze zugegeben, dass es da zahlreiche Ausnahmen geben muss, z. B. wo es Seekonkurrenz gibt (d. i. wie oben konstatirt an ungefähr $^3/_4$ der Eisenbahnstationen des vereinigten Königreiches), wo billige Frachtsätze für weite Entfernungen Gewinn bringen, oder, wo der zu billigen Sätzen verführte Artikel nothwendig ist, wie Kohlen. Es ist kaum nothwendig zu bemerken, dass Ausnahmen wie diese, indem sie ungeeignet sind alle verschiedenen Fälle zu vereinigen, den Werth der gleichen Meilensätze als eines Princips oder die Möglichkeit, sie als allgemeine Regel anzuwenden, zerstören.

2. Feststellung der Frachtsätze mit Beziehung auf Kosten und Kapitalgewinn.

Sehend, dass dieses Princip unanwendbar ist, hat ein Experte einen einigermaassen verschiedenen Maassstab vorgeschlagen, nämlich dass die Kosten der Verfrachtung festgestellt werden sollen, dass diesen zugefügt werden solle, was immer nöthig sein möge, um den Gesellschaften eine angemessene Rente für ihr Kapital und ihre Arbeit zu schaffen, und dass die so erhaltene Summe den Tarif-Maassstab bilden solle, nach welchem zuerst der gegenwärtige Frachtentarif bestimmt und später von Zeit zu Zeit revidirt werden solle. Angenommen, dass die Daten für diesen Maassstab, nämlich Kosten und Gewinn, bestimmbar wären, bliebe noch die Frage, ob irgend eine so hervorgebrachte bestimmte Begrenzung der Preise nicht Manches jetzt von den Gesellschaften gemachte nützliche Arrangement hintanhalten würde. Und der fragliche Experte gibt zu, dass die von ihm vertretene Maassregel nur von einer mit beträchtlicher Macht ausgerüsteten öffentlichen Autorität angewendet werden könnte, dass die Frage in jedem Falle zu ungebührlicher Partheilichkeit führen müsste, und dass er nicht eine Gesellschaft hindern wollte, für eine Zeit lang zum Zwecke der Heranziehung eines vielversprechenden Verkehres zu niedrigen Sätzen zu verfrachten, wenn es angemessen für ihren Gewinn ist und einen momentanen Verlust verursacht.

Aber die so angenommenen Daten sind sehr schwer, wenn nicht unmöglich, festzustellen. Die ursprünglichen Kosten der betreffenden Linie, die Verfrachtungskosten der betreffenden Waaren auf jenem Theil der Linie im Vergleiche mit den Verfrachtungskosten von anderen Waaren auf derselben Linie und derselben und anderer Waaren auf anderen Theilen der Linie und das Verhältniss von alledem zu den gesammten Kosten und Auslagen der Gesellschaft sind Details, welche für die Gesellschaften selbst schwer zu geben und für einen Ausschuss oder eine Regierungsbehörde unmöglich festzustellen sind. Noch schwerer ist die Bestimmung des Gewinnes. Die Gesellschaften sind jetzt berechtigt, soviel Gewinn zu machen, als sie können, so lange sie ihre Maximalsätze nicht überschreiten, und jeder Versuch, einen vom Gewinn abhängigen Maassstab für die Preise aufzustellen involvirt die Nothwendigkeit durch Gesetz oder Behörde zu bestimmen, was die höchste Dividende sein soll. Die jedem Vorschlage dieser Art entgegenstehenden Schwierigkeiten sind weiter unten ausführlicher behandelt und als praktisch unüberwindlich hingestellt. Der Vorschlag, für Fracht- und Fahrpreise mit Beziehung auf Kosten und Gewinn einen Maassstab festzustellen, mag somit als unausführbar beseitigt werden.

3. Beschränkung von Nebengebühren.

Dies sind von den Gesellschaften aufgestellte Gebühren für Dienstleistung bei Aufnahme oder Lieferung von Waaren über und ausser den Kosten für wirkliche Verführung auf der Linie. Ihr Charakter und ihre Verschiedenheiten sind so ausführlich beschrieben in dem Berichte der kgl. Kommission, dass es unnöthig erscheint diese Beschreibung hier zu wiederholen. Sie umfassen Gebühren für alle verschiedenen von den Eisenbahngesellschaften als Frachtführern über und ausser der wirklichen Verführung auf der Linie geleistete Dienste,

z. B. Benützung der Bahnhöfe, Träger, Magazine, Karten etc. Jede Beschränkung der Frachtsätze wäre unvollkommen ohne eine Beschränkung dieser Gebühren; folgerichtig verlangen jene Experten, welche eine Beschränkung der Frachtsätze nach Meilen oder einem anderen fixen Maassstab verlangen, nothwendigerweise auch eine autoritative Beschränkung der Zuschlagsgebühren.

Gegenwärtig gibt es keine präcise Beschränkung dieser Gebühren, da die einzige durch das Gesetz fixirte Grenze die ist, dass sie „vernünftig" (reasonable) sein sollen. In der That wird von Seiten der Gesellschaften angegeben, dass in vielen Fällen „Nebengebühren" eine blos die Gesellschaften unter sich angehende Sachen seien, sobald der ganze dem Publikum auferlegte Frachtsatz unter dem statutarischen Meilensatz ist. In Fällen, wo der wirklich auferlegte Frachtsatz über das statutarische Maximum hinausgeht, und nur in diesen Fällen wird die Nebengebühr (sagen die Gesellschaften) eine eigene und abgesonderte Gebühr.

Die die Nebengebühren betreffende Frage löst sich somit in den meisten Fällen selbst innerhalb der Frage der Meilensätze; aber wo sie eine abgesonderte Gebühr sind, scheint es klar, dass, wenn die so zu bezahlenden Dienstleistungen so nothwendig und so allgemein sind, wie die wirkliche Verführung der Waaren, es aus vielen Rücksichten gerecht ist, ein legales Maximum in einem Falle wie in dem anderen aufzuerlegen. Und solch ein Maximum wäre zweifelsohne in den früheren Gesetzen bestimmt worden, wenn man vorausgesehen hätte, dass jede Gesellschaft alle Verführung auf ihrer eigenen Linie vollbringen wolle. Ob ein solches Maximum jetzt bestimmt werden solle, ist eine andere Frage. Unabhängig von der Frage des feststehenden Interesses der Gesellschaften ist zu bemerken, dass, wie weiter unten ausführlicher gezeigt wird, jene legalen Maximalsätze dem Publikum wenig wirklichen Schutz gewähren, da sie immer so hoch fixirt sind, dass es das Interesse der Gesellschaften ist oder früher oder später wird, zu billigeren Sätzen zu verfrachten. Dasselbe gilt von Nebengebühren. Die Umstände sind so verschieden und so fortwährend wechselnd, dass jedes legale Maximum, welches jetzt fixirt werden könnte, wahrscheinlich höher als die gegenwärtig bestehenden Gebühren wäre und sicherlich weit höher als jene, welche späterhin bestehen werden. In der That, Versuche, welche 1861 und 1866 gemacht wurden, um ein Maximum für Nebengebühren festzusetzen misslangen, weil das einzige Maximum, welches angenommen werden konnte, soviel höher, als die damals wirklich den Kohlenbesitzern auferlegte Gebühr war, dass die Kohlenbesiter fürchteten, es würde zu einer Erhöhung jener Gebühren führen.

Die Frage der Trennung dieser Gebühren von der Meilengebühr und der Mittheilung derselben an jeden Geschäftsmann ist eine andere und ist weiter unten ausführlicher besprochen.

4. Unmittelbare Herabsetzung der Fracht- und Fahrpreise.

Es ist vorgeschlagen, dass eine Herabsetzung der gegenwärtigen Preise bestimmt werden soll, und zwar gleichkommend dem Gewinne, den die Eisenbahnen durch die Fusionirungen machen. Wenn darunter verstanden ist, dass die gegenwärtigen Maxima herabgesetzt werden sollen, kann dies nicht bezweifelt werden, und in Fällen, wo die Gesellschaften gegenwärtig ihre Maxima einheben, wie es zeitweilig bei der London und North-Western Eisenbahn bei Passagieren I. und II. Klasse der Fall ist, wäre die Herabsetzung eine unmittelbare Wohlthat, aber eine solche Herabsetzung würde nicht jene Sätze berühren, über die man sich am Meisten beklagt; nämlich die Specialsätze für Waaren, ausgenommen in den wenigen Fällen, wo jetzt die Maxima eingehoben werden. Andererseits wäre es keine leichte Sache, eine allgemeine Herabsetzung der Specialsätze durchzuführen, welche, wie Mr. Cawkwell sagt, nach Millionen zählen.

Aber der principielle Einwurf gegen eine unmittelbare Herabsetzung als Abhülfe ist, dass sie nur vorübergehend ist. Eine Gebühr, welche heute der Gesellschaft angemessenen Gewinn giebt, kann in Folge erhöhter Sparsamkeit oder anderer Ursachen morgen übertrieben sein. Die gegenwärtigen legalen Maxima werden im Güterverkehr selten eingehoben, wie es aus der Existenz der Specialsätze hervorgeht, über welche soviel gesprochen worden ist; und im Passagierverkehr zeigt das gegenwärtige Vorgehen der Gesellschaften, welche die Passagiere III. Cl. mit allen Zügen zu Parlamentspreisen befördern, wie unmöglich es für das Parlament oder eine andere Behörde sei, eine Scala von Maximalpreisen zu bestimmen, welche fortwährend unter Veränderung von Zeit und Umständen für das Publikum angemessen und liberal sein sollen.

Gleichzeitig sollte bei jeder durch Fusionsvorlagen gegebenen Gelegenheit alle Erleichterung gewährt werden für Anhörung und Beseitigung specieller Klagen, welche mit Rücksicht auf existirende Fahr- und Frachtpreise erhoben werden können. Und zu diesem Zwecke soll Sorge getragen werden, dass Kaufleute oder andere interessirte Personen nicht durch irgend welche Regeln der Zulässigkeitserklärung (locus standi) verhindert werden sollen, vor den Ausschüssen für die Vorlagen zu erscheinen und ihre Angelegenheit zu betreiben.

5. Periodische Revision der Fracht- und Fahrpreise.

Obige Schwierigkeit wurde von manchen Experten gefühlt, und sie haben demgemäss vorgeschlagen, dass es eine periodische Revision der Fracht- und Fahrpreise geben solle; hier hingegen treffen wir in erster Linie dieselbe Schwierigkeit, wie früher. Die Gesellschaften werden, wenn die Erfahrung als Führer dienen kann, im eigenen Interesse immer weniger einheben als ihre legalen Maxima. Soll diese Revision auf ihre legalen Maxima einwirken oder auf ihre jeweiligen Sätze, da sie sie freiwillig reduciren? Wenn das erstere, werden die Resultate gering sein, wenn das letztere, wird es schwer durchzuführen sein und kann schwer auf die Gesellschaften drücken, wenn dadurch eine vorübergehende oder versuchsweise Reduktion festgestellt wird. In der That, die Vorschläge für Revision der Sätze setzen, wenn sie wirksam sein sollen, thatsächlich eine solche Beschränkung der Sätze mit Bezug auf einen festen Maassstab, wie wir ihn früher betrachtet haben, voraus. Giebt es nicht Specialsätze, so ist es ein verhältnissmässig einfaches Ding, eine allgemeine Herabsetzung zu machen, giebt es Specialsätze, wird dies eine sehr schwere Aufgabe.

Aber eine noch ernstere Frage in Bezug auf periodische Revision ist die Frage, nach welchem Princip soll sie durchgeführt werden, und von wem? Wenn dann willkührlich vorgegangen, wenn keine Regel zur Leitung der Revidirenden aufgestellt werden soll, wird das Recht der Revision zu einem Rechte, das Eigenthum der Gesellschaften zu confisciren, erwachsen. Es ist nicht wahrscheinlich, dass das Parlament eine solche Macht auszuüben anstreben, und noch weniger, dass es eine solche Macht einer untergeordneten Behörde übertragen wollte. Demgemäss haben die Experten vorgeschlagen, dass die Revision unter Bedingungen Platz greifen solle, welche den Gesellschaften einen Gewinn von vernünftiger Höhe vorbehalten würde, und es geht aus den Expertisen hervor, dass einer auf dieses Princip gegründeten Revision wenigstens einige der Haupt-Eisenbahn-Gesellschaften sich nicht widersetzen würden. Dies führt zur Betrachtung der weiteren wichtigen Frage, ob es möglich oder wünschenswerth ist gesetzlich ein Maximum des Gewinnes oder der Dividende zu fixiren. Ist es nicht möglich oder wünschenswerth, dies zu thun, kann jede periodische unsystematische Revision der Gebühren durch irgend eine dem Parlament untergeordnete Behörde als undurchführbar erklärt werden.

6. Absolute Begrenzung der Dividende.

Die Frage der Begrenzung der Dividende hat kaum die Aufmerksamkeit erhalten, die sie verdient. Wenn in einem gewöhnlichen Handels- oder Industriegeschäfte die Last für den Konsumenten und der Gewinn für den Producenten übermässig werden, werden sowohl der eine als auch der andere bald und nothwendig durch Konkurrenz auf ihr richtiges Niveau zurückgeführt. Seit Eisenbahnen Monopolien sind oder werden, giebt es bei ihnen keinen solchen natürlichen Regulator, und der Vorschlag, die Dividende zu begrenzen, ist ein Versuch, denselben Zweck durch künstliche Mittel zu erreichen. Er geht von der Annahme aus, dass der Gewinn über und ausser der Grenze, welche dem Aktionär gezogen ist, seinen Weg in die Taschen der Passagiere oder Versender in der Form einer Herabsetzung der Fahr- und Frachtsätze finden werde, wobei eine solche Herabsetzung, wenn nöthig, durch das Mittel der zwangsweisen Revision bewirkt werden soll.

Die erste befürchtete Schwierigkeit ist von den Experten selbst vorgebracht, welche behaupten, dass zu dem Zwecke um die Gesellschaften von der Hintanhaltung der Herabsetzung der Sätze dadurch, dass sie nicht ihren jeweiligen Gesammtgewinn als Dividende gewähren, zu verhindern, es die Pflicht der mit Revision betrauten Regierungsbehörde sein solle, darauf zu sehen, dass der jeweilige Gewinn, wie immer er angewendet werden möge, die gegebene Summe nicht übersteige; in andern Worten, die Regierungsbehörde soll bestimmen, mit welchen Ausgaben die Einnahmen belastet werden sollen, und dadurch soll sie im Interesse der Herabsetzung der Sätze die Gesellschaften verhindern, das zu thun, was kluge Direktoren zu thun suchen müssen, nämlich mit allen zweifelhaften Auslagen das Einkommen und nicht das Kapital zu belasten.

In zweiter Linie setzt der Vorschlag der Dividendenbeschränkung voraus, dass die Behörde, welcher die Revision übertragen ist, beurtheilen kann, welche Sätze die Gesellschaft befähigen würden, die gegebene Dividende für ein gegebenes Kapital zu erzielen; dies ist eine Thätigkeit, welche keine Regierungsbehörde unternehmen soll, sie bringt die Nothwendigkeit mit sich, zu bestimmen, was die eigenen Auslagen der Gesellschaften sind, und welche Ersparungen sie machen können. Das sind Gegenstände, welche die Kenntnisse, Gewandtheit und Erfahrung der Geschäftsleiter selbst erfordern, und jeder Versuch von Seite irgend einer Regierungsbehörde, dies für sie zu thun, ist unmöglich, ausser die Regierungsbeamten sollten eine Menge von Einmischungen in die inneren Angelegenheiten vornehmen, was weder wünschenswerth noch durchführbar ist.

Drittens ist die Annahme, dass das, was den Aktionären vorenthalten ist, für die Herabsetzung der Frachtsätze nutzbar sein werde, ein Irrthum. Die Gesellschaft, welche kein Interesse daran hat, mehr als die fixirte Gewinnsumme zu erzielen, wird jede Veranlassung haben, den Ueberschuss in unnöthigen Ausgaben zu verbrauchen. Jeder Beweggrund für Ersparnisse ist dahin, und nichts bleibt übrig, um Extravaganzen und Missbräuche hintanzuhalten, als die öffentliche Meinung und der Charakter der Direktoren. Das allgemeine Resultat eines solchen Standes der Dinge wäre weit schlimmer, als irgend welche Uebel, welche aus der den Gesellschaften gegebenen Erlaubniss unbegrenzten Gewinn zu erzielen, entstehen könnten. Unter einem solchen System würden speciell Sätze und Uebereinkünfte, welche jetzt so sehr beklagt werden, und welche nur aus dem Grunde zu rechtfertigen sind, dass die Gesellschaften sie nicht machen würden, wenn sie nicht Gewinn bringend wären, und dass sie nicht Gewinn bringend sein können, ohne einem wirklichen und legitimen öffentlichen Bedürfniss zu genügen, nicht gestattet werden können.

Aber die Begrenzung der Dividende führt nicht nur zu übertriebenen laufenden Ausgaben, sondern zur Verschwendung von Kapital. Sichere leichte 10 % sind eine treffliche Kapitalsanlage, und der Aktionär, dem mehr als 10 % auf seine 100 Pfund versagt sind, wird erfreut sein, eine Gelegenheit zu finden, andere 100 Pfund in derselben Weise anzulegen. Daher die Uebel, welche in Amerika als „stokwatering“ sowohl bekannt sind, und welche aller Wahrscheinlichkeit nach besser bekannt wären, als sie es gegenwärtig sind, wenn die von dem Gesetze von 1844 in Betracht genommene Begrenzung der Dividende absolut gewesen wäre, und wenn die Eisenbahngesellschaften jene grossen Dividenden erzielt hätten, welche einmal gehofft wurden, und welche noch möglich sind.

Um dieses Uebel zu beseitigen, ist eine weitere Einmischung nothwendig, um das Kapital zu begrenzen, und die Gesetze, welche Gas- und Wassergesellschaften regeln, und welche von dem Principe die Dividende zu begrenzen ausgehen, verbieten demgemäss die Vergrösserung des Kapitals ohne specielle Genehmigung. Eine gleiche Anordnung war in der Eisenbahngesetzvorlage von 1844 enthalten, wie sie ursprünglich angebracht worden, aber es ist für einen parlamentarischen Ausschuss oder eine Regierungsbehörde unmöglich, festzustellen, welcher Kapitalsumme eine Gesellschaft bedarf, und was ihre laufenden Ausgaben sein sollen.

Das Resultat der Begrenzung der Dividenden der Gesellschaften wäre somit, diese, Monopolisten, wie sie sind oder sein werden, der gewöhnlichen Motive für Thätigkeit und Sparsamkeit zu berauben und der Regierung oder dem Parlament eine undurchführbare Aufgabe aufzuerlegen, deren Resultat sein muss, entweder das Publikum durch Ertheilung einer formellen und unbegründeten Genehmigung für die Tarife der Gesellschaften zu betrügen, oder diesen die Führung ihrer eigenen Geschäfte aus der Hand zu nehmen.

Es muss hier hervorgehoben werden, dass hie und da der falsche Eindruck vorzuherrschen scheint, dass das Parlament die Eisenbahndividenden bereits auf 10 % festgesetzt habe. Das einzige allgemeine Gesetz, welches diesen Gegenstand berührt, ist das Gesetz von 1844, und dieses Gesetz ist, wie oben gezeigt, unwirksam. Aber es ist nicht unwahrscheinlich, dass Eisenbahngesellschaften in Berücksichtigung des Odiums, welches ein sehr reiches und Gewinn bringendes Monopol sicherlich verursacht, wenn sie zu prosperiren fortfahren, so handeln werden, als wenn ihre Dividenden limitirt wären, und die Mittel finden werden, einen grossen Ueberschuss anders zu verwenden, als durch bedeutende Vergrösserung der Dividenden.

7. Theilung des eine gewisse Grenze überschreitenden Gewinnes zwischen der Gesellschaft und dem Publikum.

Gedrängt durch diese Schwierigkeiten haben einige Experten eine Modifikation der Dividendenbegrenzung vorgeschlagen, nämlich, dass nach Festsetzung einer Grenze (etwa 10 %) aller Gewinnüberschuss zwischen der Gesellschaft und dem Publikum getheilt werden soll, indem ein Theil des Ueberschusses der Dividende beigefügt und der Rest zur Herabsetzung der Preise angewendet werden solle. Dies war das in dem ersten Manchester-Liverpool-Eisenbahngesetze angenommene Princip, aber es kam niemals in Ausführung. Es ist ein Plan, welcher bis zu einer gewissen Ausdehnung eine der Hauptschwierigkeiten der Dividendenbeschränkung vermeiden würde, denn, was immer ihr Gewinn wäre, würden die Gesellschaften in der Ausdehnung des ihnen reservirten Theiles des Ueberschuss-Einkommens ein Interesse an Ersparung und guter Geschäftsführung haben, während dem Publikum sein Antheil an dem erhöhten Gewinne gesichert bliebe. Aber es gibt andere Schwierigkeiten, welche der Plan nicht beseitigen würde.

Zuerst würde er die Schwierigkeit nicht beseitigen, welche aus der Frage entsteht: was ist, oder soll sein, die als Dividende statthafte Summe? Auch würde er nicht die Schwierigkeiten beseitigen, welche aus den Fragen entstehen: in welchen speciellen Fahr- oder Frachtpreisen soll die Herabsetzung stattfinden und in welcher Ausdehnung? Die Eisenbahngesellschaften selbst könnten wahrscheinlich solche Herabsetzungen vornehmen, aber ohne eine kontrolirende Behörde wäre keine Sicherheit gegeben, dass sie entweder die Herabsetzung der Sätze in der entsprechenden Ausdehnung, oder dass sie sie in der Weise vornehmen, welche für das Publikum am Vortheilhaftesten wäre. Demzufolge wünschen Alle, welche diesen Plan vorschlagen, dass einer Regierungsbehörde die strenge und wirksame Ermächtigung gegeben werden solle, die Preise nach diesem Principe zu revidiren. Nun giebt es beträchtliche Schwierigkeiten bei der Untersuchung, wie eine Behörde unter den bestehenden Verhältnissen diese Ermächtigung ausüben könnte. Wie wir oben gesehen haben, könnte es keine Regierungsbehörde unternehmen zu sagen, was die Auslagen einer Eisenbahngesellschaft sein sollen, und was folgerichtig die eigentlich als Gewinn zu vertheilende Summe ist. Auch könnte eine Regierungsbehörde nicht wohl die schwierige und gehässige Aufgabe auf sich nehmen, einen speciellen Verkehr oder specielle Frachtsätze für die Herabsetzung auszuwählen. Wenn eine Eisenbahn ein gleichartiges Geschäft wäre, welches einen gegebenen Artikel zu einem festgesetzten Preise all seinen Kunden liefert, wäre es nicht schwer anzuordnen, dass, wenn ihre Dividende 10 % übersteigt, der Preis des Artikels für jedes zur Dividende hinzukommende Percent um so und so viel herabgesetzt werden soll. Aber wenn eine Eisenbahngesellschaft ein Geschäft ist, wie die London- und North-Western-Gesellschaft, welche 1500 Meilen Eisenbahnen in verschiedenen Theilen des Landes hat, alle Sorten von Waaren auf den verschiedenen Linien verführt, und „Millionen“ von Specialsätzen für Specialverkehre einhebt, wäre es eine die Fähigkeit jeder Behörde übersteigende Aufgabe, zu entscheiden, und zwar gegen die Gesellschaft und gegenüber unzähligen Forderern, welche die Höhe oder Art irgend einer besonderen Herabsetzung sein, und wem und in welcher Weise sie gewährt werden solle. In der That wird man finden, dass die Experten, welche die auf diese Form der Dividendenbegrenzung begründeten Frachtsätze befürworten, die Existenz eines „natürlichen Frachtsatzes“ und die Aufstellung desselben als Maasstabes, an welchem die Revidirenden geleitet werden sollen, annehmen. Die Schwierigkeit der Sicherstellung und Bestimmung eines solchen natürlichen Frachtsatzes ist weiter oben auseinander gesetzt worden.

Das Princip der Theilung von Gewinnüberschüssen zwischen den Gesellschaften und dem Publikum ist in Frankreich angenommen worden, aber unter Bedingungen, welche die oben erwähnten Schwierigkeiten illustriren. Die Schwierigkeit, die als Dividende statthafte Summe zu bestimmen, ist beseitigt durch eine Inspektion und Untersuchung der Rechnungen der Gesellschaft, welche hier kaum durchführbar wäre, und die der Auswahl der Sätze für die Herabsetzung, obwohl unvergleichlich geringer als sie in diesem Lande wäre, ist dadurch vermieden, dass die Herabsetzung überhaupt aufgegeben ist und die Hälfte des Gewinnüberschusses an das Aerar gezahlt wird.

8. Neue Klassifikation der Frachtsätze.

Eine andere vorgeschlagene Reform besteht in einer neuen Klassifikation der Frachtsätze und es ist beantragt worden, dass die von den Gesellschaften selbst in ihrem Clearinghouse angenommene Klassifikation an die Stelle der in den Specialgesetzen der Gesellschaften enthaltenen gesetzt werden solle. Es wird zugegeben, dass die in diesen Gesetzen enthaltenen Klassifikationen ausserordentlich mangelhaft, und dass manche Artikel in ihnen gar nicht aufgenommen sind, und dass die Clearinghouse-Klassifikation vollständiger ist Der Zweck der letzteren ist es, den Gesellschaften zu ermöglichen, dass sie unter sich selbst die Gesammtfracht, welche sie dem Publikum auferlegen, vertheilen; und so lange dieser Frachtsatz innerhalb des statutenmässigen Maximums ist, ist die Vertheilung desselben, wie sie behaupten, ein Gegenstand, welcher die Gesellschaften selbst und nicht das Publikum angeht.

Die gegenwärtigen Zahlungen, welche die Gesellschaften unter dieser Klassifikation erhalten, können somit nicht als Maass der Frachtsätze angenommen werden, welche dem Publikum auferlegt werden sollen, wenn nicht sowohl die statutenmässigen Frachtsätze selbst als auch die Klassifikation revidirt sind. Aber die Klassifikation ist für das Publikum wichtig, erstens weil sie zeigt dass die Eisenbahndirektoren, wenn es in ihrem Interesse ist, es zu thun, für alle Eisenbahnen eine nicht nur gleichförmige Klassifikation machen können, sondern auch eine viel vollständigere und befriedigendere, als die verschiedenen Klassifikationen in ihren verschiedenen Gesetzen sind, und weil, wenn eine solche Klassifikation allgemein angenommen wäre, dies ein grosser Schritt vorwärts wäre zur Veröffentlichung und allgemeinen Kenntniss der bestehenden Frachtsätze;

und zweitens, weil die gegenwärtige unbestimmte und unvollkommene Klassifikation es in der Macht der Gesellschaften lässt, die mancherlei unaufgezählten Waaren willkürlich in eine oder die andere Klasse zu setzen oder von Klasse zu Klasse zu übertragen.

Es scheint somit wünschenswerth, dass die Gesellschaften gesetzlich verhalten werden sollten, zwischen sich und dem Publikum die Clearinghouse-Klassifikation anzunehmen und ihr ihre statutenmässigen Frachtsätze anzupassen. Aber es erhellt ferner, dass die Clearinghouse-Klassifikation von Zeit zu Zeit verändert wird, um den wechselnden Bedürfnissen und Verhältnissen des Verkehrs entgegenzukommen, und es scheint somit wünschenswerth, dass es eine Berechtigung geben solle, übereinstimmende Veränderungen in der für das Publikum angenommenen Klassifikation vorzunehmen. Die Ausübung dieser Berechtigung soll der Genehmigung durch die weiter unten erwähnte Kommission unterworfen werden.

9. Veröffentlichung der Frachtsätze.

Die nächste vorgeschlagene Verbesserung ist die Veröffentlichung der Frachtsätze einschliesslich der Mittheilung der Veränderungen, und Veröffentlichung von Entfernungsverzeichnissen.

Grosses Gewicht wurde auf diesen Vorschlag von manchen Experten sowohl vor der königlichen Kommission als vor dem gegenwärtigen Ausschusse gelegt, und der Ausschuss hat Aufklärung erhalten über das in anderen Ländern adoptirte System.

Die Königliche Kommission empfiehlt, dass die Gesellschaften verhalten werden sollen, an jeder Station auf Verlangen ein richtiges Verzeichniss der genannten von dieser Station aus eingehobenen Fahr- und Frachtpreise auszugeben, und in Beziehung auf Specialverträge, Rabatte, Rückvergütungen und andere Abzüge oder Vortheile wahrhaftige Auskunft zu geben.

Sie macht jedoch nicht auf die Schwierigkeiten der Ausarbeitung und Veröffentlichung eines solchen Verzeichnisses aufmerksam, welche ausführlich dargelegt sind in den ihr von den Eisenbahndirektoren gegebenen Auskünften und von keinem ausführlicher und klarer, als vom Direktor der Lancashire-Yorkshire-Eisenbahn.

Passagierfahrpreise sind vergleichsweise einfach, und die Gesellschaften sind jetzt aufgefordert, an jeder Station ein Verzeichniss aller Fahrpreise von dieser Station nach allen Plätzen, nach welchen Fahrkarten ausgegeben werden, zu verabfolgen. Aber bei den Frachtsätzen für Waaren ist es ganz anders. Es giebt Unterscheidungen aller Art. Da sind die Sätze nach jeder Station auf den eigenen Linien der Gesellschaft, da sind die Sätze nach jeder Station auf den Linien jeder anderen Gesellschaft, nach welchen die Gesellschaft kartirt, und jene Frachtsätze variiren je nach den von der Gesellschaft gedachten Vereinbarungen mit jeder anderen Gesellschaft, über deren Linien die Waaren verführt werden. Da sind die 7 oder 8 Waarenklassen, für welche die Gesellschaft verschiedene Frachtsätze einhebt, da sind die gleichen Meilensätze, wo das Princip der gleichen Meilensätze angenommen ist, und die auferlegten Specialsätze in den zahlreicheren Fällen, wo See- oder andere Konkurrenz die Gesellschaft veranlasst, Specialsätze aufzustellen, und da sind die zahlreichen noch weniger auf Principien oder allgemeiner Giltigkeit fähige Regeln reducirbaren Fälle, wo die Gesellschaften in Berücksichtigung grosser und konstanter Kundschaft oder aus anderen Gründen günstige Specialverträge mit einzelnen Geschäftsleuten machen. Und zu dem Allen kommen noch die Nebengebühren, welche fast gänzlich in der Willkür der Eisenbahngesellschaften liegen.

Das Resultat von alldem ist, dass die Frachtsätze bei allen grossen Gesellschaften nach Millionen zählen und, da die Praxis der direkten Sätze und direkten Kartirung sich ausdehnt, sich leicht noch mehr vermehren. Ueberdies verändern sie sich stets mit den wechselnden Verhältnissen des Handels und der Eisenbahnpolitik.

Andererseits ist die Stellung des Publikums gegenüber den Eisenbahngesellschaften eine sehr beengte. Sie sind Monopolisten, welche in ihren Verfrachtungsgebühren abgesehen vom parlamentarischen Maximum unbeschränkt sind, und welche in Allem, was Nebengebühren betrifft, an keine bestimmte Grenze gebunden sind; diese zwei Gebührenarten vermengen sie miteinander und trennen sie nicht unter dem gegenwärtigen System. Sie haben praktisch keine Grenze als ihr eigenes Interesse, welches nicht dasselbe sein kann, wie das des Publikums; sie beanspruchen und üben das Recht, ihre Gebühren innerhalb des parlamentarischen Maximums in jeder beliebigen Ausdehnung zu verändern; einen Platz oder eine Art des Verkehrs auf Kosten eines anderen zu begünstigen, oder für denselben Dienst zwei verschiedene Preise zu verlangen, wenn sie es für ihr Interesse halten, so vorzugehen. Und nicht nur beanspruchen sie alle diese Rechte auszuüben, sondern sie verweigern dem Publikum zu sagen, wie sie sie und warum sie sie ausüben. Ein Eisenbahndirektor in der That bestreitet es ausdrücklich, dass man dem Publikum bezüglich specieller Sätze oder Verträge Kenntniss geben solle, und gibt höchstens zu, dass nicht alle Versender gleichmässig belastet werden. Die durch das Kanal- und Eisenbahngesetz 1854 gewährten Mittel müssen unter solchen Umständen bei dem Mangel der erlangten Kenntnisse fehlschlagen, und das neue Gesetz, durch welches waarenverfrachtende Gesellschaften gebunden sind, auf ein innerhalb einer Woche auf Zahlung gestelltes Verlangen, eine zwischen Frachtsätzen und Nebengebühren unterscheidende Rechnung zu geben, ist thatsächlich nutzlos, erstens weil der Kaufmann praktisch nicht in der Lage ist, das Gesetz gegen eine reiche und mächtige Gesellschaft durchzusetzen; zweitens weil er wissen muss, was er zu zahlen hat, bevor er es bezahlt und auch, was seine Nachbarn und Konkurrenten bezahlen; und drittens, weil die Gesellschaften selbst nicht genau zwischen Nebengebühren und Meilensatz unterscheiden und auf eine an sie gerichtete Frage nur eine annäherungsweise Antwort geben können.

Es ist unter solchen Umständen nicht überraschend, dass es Unzufriedenheit und Verdacht gibt, obwohl auch kein faktischer Grund dafür vorhanden sein kann, und wenn die Gesellschaften reich und prosperirend würden, kann die Unzufriedenheit und dieser Verdacht wohl zu einer solchen Ausdehnung anwachsen, um ihnen gefährlich zu werden. Wenn sie richtig vorgehen, ist es in ihrem Interesse Beobachtung und Kritik hervorzurufen und dem Publikum alle mögliche Aufklärung über ihre Gebühren und die Gründe zu deren Festsetzung zu geben, und es ist klar, dass kein Grund vorhanden ist, warum sie nicht jedem eine Frage stellenden Geschäftsmann ohne weiteres dieselbe Kenntniss oder Aufklärung geben sollten, welche sie nothwendigerweise jedem Beamten oder Stationschef geben müssen, welcher berechtigt ist Frachtgebühren einzuheben, oder warum sie nicht einen zwischen Meilensätzen und Nebengebühren unterscheidenden Tarif anfertigen und ihn auch dem Publikum zugänglich machen sollten, oder warum endlich sie nicht gebunden sein sollten, auf Verlangen des Handelsamtes oder einer kompetenten Behörde, wie der weiter unten angeführten Kommission, schriftlich ihre Gründe für die Aufstellung einer Gebühr anzugeben, gegen welche man sich beklagt, entweder als ausnahmsweise hoch, oder als ausnahmsweise nieder, oder als anderweitig unangemessen sei es für die Person oder die Klasse von Personen, welche sie bezahlen, sei es für irgend welche andere Personen, oder für irgend einen besonderen Platz oder Geschäftszweig.

Mit Bezug auf die Nebengebühren wurde behauptet, dass Dienstleistungen, mit Bezug auf welche sie gezahlt werden, von dem veränderlichsten Charakter sind, und dass es demzufolge ohne grosse Ungerechtigkeit sowohl gegen das Publikum als gegen die Gesellschaften unmöglich wäre, irgend welche auf sie anwendbare Regeln oder Abstufungen aufzustellen. Was das Publikum betrifft, mag einiges Wahre daran sein, aber das Publikum würde wahrscheinlich mehr durch die Gewissheit gewinnen, als es durch Unbilligkeit verlieren würde, und was die Gesellschaften betrifft, scheint es als klare Antwort auf die in dieser Angegelegenheit gemachten Einwürfe, dass die Gesellschaften mit Beziehung auf ihre Geschäfte unter einander im Clearinghouse einen solchen Tarif anwenden und es ganz angemessen finden, so vorzugehen, da zu geringe Zahlung in einem Falle durch Ueberzahlung in einem anderen aufgehoben wird.

Unter diesen Umständen ist der Ausschuss der Meinung, dass der Antrag der k. Kommission angenommen werden solle, dass jede Gesellschaft verhalten werden solle, an jeder Station ein Buch aller Frachtsätze zu halten mit Einschluss der an jener Station in Anwendung kommenden Specialverträge und mit Unterscheidung der Nebengebühren von Meilensätzen, dass keine Gebühr legal erhebbar sein soll, wenn sie nicht früher in dieses Buch eingetragen ist, und dass dieses Buch immer dem Publikum zugänglich sein solle. Wenn diese Vorschriften nicht erfüllt sind, soll die weiter unten erwähnte Kommission in Folge einer Klage das Recht haben, Anordnungen zu treffen und durchzuführen, welche die Erfüllung erzwingen. Und wenn einmal über eine bei der Kommission eingebrachte Klage ein Fall vorliegt, welcher auf den ersten Anblick den Schein oder den Verdacht einer Verletzung des Eisenbahn- und Kanalverkehrsgesetzes durch ungerechte Bevorzugung schafft, soll die Kommission das Recht haben, die Gesellschaft aufzufordern, ihre Gründe für die Gebühr darzulegen.

10. Kodifikation der einzelnen Gesetze.

Es ist vorgeschlagen, dass die die Eisenbahngesellschaften betreffenden Gesetze kodificirt und an einem Orte, wo sie leicht zugänglich sind, vereinigt werden sollen.

Die gegenwärtigen Gesetze sind wahrscheinlich mehr als 3000 an Zahl.

Die Kodification würde Jenen manche Erleichterung geben, welche wünschen, mit den jeder Gesellschaft gemachten Koncessionen und auferlegten Beschränkungen bekannt zu werden, und würde in dieser Hinsicht vortheilhaft sein, aber es ist zu erinnern, dass die kodificirten Gesetze die Sanktion des Parlaments haben, auf alle existirenden parlamentarischen Verträge und Anordnungen Einfluss nehmen und alle Personen sowohl als die Gesellschaften binden würden. Unter Umständen wäre es keine leichte Aufgabe, Genauigkeit zu sichern oder zu sehen, dass Niemand durch den Vorgang präjudicirt werde.

11. Arbeiterzüge.

Von einigen Liverpooler Experten ist vorgeschlagen worden, dass die Eisenbahngesellschaften verpflichtet werden sollen, zu passenden Stunden morgens und abends Arbeiterzüge zu sehr billigen Preisen abzulassen. Und dieser Vorschlag ist unterstützt durch die Thatsache, dass Verpflichtungen zum Ablassen solcher Züge einigen der hauptstädtischen Eisenbahnen auferlegt worden sind, verbunden mit Vorschriften, welche die Haftbarkeit der Gesellschaften im Fall der Unglücksfälle von Personen in solchen Zügen speciell beschränken. Es scheint, dass, was von diesen Experten wirklich gewünscht wird, nicht so sehr die Erleichterungen zur Befriedigung der gegenwärtigen Bedürfnisse der Arbeiter sind, als Züge, welche für Arbeiter, welche jetzt in der Stadt leben, als Anspornung dienen, hinauszugehen und draussen zu leben. Die Eisenbahnerleichterungen sollen der Gewohnheit ausserhalb der Stadt zu leben vorangehen und sie einführen, sie sollen den Bedarf schaffen und nicht ihm folgen. Der Fall ist somit unterschieden von dem, was in London geschehen ist.

Die Geschichte des Verkehrs der Passagiere dritter Klasse lieferte ein kräftiges Argument gegen das Bestreben, für ein Bedürfniss dieser Art vorzusehen und zu sorgen durch Auferlegung allgemeiner zwingender und dauernder Verpflichtungen der Eisenbahngesellschaften. Es ist gezeigt worden, dass das Parlament in der Sorge, die niederen Klassen in jeder Weise vor dem gefürchteten Monopol der Eisenbahngesellschaften zu schützen, den Gesellschaften besondere Verpflichtungen auferlegte, von welchen es voraussetzte, dass sie zu Gunsten dieser Klasse seien, und mit diesen Verpflichtungen eine specielle Befreiung von der Eisenbahnsteuer verband. Es ist auch gezeigt worden, dass Eisenbahngesellschaften in ihrem eigenen Interesse für die Passagiere dritter Klasse mehr thun, als jemals das Parlament zu verlangen gedachte. Dass der Verkehr dritter Klasse eine der ergiebigsten Einnahmsquellen ist, und dass die gegenwärtige Wirkung der Specialgesetzgebung über diesen Gegenstand eine sehr anfechtbare Befreiung von allgemeiner Eisenbahnsteuer gibt, Verwirrung und Streit schafft und den Gesellschaften Veranlassung gibt, den Passagieren Vortheile vorzuenthalten, welche sie ihnen sonst geben würden. Der schlimme Erfolg dieser Bestrebung mag wohl das Zögern rechtfertigen, auf fernere allgemeine Gesetzgebung derselben Art einzugehen; aber der Ausschuss ist der Meinung, dass wenn es in irgend einem Falle für wünschenswerth gehalten werden sollte, den die Fusion ansuchenden Gesellschaften die Verpflichtung zur Ablassung von Arbeiterzügen aufzuerlegen, dies immerhin mit Rücksicht auf die ihnen vom Parlament gewährten Wohlthaten geschehen mag, ohne ihnen dafür besondere Befreiungen oder Privilegien zu gewähren.

12. Zukünftige Fusion und „Bezirkseintheilung."

Unter den verschiedenen Vorschlägen, welche natürlich vorkommen, wenn man sich mit der Frage der Fusionirung beschäftigt, ist einer der klarsten und wichtigsten der, zu veranlassen, dass für die Zukunft der Versuch gemacht werden solle, fusionirende Eisenbahnen zu verhalten, gewisse festgestellte Richtungen oder Principien zu befolgen, anstatt die Sache, wie bisher, dem zufälligen Gemenge von Streitigkeiten zwischen rivalisirenden Kompagnien und den nicht übereinstimmenden Entscheidungen aufeinander folgender Parlamentsausschüsse zu überlassen. Wenn eine frühere Periode der Eisenbahngeschichte ein solches Bestreben erfolgreich gemacht hätte, würde es uns zweifellos mit einem Eisenbahnnetze versehen haben, welches, wenn nicht wirksamer, doch jedenfalls weit weniger kostspielig wäre, als das, welches wir jetzt besitzen. Betrachtet man jedoch die Politik oder den Mangel einer Politik, womit man bisher vorgegangen, und die Interessen, welche daraus erwuchsen, so sind die Schwierigkeiten, irgend eine feste Politik für die Zukunft aufzustellen, ungeheuer. Die blose Aufstellung der Fragen, welche gelöst werden müssen, zeigt wie gross sie sind. Was wäre die beste Anordnung, wenn noch kein Eisenbahnnetz existirte; was ist die beste Art die bereits existirenden Eisenbahnen zu gruppiren; wie weit ist es möglich, von existirenden Eisenbahnen Stücke ihres gegenwärtigen Netzes abzutrennen, um sie anderen Netzen beizufügen, welchen diese Stücke zweckmässiger zugehören würden; wie weit ist es durchführbar, Gesellschaften zur Vereinigung zu zwingen, welche sich nicht zu vereinigen wünschen, oder solche, welche es wünschen, getrennt zu halten; und endlich in welcher Ausdehnung ist es möglich, durch einen vorläufig aufgestellten Plan die zukünftige Thätigkeit der Parlamentsausschüsse einzuschränken? — Dies sind einige dieser Fragen. Demgemäss sind die Vorschläge, welche in dieser Hinsicht gemacht wurden, wenige und unbestimmte.

Ein wichtiger Experte schlägt vor, dass, da die Eisenbahngesellschaften und die von ihnen vertretenen Interessen grösser werden, die Ausschüsse, welche sich mit zukünftigen Fusionsfragen beschäftigen, strenger sein sollen, und dass diese Ausschüsse gebunden sein sollen auf zwei Punkte zu sehen, nämlich:

1. dass die fusionirten Gesellschaften dadurch nicht so gross und mächtig werden, um ihren Nachbarn gefährlich zu sein.
2. dass fusionirenden Gesellschaften verhalten werden sollen, mit ihren Nachbarn angemessene Uebereinkünfte zu schliessen und ihnen angemessene Erleichterungen zu gewähren.

Ein anderer Vorschlag ist, dass fortlaufenden Linien, nämlich Theilen einer direkten durchgehenden Kommunikationslinie, erlaubt sein solle, sich zu vereinigen, anderen aber nicht. Es ist jedoch unmöglich, eine solche Unterscheidung zu machen. Jede Linie ist nicht blos ein Rumpf, sondern hat nach verschiedenen Richtungen gehende Abzweigungen.

Der dritte Vorschlag ist der oben als von Mr. Price und Sir E. Watkin berichtet worden, nämlich dass die jetzt das Centrum von England inne habenden Gesellschaften als zwei oder drei grosse Systeme bildend angesehen werden sollen, welche sich von der Mündung des Clyde gegen die Themse und den Severn hinziehen und für den nördlichen und südlichen Verkehr mit einander konkurriren, und dass die in den Bezirken ausserhalb dieser Grenzen nach Norden, Osten, Süden und Westen gehenden Eisenbahnen ermächtigt und angeeifert werden sollen, sich zu fusioniren, und dass sie neutral und für zwei oder drei grosse konkurrirende Linien geeignet gemacht werden sollen.

Dass ein solcher Plan wie dieser die Konkurrenz nicht bewahren würde, ist oben gezeigt worden, und es ist leicht zu sehen und auch von seinen Vertheidigern zugegeben, dass er kein festes und beständiges Princip als Richtschnur für künftige Fusionen bietet. Zum Beispiel, wenn eine fortlaufende vereinigte Linie gut ist von London nach Glasgow, warum nicht von London nach Aberdeen oder von London nach Plymouth? Wenn es wünschenswerth ist, aus allen Eisenbahnen nördlich vom Forth und Clyde einen neutralen Bezirk für die zwei oder drei grossen konkurrirenden Arterien von Centralengland zu machen, warum nicht dasselbe thun mit allen Eisenbahnen nördlich von Carlisle? Wenn es wünschenswerth ist, die westlichen Grafschaften von England durch Verhinderung oder Beschränkung der Vereinigung der Great-Western und South-Western gegen Midland offen zu halten, ist es nicht ebenso nothwendig, durch Verhinderung oder Beschränkung der Vereinigung der Midland-Glasgow und South-Western das Midland der nordbritischen oder caledonischen Linien offen zu halten?

Es kann mit unserer gegenwärtigen Erfahrung kaum bezweifelt werden, dass Fusionen mancher Art sowohl unvermeidlich als auch nützlich seien; gleichwohl mag es vielleicht bezweifelt werden ob, wenn der Gegenstand res integra wäre, die bessere Form der Fusion jene ist, welche Eisenbahnen vereinigt, die eine fortlaufende Verbindungslinie von Centren an einem Ende des Kreises nach Centren an dem andern bilden oder jene, welche die Eisenbahnen eines besonderen Bezirkes vereinigt, indem sie den direkten Verkehr auf den langen Routen der Besorgung durch Uebereinkünfte zwischen den verschiedenen Gesellschaften überlässt. Aber wir haben es mit einem Stande der Dinge zu thun, in welchem grosse Fusionen durchgeführt worden sind, und zwar die einen nach einem Princip, die andern nach dem andern, oder theils nach dem einen, theils nach dem andern. Die London-North-Western bildet eine direkte Route von London nach Schottland, Wales und Irland, und zur selben Zeit hat sie einen Theil in den Midland-Grafschaften inne und sucht nun Lancashire zu ihrem eigenen Bezirke zu machen. Die Midland-Eisenbahn entsendet, abgesehen davon, dass sie einen grossen Theil des Centrums von England inne hat, einen langen Zweig nach London, einen andern nach Bristol, während ein Arm nach Carlisle geht und ein anderer nach Liverpool und Manchester. Andererseits besitzt die Eastern-Counties-Bahn einen Bezirk für sich selbst, und die North-Eastern hat den reichen Bezirk vom Tyne zum Humber inne.

Bei einem solchen Stande der Dinge ist der Versuch, eine neue Eisenbahnkarte zu machen, nach welcher existirende und zukünftige Eisenbahnen ihre Territorien zu bilden gezwungen werden sollen, ein solcher, dass der Ausschuss es unmöglich findet, sich selbst dazu zu verpflichten oder dem Parlamente zu beantragen, dass es ihn durch andere Beihülfe unternehme. Der Ausschuss glaubt, dass jeder Fusionirungsplan behandelt werden muss, wenn er entsteht, aber dass jeder solche Plan sorgfältig geprüft werden soll mit Rücksicht auf andere Fusionspläne und auf die allgemeinen Eisenbahnsysteme, und es soll auch Sorge getragen werden, dort, wo die allgemeine Gesetzgebung für den Fall nicht vorgesorgt hat, auf alle solche Pläne die in diesem Berichte vorgeschlagenen Bedingungen anzuwenden. Mit dieser Absicht empfiehlt er, dass Fusionsvorlagen einem speciell gewählten gemischten Ausschuss beider Häuser übergeben werden sollen, und dass dieser Ausschuss, soweit es durchführbar gefunden werden wird, permanent sein soll. Im Falle der Einsetzung einer solchen Eisenbahnkommission, wie sie weiter unten erwähnt ist, glaubt er, dass die Mitglieder der Kommission, wenn sie zu diesem Behufe vor den gemischten Ausschuss gerufen werden, ihm werthvollen Beistand leisten könnten, insbesondere in der Prüfung der in die Fusionsvorlage aufzunehmenden Bedingungen.

Zwei wichtige Betrachtungen von allgemeinem Charakter müssen beigefügt werden.

Zuerst kann es kaum bezweifelt werden, dass eine behördliche Bezirkseintheilung des Landes zwischen Eisenbahngesellschaften begleitet würde von einer oder angesehen würde als eine Verleihung eines vollständigen Monopols innerhalb jedes Distrikts und neue Unternehmer von der Anlegung anderer Linien abhalten würde. Mit Rücksicht auf die oben ausgedrückten Anschauungen wären die Resultate für die Eisenbahngesellschaften durchaus gut, während sie für das Publikum nicht durchaus schlecht wären. Es wäre gleichwohl nicht weise für das Publikum, ohne eine genügende Prüfung die Gesellschaften von dieser möglichen Konkurrenz zu befreien. Und wenn solche Vortheile für das Publikum, wie sie der Ausschuss in diesem Berichte empfiehlt, blos im Tausch gegen eine solche Befreiung erreicht werden könnten, würde dies ein Argument von beträchtlichem Gewichte zu Gunsten der Bezirkseintheilung bilden. Aber er ist überzeugt, dass er nichts empfiehlt, was nicht entsprechend entweder durch allgemeine Gesetzgebung oder durch in Eisenbahnvorlagen aufgenommene Bedingungen erreicht werden kann, und er glaubt nicht, dass ein weiterer Vortheil von Wichtigkeit durch Gewährung eines gesetzlichen Monopols von den Gesellschaften erkauft werden könnte.

Zweitens, während der Ausschuss einerseits der Meinung ist, dass es Fälle von so grossen Fusionen geben kann, dass ihre Zweckmässigkeit bezweifelt werden muss, ist er auch der Meinung, dass es im vereinigten Königreich noch Fälle giebt, in welchen die Fusion wünschenswerth ist und ermuthigt werden sollte. Was die ersteren Fälle betrifft, wäre es ihm befriedigender gewesen, wenn er bestimmte Vorschläge hätte machen können in Bezug auf die Grenzen, innerhalb welcher die Fusion erlaubt sein soll, und ausserhalb welcher sie verboten sein soll. Aber dies findet er unmöglich. Er kann nur, wie er es oben gethan, die möglichen letzten Gefahren unbeschränkter letzter Vereinigung betonen und die Aufmerksamkeit auf die Thatsache lenken, dass Vereinigungen, welche jetzt existiren, in Verbindung mit Fusionen, welche schon vorgeschlagen worden sind, zur Entstehung von viel grösseren und mächtigeren Gesellschaften führen können, als welche durch die jetzt dem Ausschusse vorliegenden Pläne gebildet würden. Was die letzteren Fälle betrifft, kann nur geringer Zweifel sein, dass, wenn es eine Anzahl von kleinen Eisenbahnen in einem Bezirke gibt, es wünschenswerth ist, dass sie fusionirt werden, weil sie, wenn vereinigt, besser in der Lage sind, sowohl den Verkehr des Bezirkes zu besorgen, als auch ihr Eigenthum gegenüber den mächtigen Nachbarn zu behaupten. Es wurde genau nachgewiesen, dass die zahlreichen Eisenbahnen in der Nachbarschaft von Cork, wenn sie vereinigt wären, viel mehr für die Entwickelung des Verkehrs des Bezirkes, wie auch zum Vortheile der Aktionäre leisten würden. Und es ist notorisch, dass in anderen Theilen von Irland die Existenz von zahlreichen Eisenbahngesellschaften in demselben Bezirk oder auf derselben Route zu sehr beklagenswerthen Resultaten führt. Ferner, wenn die Wales'schen Eisenbahnen vereinigt werden könnten, wären sie besser in der Lage mit den grossen Gesellschaften zu verhandeln und ihren Verkehr über die kürzesten und besten Routen zu leiten. In Fällen dieser Art wäre es besser, dass die Eisenbahnen des Bezirkes fusionirt würden, als dass sie eine oder die andere der grossen Gesellschaften nach einander bekämpft, zu verschlingen sucht und schliesslich aufkauft.

13. Erbauung der Zweiglinien.

Es kann nicht angenommen werden, dass die Eisenbahnen ihre vollständige Entwickelung erreicht haben. Die wichtigsten Linien sind gebaut worden, aber es ist immer Aussicht auf eine dauernde Nachfrage nach Zweig- und Zufuhrslinien. Es ist nicht wahrscheinlich, dass viele von ihnen solche Interessen bezahlen, wie die existirenden Linien, und einige werden kaum die Betriebskosten decken. Unter diesen Umständen werden, während sie von grossem Vortheile für ihre betreffenden Bezirke wären, die existirenden Gesellschaften geringen Beweggrund haben, sie zu bauen, und werden sich ohne Zweifel jedem Versuche rivalisirender Spekulanten, unabhängige Linien in das Herz ihres Netzes einzuführen, kräftig widersetzen.

Eine der Bedingungen, welche bei jeder Fusion oder anderen dem Monopole zustrebenden Koncessionen auferlegt werden müssten, sollte daher eine für die Erbauung solcher Zweiglinien vorsehende Bedingung sein. Dies könnte auf verschiedenem Wege durchgeführt werden.

Es könnte angeordnet werden, dass ein Bezirk auf seine Kosten eine von ihm verlangte Zweiglinie erbauen oder zu ihrer Erbauung beitragen könne, und dass die die Hauptlinie besitzende Gesellschaft verhalten sein solle, die Waaren zu übernehmen und zu befördern und möglicherweise auch den Betrieb auf der Zweigbahn zu besorgen. Ein Plan dieser Art scheint 1865 in Frankreich angenommen worden zu sein, wo die Bezirkseintheilung und das Monopol der Bahn vorher vollständig gewesen ist. Oder, was wahrscheinlich der bessere Plan wäre, es könnte angeordnet werden, dass auf Verlangen der Lokalbehörden ein competentes Gericht, wie etwa die weiter unten erwähnte Kommission, das Recht haben solle, von der Gesellschaft die Erbauung und Befahrung der Zweiglinie zu verlangen, wenn auf Kosten des Bezirks eine gewisse mässige Rente für das ausgelegte Kapital garantirt wird. In den Vereinigten Staaten ist es gebräuchlich für eine Municipalität, für die Kosten einer neuen Linie zu subscribiren, und in gewissen Fällen sind in Irland Baronieen ermächtigt worden, die Zahlung der Zinsen für von Eisenbahngesellschaften zum Behufe der Erbauung oder Ergänzung von Linien aufgenommene Schulden zu garantiren.

Es ist schwer bei dem gegenwärtigen Zustande der lokalen Verwaltung und lokalen Besteuerung einen solchen Plan wie diesen auszuarbeiten, aber mit einem anders organisirten System der Lokalverwaltung giebt es keinen Grund einen solchen Plan für undurchführbar zu halten, und es scheint sehr wünschenswerth bei Beabsichtigung einer solchen Reorganisirung die Möglichkeit eines solchen Planes im Auge zu halten.

14. Uebergangsverkehr: Direkte Sätze und Fahrberechtigungen.

Eine zweite, aber der Frage der Kontrole der Eisenbahntarifsätze kaum nachstehende Frage ist die der Wechselseitigkeit des Eisenbahnverkehrs, oder in anderen Worten die Frage der besten Benützung und Entwicklung der Leistungsfähigkeit der existirenden Eisenbahnen unter dem gegenwärtigen System verschiedener und gelegentlich in Konflikt befindlicher Gesellschaften. Diese Frage ist in der Expertise vor dem Ausschuss von Eisenbahngesellschaften aufgeworfen worden, welche Hinderungen ihres eigenen Verkehres eher von der gegenwärtigen Fusionirung als von dem reisenden und versendenden Publikum befürchten. Aber es ist offenbar ein Gegenstand, in welchem das Publikum nicht weniger tief interessirt ist, als an den Frachtsätzen. Wenn einer Gesellschaft, welche einen Bezirk monopolisirt und in einen anderen Bezirk reichende Zweig- oder Verbindungslinien hat, gestattet ist, den Verkehr, wie es ihr gefällt, anzuordnen oder zu verändern, die Fahrzeiten der Passagierzüge so festzusetzen, dass sie nicht den Anschluss mit anderen Passagierzügen erreichen, den von anderen Linien kommenden Verkehr zu stauen, und Waaren über eine längere und weniger convenable Route zu senden, um sie auf der eigenen Linie zu erhalten, so kann dies die grösstmögliche öffentliche Unzukömmlichkeit sein. In der That der Mangel der korrespondirenden Züge und einer übereinstimmenden Vereinbarung zwischen verschiedenen Gesellschaften war immer und ist noch eine der grössten Schwierigkeiten in der Eisenbahn-Gesetzgebung und -Verwaltung.

In Bezug auf den Güterverkehr ist von der London-North-Western-Eisenbahngesellschaft für diesen Uebelstand das Abhilfsmittel vorgeschlagen, dass der Midland-Eisenbahngesellschaft direkte Sätze für die kürzeste oder convenabelste Route auf der Lancashire- nnd Yorkshire-Linie gegeben werden sollen. Dieses Abhilfsmittel ist von der Midland-Gesellschaft als für ihre speciellen Interessen völlig ungeeignet verworfen worden, und es bietet offenbar keinen Vorschlag für die Behandlung der allgemeinen Frage.

Die Ansicht des Mr. Broughton, Direktors der Mid-Wales-Eisenbahn, des Mr. Price, Obmanns der Midland-Eisenbahngesellschaft und des Mr. Allport, ihres Direktors, und des Sir E. Watkin, Obmanns der Manchester-Sheffield- und Lincolnshire-Eisenbahn ist, dass diese Schwierigkeit vermittelst direkter Sätze und Fahrberechtigungen, welche, wenn nöthig, durch einen competenten Gerichtshof zu erzwingen wären, zu beseitigen ist.

Jede Gesellschaft soll das Recht haben einen direkten Frachtsatz für Güter nach jedem Platze einer anderen Linie zu machen. Die Gesellschaften, über deren Linien die Güter gesendet werden, haben sie ohne Aufenthalt oder Verhinderung weiter zu befördern. Giebt es eine Schwierigkeit über das Verhältniss, in welchem die Gebühr zwischen den sendenden und den übernehmenden Gesellschaften getheilt werden soll, so ist die Frage von dem oben erwähnten Gerichtshofe zu entscheiden, welcher auch die Macht haben soll, das Gesetz durchzuführen und jede Frage zwischen den Gesellschaften zu entscheiden.

Gegen diesen Vorschlag scheint es keinen vernünftigen Einwurf zu geben. In der That ist er eigentlich eine ausgedehnte Anwendung des Eisenbahn- und Kanalverkehrsgesetzes, dem alle Gesellschaften unterworfen sind, und die Praxis des Clearinghouse, in welchem, wenn die Gesellschaften übereinkommen, es leicht gefunden wird, die erzielten Gewinne zu vertheilen und für besonders kostspielige Linien besondere Gewinne festzusetzen, zeigt, dass das einzige wirkliche Hinderniss der direkten Sätze die Zerfahrenheit der Gesellschaften ist. Die ihnen entgegenstehenden Schwierigkeiten sind: erstens einen Maassstab für den direkten Satz zu bestimmen, und zweitens das Gesetz durchzuführen. Wenn die sendende Gesellschaft vollständig frei wäre, den Satz so niedrig zu machen als es ihr gefällt, ist es möglich, dass es Fälle geben könnte, wo die Gesellschaft A für irgend einen Konkurrenzzweck, in welchem die Gesellschaft B nicht interessirt ist, wünscht, dass die Gesellschaft B Güter zu einem billigeren Frachtsatze verführt als der Frachtsatz ist, zu welchem die Gesellschaft B ihre eigenen Frachten mit Gewinn verführen kann, oder in welchem wegen besonderer Umstände, so wegen grosser Auslagen in dem Baue und der Benützung der Linien oder Bahnhöfe der Gesellschaft B, die Gesellschaft B mehr erhalten muss als den gewöhnlichen Meilenzahlantheil an dem Frachtsatz. Andererseits, wenn verfügt wäre, dass der der übernehmenden Gesellschaft gezahlte Antheil an dem direkten Satze nicht geringer sein soll, als die von dieser Gesellschaft für gleiche Güter, wenn sie von ihr auf demselben Theil ihrer eigenen Linien verführt werden, genommene Gebühr, könnte die übernehmende Gesellschaft ihre lokalen Sätze festhalten oder erhöhen blos zu dem Zwecke, um den Verkehr der sendenden Gesellschaft A von ihrer Linie fern zu halten.

Ferner: die übernehmende Gesellschaft würde ohne Zweifel unter dem gegenwärtigen Zustande des Gesetzes jede Art von Hinderniss und Schwierigkeit erheben, welche zu überwinden für die sendende Gesellschaft kaum möglich wäre. Um diese Schwierigkeiten zu beseitigen wurde ein Gericht vorgeschlagen, welches praktische Eisenbahnerfahrung sowie auch Gesetzeskenntniss in sich vereinigen und ausgedehnte Vollmachten für die Durchführung des Gesetzes und für Entscheidung von Streitigkeiten zwischen den Gesellschaften haben würde.

Dieser Vorschlag würde, wenn angenommen, auch auf Dampfschiffe Anwendung finden, welche ein Glied in einer durchgehenden Verbindungslinie bilden.

Auch scheint es keinen Grund zu geben, warum das Princip der direkten Frachtsätze für Güter nicht auch auf die Passagierfahrpreise angewendet werden sollte.

Die Wirkung eines solchen Systems direkter Fracht- und Fahrpreissätze wäre, es zum Interesse einer Gesellschaft und zur Pflicht der anderen zu machen, den Verkehr immer über die kürzeste, billigste und convenabelste Route zu leiten.

Dies ist in Frankreich ohne Schwierigkeit erreicht, weil die Eisenbahnen nirgends mit einander konkurriren und glücklich sind von einander Frachtgut zu erhalten; in Belgien ist es erreicht durch ein Uebereinkommen zwischen den Eisenbahnen, unter welchen die kürzeste Route den Verkehr hat. Und in Norddeutschland ist eine Bedingung mit folgender Tendenz jetzt immer in die Koncessionen der Gesellschaften aufgenommen: „Dass eine Gesellschaft verpflichtet sein soll auf Verlangen des Handelsministers auf einem solchen Theile ihrer Linie, welcher für einen neuen auf sie übergehenden Durchgangsverkehr benützt wird, den billigsten Satz per Centner und Meile zu gewähren, welchen sie zur selben Zeit in ihrem Lokaltarif für die auf dem genannten Theile der Linie verführten Güter verlangt. Dass, im Falle die Gesellschaft auf dem genannten Theile ihrer Linie mit Bezug auf irgend einen Durchgangsverkehr einen billigeren Satz per Centner und Meile erhebt, als den Lokaltarifsatz, sie verpflichtet ist, auf Verlangen des Ministers diesen herabgesetzten Tarifsatz für den genannten Theil der Linie jedem neuen weiterhin eingerichteten Durchgangsverkehr zu gewähren.“

Der Ausschuss ist daher zu dem Beschlusse gelangt, dass alle Gesellschaften unter entsprechender Kontrole das Recht haben sollen, direkte Fahr- und Frachtpreise über die Linien anderer Gesellschaften zu machen.

Einige der Experten haben einen weiteren Vorschlag, wie früher erwähnt wurde, in Bezug auf die Fahrberechtigungen zu machen. Sie haben vorgeschlagen, dass wenn das Land bis zu einer gewissen Ausdehnung, wie oben beschrieben, in Bezirke eingetheilt ist, die grossen fusionirten konkurrirenden Gesellschaften die grösste Leichtigkeit haben sollen, vermittelst Fahrberechtigungen Passagiere und Frachten und die neutralisirten Bezirke zu schicken und dass sie überdies durch ähnliche Erleichterungen und Fahrberechtigungen Zugang zum Lancashire-Verkehr haben sollen. Diese Erleichterungen und Fahrberechtigungen sollen einschliessen, die Benützung der Bahnhöfe, Kohlen und Wasserstationen und Bediensteten auf den Linien der Eigenthumsgesellschaft und sich auf das Recht ausdehnen, sowohl für den Lokal- als für den Durchgangsverkehr Güter aufzunehmen und abzusetzen. Nun wenn dieser Plan in seiner vollen logischen Ausdehnung durchgeführt würde, würde er wie oben erwähnt jeder Eisenbahngesellschaft in dem vereinigten Königreiche die ausgedehnteste Benützung der Linien, Bahnhöfe, Magazine und Bediensteten jeder anderen Gesellschaft gestatten und würde zu Gunsten der Eisenbahngesellschaften die ursprüngliche Theorie verwirklichen, dass die Linie jeder Gesellschaft allen Frachtführern gegen Bezahlung eines Zolles offen stehen soll.

Aber während sie Broughton, welcher die kleinen Eisenbahnen in Wales vertritt und sich über die Weigerung der grossen Gesellschaften, deren Frachtgüter zu befördern, beklagt, eine solche Anschauung zu begünstigen scheint, schränken die Herrn Price und Allport und Sir E. Watkin diese umfassende Schlussfolgerung ein.

Sie würden die Gewährung von Fahrberechtigungen auf Fälle beschränken, wodurch die Fusion von zwei Gesellschaften (z. B. die London-Northwestern und die Lancashire-Yorkshire) eine dritte angrenzende Gesellschaft (z. B. die Midland oder die Manchester-Shefield und Lincolnshire) der freien Verbindung mit einer der fusionirenden Gesellschaften, welche die dritte Gesellschaft entweder genossen hat oder ausser dem Falle der Fusion möglicherweise hätte geniessen können, beraubt wird, oder möglicherweise beraubt werden könnte und Mr. Price möchte augenscheinlich den vorgeschlagenen Gerichtshof ermächtigen, sie in allen Fällen zu ertheilen, wo Erleichterungen von einer Gesellschaft einer anderen unangemessenerweise verweigert werden.

Aber es ist von diesen Experten nicht vorgeschlagen, dass Fahrberechtigungen gegenüber einer Gesellschaft ertheilt werden sollen, welche, wie die North-Eastern oder Great-Eastern, schon einen Bezirk zu eigen haben, oder dass die grossen Gesellschaften, welchen diese Ermächtigungen gegeben werden, als allgemeine Regel die Erleichterungen reciprok gewähren sollen oder dass sie zur Vergeltung auf ihren Linien ihren anderen Nachbarn Erleichterungen geben sollen.

Während jedoch der Plan der Fahrberechtigungen, als in dieser Weise vorgeschlagen, offenbar in seiner Anwendung zu partiell wäre, um für die allgemeinen Interessen des Publikums vorzusorgen, verdient es Beachtung, wie weit er, wenn er, wie von Mr. Broughton vorgeschlagen, allgemein gemacht würde, leicht ein wirksames Mittel abgeben würde, um einen freien Uebergang des Verkehrs zu fördern.

Es ist auf's Klarste nachgewiesen, dass Fahrberechtigungen auf stark befahrenen Linien ohne Schwierigkeit und ohne Verkehrsstörung ausgeübt werden können, aber in allen diesen Fällen geschah dies durch Uebereinkommen mit der Eigenthumsgesellschaft, welche dann die Leitung des Verkehrs übernimmt, den Fahrplan feststellt und für die lokale Manipulation verantwortlich ist. Es ist nicht nachgewiesen, dass irgend eine solche, wenn auch rechtskräftige Berechtigung jemals ausgeübt wurde, wenn die Eigenthumsgesellschaft entschlossen war, sich zu widersetzen. Im Gegentheil, es ist eingehend nachgewiesen, dass alle seither gemachten Versuche, solche Rechte gegenüber widerwilligen Gesellschaften zur Geltung zu bringen, scheiterten. Die ausgedehntesten bekannten Rechte waren die der North-British gegebenen zur Vereinigung der Caledonian mit den Linien nach dem Norden Schottlands. Nach fünf Entscheidungen, welche zwei Jahre erforderten und 5000 L. St. kosteten, erreichte es die North-British, ein Urtheil zu ihren Gunsten zu erhalten, und eben jetzt besorgt sie nicht den Verkehr, weil die Caledonian, deren Eigenthum die Route ist, Mittel hat, die lokalen Kaufleute zu veranlassen, ihr den Vorzug geben. Es ist wahr, dass sie dies durch Gewährung grösserer Erleichterungen und in dieser Ausdehnung zum Vortheile des Publikums thut, aber die Wirkung ist nicht, den Durchgangsverkehr der North-British zu fördern. Es scheint auch zugegeben zu sein, dass, wo die Entfernungen gross sind, die die Fahrberechtigungen habende Gesellschaft diese nicht zum eigenen Vortheile ausüben kann, keinesfalls aber ohne das Recht, sowohl den lokalen als den Durchgangsverkehr zu besorgen, und es ist klar, dass ein solches Recht zu einem sehr ernsthaften Widerstreit mit der Eigenthumsgesellschaft führen würde.

Demgemäss hat die North-British in dieser Session, während sie sich der Fusion der Midland mit der Glasgow-South-Western widersetzte, beschlossen, die ausgedehnten Fahrberechtigungen zurückzuweisen, welche ihr von der ersteren Gesellschaft angeboten wurden. Und Mr. Allport selbst behauptet, dass Fahrberechtigungen der Midlandgesellschaft keinen genügenden Zugang auf die Linien im Westen Englands gewähren.

Es ist ferner eine Erwägung von einiger Wichtigkeit, dass Fahrberechtigungen, wie dies von jenen, welche sie vertheidigen, zugegeben ist, selten in feindseliger Weise ausgeübt wurden, während, wenn sie so ausgeübt werden, es klar ist, dass sie grosse Unzukömmlichkeiten, wenn nicht Gefahren, erzeugen könnten. Es ist auch hervorgehoben, dass, wenn sie ausgedehnt und feindselig ausgeübt würden, sie grosse Verschwendung von Kraft und Geld verursachen würden, da Maschinen ohne volle Ladung verwendet würden. Es ist ferner betont, dass, wenn sie allgemein zugestanden würden, ihre Wirkung sein könnte, eine entfernte Gesellschaft zu befähigen, eine Gesellschaft, welche bereits den Verkehr ihres eigenen Bezirks in befriedigender Weise besorgt, zu überfallen, nicht zum Zwecke öffentlichen Vortheils, sondern lediglich zu dem Zwecke, die letztere Gesellschaft zur Abtretung eines Theiles ihres Verkehrs zu zwingen.

Endlich ist von den Urhebern des Planes konstatirt, dass zwangsweise Fahrberechtigungen noch niemals gehörig vor Gericht gebracht wurden, wegen der Unfähigkeit von Gerichtshöfen oder Schiedsgerichten sie durchzuführen, und dass die Einsetzung eines competenten Gerichts es verhältnissmässig leicht machen werde, sie auszuüben.

Unter diesen Umständen sind die Schlussfolgerungen, zu welchen der Ausschuss in dieser Frage gekommen ist, folgende:

1. Dass das Eisenbahn- und Kanalverkehrsgesetz dahin ausgelegt werden soll, dass jede Eisenbahngesellschaft ermächtigt sei, direkte Fracht- und Fahrpreise von und nach jeder Station ihrer eigenen Linie nach oder von jeder Station einer anderen Linie aufzustellen, so dass die Sätze als allgemeine Regel nach der Meilenzahl getheilt werden sollen, nach Abschlag der Nebengebühren, aber mit der Vorsicht, dass wenn irgend eine Einwendung gegen den vorgeschlagenen Satz oder die Vertheilung als ungerechtfertigt erhoben wird und keine Vereinbarung zu Stande kommen kann, die weiter unten erwähnten Kommissäre über Verlangen einer der interessirten Gesellschaften den Streitgegenstand entscheiden sollen.

2. Dass es nicht zweckmässig ist, durch allgemeine Gesetzgebung jeder Gesellschaft Fahrberechtigungen auf den Linien anderer Gesellschaften zu geben, aber dass solche Berechtigungen oft mit Nutzen angenommen werden können, entweder durch freiwilliges Uebereinkommen zwischen den Gesellschaften oder als Bedingung, gegen welche Fusion oder andere Privilegien gewährt werden können, und dass die Umstände und Bedingungen, unter welchen sie gewährt werden sollen, jedenfalls dem Ausschuss für die Vorlage zur Kenntnissnahme vorgelegt werden müssen.

3. Dass, wo mit Beziehung auf in einem Eisenbahngesetze enthaltene Fahrberechtigungen Differenzen existiren, sie den weiter unten erwähnten Kommissären übergeben werden sollen.

4. Dass in der Form von Zöllen allgemeine Fahrberechtigungen durch Eisenbahngesetze gewährt sind, aber dass die Zollsätze und die nothwendigen Bedingungen des Verkehrs diese Anordnungen unwirksam gemacht haben, dass es somit dem Ausschusse zweifelhaft erscheint, ob es von Vortheil ist, diese Zollklauseln im Allgemeinen aufrecht zu erhalten.

15. Revision der Fahrpreise für Truppentransporte.

Die gegenwärtige Gebühr für die Beförderung von Soldaten ist durch das Gesetz 7 u. 8 Victoria C. 85 auf 2^d per Meile für Officiere (I. Klasse) und 1^d per Meile für Mannschaft (III. Klasse) festgesetzt. Diese Sätze waren beträchtlich niedriger als die damals von dem Publikum eingehobenen. Sie sind höher als die jetzt von gewöhnlichen Passagieren eingehobenen und viel höher als jene, welche verlangt werden, wenn eine grössere Anzahl miteinander fährt, wie im Falle von Vergnügungszügen.

Das Kriegsamt führt an, dass, obwohl die gegenwärtigen Sätze im Jahre 1844 niederer waren als die vom Publikum eingehobenen, sie mit Rücksicht auf die ausgedehnte Beschäftigung, welche von dem Kriegsamte den Eisenbahnen gegeben wird, sie noch so hoch waren, um den Eisenbahnen einen angemessenen Geschäftsgewinn abzuwerfen, und dass sie so revidirt werden sollten, dass die Fahrpreise, zu welchen die Eisenbahnen das Militär befördern, in demselben Verhältnisse zu jenen, die sie jetzt vom Publikum verlangen, stehen, in welchem die von jenem Gesetze festgestellten Fahrpreise zu den damals dem Publikum auferlegten standen.

Die Eisenbahngesellschaften geben zu, dass in den vom Kriegsamte gezahlten Fahrpreisen eine Herabsetzung eintreten sollte, aber sie führen als einen Grund sie nicht zu vermindern an, dass die Passagiersteuer eine anomale und unangemessene Steuer ist.

Was immer man über diese Steuer denken möge, ist der Ausschuss der Meinung, dass sie einer angemessenen Entscheidung der vom Kriegsamte aufgeworfenen Frage nicht im Wege stehen sollte; er ist ferner der Meinung, dass es nicht ungerecht wäre, von Eisenbahnen, welche beim Parlamente um Privilegien ansuchen, zu verlangen, dass sie ihre Fahrpreise nach den Principien des Gesetzes von 1844 revidiren und wenn es bewiesen werden kann, wie es von dem Kriegsamt angestrebt wird, dass die von dem Gesetze von 1844 festgestellten Fahrpreise den Gesellschaften einen angemessenen durchschnittlichen Geschäftsgewinn abwerfen, denken wir, dass diese Maassregel für alle Gesellschaften, ob sie nun Privilegien verlangen oder nicht, gerecht und nicht weniger zweckmässig als gerecht wäre. Es ist ein Interesse des Kriegsamtes sowie der Gesellschaften, dass die für Truppentransporte bezahlten Frachtpreise so seien, um den Gesellschaften soweit als thunlich einen Gewinnbetrag abzuwerfen, welcher jenem, den sie bei einem Passagierverkehre ähnlichen Charakters erwerben, gleichkommt, während sie im Interesse des Staatsschatzes nicht höher sein sollten, als es für diesen Zweck nothwendig ist. Um die genaue Höhe zu bestimmen, würde der Ausschuss mehrerer Auskünfte bedürfen, als ihm jetzt vorliegen, aber er ist der Meinung, dass die gegenwärtigen Fahrpreise in Uebereinstimmung mit dem oben aufgestellten Principe herabgesetzt werden sollen; dass der Satz für die Beförderung einer grossen Zahl von Truppen (etwa 200) geringer sein soll, als der Satz für die Beförderung einer kleinen Zahl, und dass die Fahrpreise, wenn einmal festgesetzt, von Zeit zu Zeit auf Verlangen eines der beiden Theile einer Revision unterworfen werden sollen, wenn nachgewiesen werden kann, dass sie entweder mit Rücksicht auf verlangte besondere Dienstleistungen nicht so sind, um den gewöhnlichen Gewinnsatz abzuwerfen, oder dass sie mehr als diesen Satz abwerfen. Wenn das Kriegsamt und die Gesellschaften über diese Punkte im Streit sind, sollte die Frage von den weiter unten erwähnten Kommissären entschieden werden.

16. Weitere Erleichterungen für den Postdienst.

Es ist von Seite des Postamts vorgebracht worden, dass, während der Generalpostmeister volles Recht hat, besondere Postzüge zu verlangen, er nicht genügende Macht hat, um ihn zu befähigen von den Gesellschaften zu verlangen, dass sie auf gewöhnlichen Zügen Felleisen mit solchen Konvenienzen befördern, wie sie das Postamt verlangt. Es scheint dem Ausschusse, dass er das volle Recht haben sollte, mit jedem Zuge Felleisen zu versenden, entweder mit einem Postbediensteten oder ohne einen solche, dass die Felleisen auf der Plattform in Empfang genommen werden sollen, ohne Nothwendigkeit der Kartirung oder eines sonstigen Aufenthaltes, dass, wenn ein Postbediensteter damit beauftragt ist, demselben gestattet sein soll, sie an jeder Station in Empfang zu nehmen und abzuliefern, dass dem Generalpostmeister in dem Zuge ein solcher Frachtraum zur Verfügung gestellt werden soll, als für Postzwecke verlangt werden kann, und dass er berechtigt sein soll, auf eigene Kosten aber ohne sonstige Bezahlung eine Vorrichtung für die Auswechslung der Felleisen dort, wo der Zug nicht hält, anzubringen und dass für die obigen Dienstleistungen er Preise bezahlen solle, welche jenen, die von dem Publikum für ähnliche Dienstleistungen eingehoben werden, möglichst gleich sind d. i. in dem Falle, wo Postfelleisen ohne einen Bediensteten versendet werden, Preise, welche den für die jeweilige Beförderung ähnlicher Frachtstücke eingehobenen ähnlich sind und im Falle, wenn ein Postbediensteter in einem gewöhnlichen Passagierwagen fährt, den gewöhnlichen Passagierfahrpreis mit dem Rechte, Postfelleisen in derselben Ausdehnung zu denselben Bedingungen, als wenn sie Passagiergepäck wären, zu befördern und mit den üblichen den Passagieren gestatteten Privilegien, kleine Felleisen in den Wagen zu nehmen, in dem er reist; in dem Falle, dass eine Abtheilung eines Wagens oder ein ganzer Wagen oder mehr als ein Wagen verlangt würde, eine höhere Bezahlung im Verhältniss des gewährten Wagenraumes und der Anzahl der wirklich mitreisenden Postamtsbediensteten, mit der Anordnung, dass wenn in einem Falle das Postamt einerseits oder die Gesellschaft andrerseits specielle Umstände anführen, um zu zeigen, dass diese Gebühren mit Rücksicht auf die geleisteten Dienste entweder zu hoch oder zu niedrig seien, sie herabgesetzt oder erhöht werden sollen, wie es der Fall verlangen mag, um die Vergütung so nahe als möglich auf denselben Fuss zu bringen, wie die durch die Gesellschaften von dem Publikum eingehobenen Vergütungen; ein Streit, wenn ein solcher entsteht, soll von der weiter unten erwähnten Kommission entschieden werden.

Der Ausschuss empfiehlt diesen Vorgang mehr als irgend einen Versuch einen festen statutarischen Tarif zu vereinbaren, weil die Erfahrung zeigt, dass beim Wechseln der Umstände festgestellte Tarife unanwendbar und veraltet werden.

17. Neues Gericht.

Eines ist unter allen Umständen aus der vorhergegangenen Auseinandersetzung über die gemachten Vorschläge für Regelung der Beziehungen der Eisenbahngesellschaften zum Publikum klar, nämlich dass es schwer ist, irgend welche feste oder selbstwirkende Regeln aufzustellen, welche vermittelst des Eigeninteresses oder der gewöhnlichen Wirksamkeit des Gesetzes das hervorbringen, was zum Schutze des Publikums nothwendig ist. Demzufolge haben fast alle Experten, welche entweder das Handels- oder das Eisenbahninteresse vertreten, die Berufung auf ein Amt oder Gericht vorgeschlagen, welches Streitigkeiten entscheiden und in Wirklichkeit Das thun soll, was Eigeninteresse oder selbst das Gesetz nicht thun können. Was dieses Gericht sein soll und welche seine Funktionen, sind Fragen, über welche die Experten differiren.

Es ist vorgeschlagen worden, einem solchen Gerichte die Revision der Frachtsätze der Gesellschaften anheimzugeben, aber dies kann nicht geschehen, ohne dass das Gericht mit absoluter und willkürlicher Gewalt bekleidet wird, was nicht in Frage kommt, oder ohne dass einige Regeln für seine Richtschnur vom Parlamente aufgestellt werden. Und es ist gezeigt worden, wie undurchführbar es ist, irgend welche solche Regeln aufzustellen.

Es ist gleichwohl die Meinung des Ausschusses, dass ein solches Gericht eingesetzt werden sollte und dass es andere wichtige Funktionen gibt, welche ihm anvertraut werden sollten.

Die erste Funktion wäre die, zu sehen, dass Fracht- und Fahrpreise gehörig veröffentlicht werden; wenn es richtig ist, wie oben vorgeschlagen, dass Fracht- und Fahrpreise bekannt gemacht werden sollen, ist es auch wichtig, dass das Gesetz durchgeführt werden soll und dies ist ein Fall, in welchem ein gewöhnlicher Geschäftsmann kaum gegen eine reiche Gesellschaft processiren wird, um das Gesetz durchzuführen.

Die zweite Funktion wäre, zu sehen, dass die neue Klassifikation der Frachtsätze von den Gesellschaften gehörig angenommen werde, und die von Zeit zu Zeit in dieser Klassifikation vorzunehmenden Veränderungen zu genehmigen.

Die dritte Funktion wäre, wie oben vorgeschlagen, die Gesellschaften aufzufordern, ihre Gründe für ihre Gebühr anzugeben, welche dem ersten Anscheine nach Grund zur Befürchtung einer ungehörigen Bevorzugung geben möchte.

Die vierte Funktion wäre, Klagen über Billigkeit oder Unbilligkeit zwischen Gesellschaften oder zwischen Städten und Distrikten, soweit sie in Bezug auf das Eisenbahn- und Kanalgesetz erhoben werden können, zu untersuchen. Die Entscheidungen der Gerichte über Differenzen zwischen verschiedenen Klassen von Geschäftsleuten sind, wie in einem früheren Theile dieses Berichts mitgetheilt wurde, im Principe befriedigend gewesen, und es scheint kein Grund vorauszusetzen, dass irgend ein speciell eingesetztes Gericht zu besseren Beschlüssen kommen würde. Aber dann ist hervorgehoben, dass die Kosten eines Processes vor dem Court of common pleas so gross sind, dass sie den reichen Gesellschaften grosse Vortheile über Privatgeschäftsleute geben, dass die mangelnde Veröffentlichung der Frachtsätze den Geschäftsmann verhindert, zu wissen, ob er einen Klagegrund hat oder nicht, und dass ein von speciell mit dem Gegenstande vertrauten Personen zusammengesetztes Gericht Fragen dieser Art ohne die Auslagen und Schwierigkeiten entscheiden würde, welche bewältigt werden müssen, um Entscheidungen von einem gewöhnlichen Gerichte zu verlangen. Es ist ferner angeführt, dass Fragen, welche die Angemessenheit von Gebühren betreffen, mehr Gegenstand der Administrativ-Politik als einfache Rechtsfragen sind und besser von einem besonderen Gerichte behandelt werden können. Diesen Behauptungen wohnt eine beträchtliche Kraft inne, und wenn es wünschenswerth gefunden wird, ein besonderes Gericht zum Zwecke der Entscheidung anderer, mit Bezug auf das Eisenbahn- und Kanalgesetz entstehender Fragen aufzustellen, scheint es auch wünschenswerth, dass es Fragen, welche mit Bezug auf diesen Theil entstehen, entscheidet. Es ist zu bemerken, dass von den Eisenbahnvertretern, während viele von ihnen sich für ein besonderes Gericht zur Entscheidung von Differenzen zwischen verschiedenen Eisenbahnen ereifern, fast alle gegen ein ähnliches Gericht zur Entscheidung von Differenzen zwischen den Eisenbahnen und dem Publikum depreciren. In der That, sie führen an, dass das Publikum keine Beschwerden gegen die Eisenbahn haben kann, für welche es nicht durch irgend eine andere Eisenbahngesellschaft oder im gewöhnlichen Processwege Schutz fände. Soweit es sich um Klagen wegen Beschädigung oder Nichterfüllung von Verträgen handelt, ist der Ausschuss der Meinung, dass diese Behauptung wohl begründet ist, und dass es vom Uebel wäre, diese Fälle den gewöhnlichen Gerichten zu entziehen, dass aber, wo es in Frage steht, ob eine angemessene Behandlung nach dem Verkehrsgesetze rivalisirenden Städten oder Geschäftsleuten zu Theil wird, oder ob ungehörige Hindernisse irgend einem speciellen Verkehre in den Weg gelegt werden können, solche Fragen besser und wohlfeiler von einem besondern, mit dem Gegenstande bekannten Gerichte untersucht werden, als von einem gewöhnlichen Gerichte.

Die fünfte Funktion eines solchen Gerichts wäre, zu sehen, dass entsprechende Erleichterungen für die Beförderung von Passagieren und Gütern mit Bezug auf jenen Theil des Eisenbahn- und Kanalgesetzes, welcher sich auf diesen Gegenstand bezieht, gewährt werden.

Darauf bestanden nachdrücklich verschiedene Eisenbahngeschäftsleiter und insbesondere Mr. Broughton, Sir E. Watkin und Mr. Price. Sie heben hervor, dass das in Frage stehende Gesetz nicht direct gewirkt hat, da es dem Gerichte an administrativer Gewalt fehlt, und als zu einem allgemeinen System von direkten Sätzen, Erleichterungen und Fahrberechtigungen gehörend, möchten sie dem Gerichte das Recht geben, alle zwischen verschiedenen Eisenbahngesellschaften entstehenden Fragen zu entscheiden, sofern sie sich beziehen auf den Uebergangsverkehr, auf das Maass, in welchem direkte Fracht- und Fahrgebühren vertheilt werden sollen, auf die Gebühren für die Benutzung der Bahnhöfe, Ausweichplätze, Magazine und Bediensteten, und, wenn Fahrberechtigungen gegeben sind, die verschiedenen aus diesen entstehenden Fragen. Sie würden auch diesem Gerichte die Ermächtigung geben, in Fällen, wo angemessene Erleichterungen verweigert werden, Fahrberechtigungen gegen die widerspenstige Gesellschaft zu ertheilen und auch in einigen nicht klar auseinander gesetzten Fällen gemeinsame Bahnhöfe, neue Verbindungen oder Nebenlinien zu verlangen.

Nun ist es klar bewiesen worden, dass der Court of common pleas nicht fähig ist, Fragen dieser Art zu behandeln und dass die schiedsrichterliche Entscheidung sehr unbefriedigend ist. Es scheint somit, dass Fragen dieser Art, welche entweder aus dem Eisenbahn- und Kanalverkehrsgesetz oder aus irgend einem Zusatze dieses Gesetzes oder aus speciellen Eisenbahngesetzen entstehen, einem besonderen Gerichte übertragen werden sollen.

Die sechste vorgeschlagene Funktion dieses Gerichtes wäre die Kontrole der Zölle auf den in den Händen der Eisenbahngesellschaften befindlichen Kanälen. Wenn, wie oben vorgeschlagen, den Kanalgesellschaften die Ermächtigung gegeben ist, einen direkten Zoll festzusetzen, und wenn Verfügung getroffen ist, um den Sperrungs- oder Kompensationszöllen ein Ende zu machen, könnten die aus einem solchen Gesetze entstehenden Fragen angemessener Weise demselben Gerichte zugewiesen werden, und es scheint keinen Grund zu geben, warum es nicht in Angelegenheiten von Kanälen Fragen eines ähnlichen Charakters entscheiden sollte, wie jene, welche es in Angelegenheit von Eisenbahnen zu entscheiden hat.

Die siebente Funktion, welche füglich einem solchen Gerichte auferlegt werden kann, ist die Durchführung einer den Eisenbahngesellschaften zum Zwecke der Sicherung, entsprechenden Erhaltung und freien Schiffbarkeit von Kanälen auferlegten Verpflichtung.

Die achte Funktion wäre die Entscheidung von Fragen, welche zwischen Lokalbehörden und den Gesellschaften mit Bezug auf neue Zweiglinien entstehen.

Die neunte Funktion wäre, die Entscheidung aller Streitigkeiten zwischen Eisenbahn- und Kanalgesellschaften zu übernehmen, welche nach allgemeinen oder Privatgesetzen jetzt Schiedsgerichten unterworfen sind; ernsthafte und wohlbegründete Beschwerden sind beim Ausschusse erhoben worden über die Aufenthalte, Schwierigkeiten und Auslagen, welche dem gegenwärtigen System des Schiedsgerichts anhaften. Die Personen, welchen man jetzt das Schiedsrichteramt zu übertragen pflegt, sind im Allgemeinen Geschäftsleute, welche Pflichten dieser Art nicht genügende Zeit widmen können, und wenn Entscheidungen gefällt werden, haben sie keine Kraft als Präcedenzfälle. Unter diesen Umständen könnte ein ständiges Gericht, welches die praktischen Kenntnisse von Eisenbahn-Schiedsrichtern besitzt, die in Frage stehenden Pflichten zum grossen Vortheile sowohl der Gesellschaften als auch des Publikums erfüllen.

Die zehnte Funktion wäre, Streitfragen zwischen dem Kriegsamt oder dem Postamt einerseits und den Gesellschaften andererseits, sofern sie die Truppen- oder Postbeförderung betreffen, zu entscheiden.

Es giebt endlich eine andere Pflicht, welche einer solchen Körperschaft übertragen werden könnte, nämlich die, das Parlament in der Eisenbahngesetzgebung zu unterstützen und zu berathen. Es ist bereits vorgeschlagen worden; dass die gegenwärtigen und zukünftigen Fusionsvorlagen einem besonders gewählten und soviel als möglich den Charakter der Permanenz besitzenden gemischten Ausschusse zugewiesen werden sollen. Es wäre wahrscheinlich eine grosse Unterstützung für einen solchen Ausschuss, wenn er Rath und Information von Personen haben könnte, welche eine unabhängige Stellung einnehmen und praktische Kenntnisse und Erfahrung in Eisenbahnangelegenheiten besitzen, solche Personen finden sich in den Mitgliedern der vorgeschlagenen Kommission, und wenn ihre Dienste dem Ausschusse und den Ausschüssen, an welche Fusionsvorlagen verwiesen werden, zur Verfügung gestellt würden, könnte viel Verwirrung vermieden werden, und diese Gesetzgebung könnte harmonischer und befriedigender gemacht werden.

Wie eine solche Körperschaft zusammengesetzt werden sollte, ist eine weitere Frage; keine existirende Institution besitzt die nöthigen Eigenschaften. Das Handelsamt hat nicht den verlangten richterlichen Charakter oder die Aktionsmittel; ein Gericht ermangelt der praktischen Kenntniss und administrativen Gewandtheit, und der Ausschuss der Parlamentshäuser hat keine Permanenz. Es müsste also nach unserer Meinung eine neue Körperschaft für diesen Zweck geschaffen werden, welche Eisenbahn- und Kanal-Kommission heissen könnte; sie sollte aus nicht weniger als drei Personen von hoher Stellung bestehen, von denen eine ein ausgezeichneter Rechtsgelehrter und eine mit der Eisenbahnleitung wohlvertraute Person sein sollte.

Ihr Verfahren sollte so einfach und wenig kostspielig sein, als es mit der Ertheilung der nöthigen Auskünfte und der klaren und angemessenen Untersuchung der Fragen verträglich ist.

Schluss und Vorschläge.

Das Folgende ist eine Uebersicht der allgemeinen Schlussfolgerungen, zu denen der Ausschuss gekommen ist:

1. Frühere Fusionen haben nicht jene Uebel mit sich gebracht, welche vorausgesetzt waren.

2. Konkurrenz zwischen Eisenbahnen existirt nur in beschränkter Ausdehnung und kann durch die Gesetzgebung nicht aufrecht erhalten werden.

3. Vereinbarungen zwischen Eisenbahnen nehmen zu und werden leicht zunehmen entweder durch Fusion oder in anderer Weise.

4. Es ist unmöglich, irgend welche allgemeine Regeln zur Festsetzung

der Grenzen und des Charakters zukünftiger Fusionen festzustellen.

5. Die dringendste Frage, welche jetzt der Lösung harrt, ist, ob unter dem gegenwärtigen Zustande der Dinge für das Interesse des Publikums genügende Vorsorge und Schutz vorhanden ist, und wenn nicht, ob und welche Verbesserungen in Berücksichtigung der bestehenden Rechte der Gesellschaften zum Schutze des Publikums gegen gewisse dem gegenwärtigen System anhaftende Uebel in der Eisenbahngesetzgebung gemacht werden können.

6. Das eigene Interesse der Gesellschaften allein bringt den gewünschten Effekt nicht hervor, da ihr Interesse nur in beschränkter Ausdehnung auch das Interesse des Publikums ist, und es wird daher nöthig zu untersuchen, was auf dem Wege statutarischer Verpflichtung gethan werden kann.

7. Es ist nicht zu zweifeln, dass die Einbringung gewisser Fusionsvorlagen, welche die unmittelbare Veranlassung zur Einsetzung des Ausschusses gewesen sind, eine günstige Gelegenheit darbietet, um den Gesellschaften Bedingungen aufzulegen, welche im öffentlichen Interesse wünschenswerth erscheinen mögen.

8. Aber es ist unmöglich gewesen, die Untersuchung solcher Bedingungen von der Untersuchung der Maassregel zu trennen, welche mit Rücksicht auf alle Eisenbahnen anzunehmen zweckentsprechend wäre; und solche Maassregeln würden, wenn sie vom Parlament angenommen werden, einige der gegen die gegenwärtigen und zukünftigen Fusionen erhobenen Einwendungen beseitigen.

9. Während somit der Ausschuss für die Zukunft auf eine Gesetzgebung allgemeinen Charakters einräth, ist er der Meinung, dass in Ermanglung solcher Gesetzgebung die von ihm empfohlenen Maassregeln, soweit als durchführbar, als Bedingungen den Gesellschaften auferlegt werden sollen, welche die Fusion mit anderen Gesellschaften gegenwärtig ansuchen oder später ansuchen mögen.

10. Der Ausschuss hätte können vorschlagen, dass jede die Fusion ansuchende Gesellschaft ihr ganzes Netz, sei es vor 1844 erbaut oder nicht, den in dem Gesetze von jenen Jahren enthaltenen Bedingungen für den Ankauf durch die Regierung unterwerfen solle; aber er thut es nicht, weil die Bestimmungen jenes Gesetzes den gegenwärtigen Verhältnissen des Eisenbahneigenthums offenbar nicht entsprechen, noch auch leicht von dem Parlamente angenommen werden könnten im Falle einer Absicht des Parlamentes, in Zukunft die Eisenbahnen zu kaufen.

Unter diesen Umständen geht nun der Ausschuss daran, die Abhilfsmaassregeln aufzustellen, welche ihm vorgeschlagen oder in den Sinn gekommen sind, mit den Schlussfolgerungen, zu welchen er bezüglich jedes Vorschlages gekommen ist.

1. Wirkliche Konkurrenz zur See existirt und soll geschützt werden durch die Verhinderung der Eisenbahngesellschaften, über öffentliche Häfen Herrschaft zu erlangen.

2. Konkurrenz durch Flüsse und Kanäle existirt nur theilweise und in beschränkter Ausdehnung, und viele wichtige Glieder der Kanalschifffahrt sind in den Händen von Eisenbahngesellschaften, deren Interesse jedoch ist, sie zu entwerthen. Es ist wichtig, dass eine Anstrengung gemacht werde,

die jetzt existirende Konkurrenz aufrecht zu erhalten, und es ist noch wichtiger (ob nun die Konkurrenz erhalten wird oder nicht), dass die Leistungsfähigkeit der Binnenschifffahrt vollständig ausgenützt und entwickelt werde. Die folgenden Vorschläge haben diesen Zweck im Auge:

1. Kein jetzt in öffentlicher Verwaltung befindliches schiffbares Binnengewässer soll einer Eisenbahngesellschaft übermittelt und unter ihre Herrschaft gestellt werden.

2. Die möglichste Erleichterung soll gegeben werden für die Fusionirung angrenzender Kanäle untereinander oder mit angrenzenden Binnengewässern, und wenn die Verwalter eines schiffbaren Binnengewässers oder eine Kanalgesellschaft bei dem Parlamente um das Recht ansuchen, einen Kanal von einer Eisenbahngesellschaft zwangsweise zu kaufen, soll ein solcher Kauf günstig vom Parlamente angesehen werden.

3. Kein Kanal soll einer Eisenbahngesellschaft übertragen oder direkt oder indirekt unter ihre Herrschaft gestellt werden, noch soll irgend eine zeitweise Verpachtung eines Kanals an eine Eisenbahngesellschaft erneuert werden, wenn nicht klar festgestellt ist, dass die Kanäle nicht mit angrenzenden Kanälen fusionirt oder von diesen oder von einer eine angrenzende Binnenschifffahrtslinie besitzenden Verwaltung betrieben werden können.

4. Wenn immer eine beim Parlament um Fusionirung ersuchende Eisenbahngesellschaft in dem Bezirke eine Kanalverbindung im Eigenthum oder unter Herrschaft hat, soll die Zulässigkeit der Fortsetzung oder Modificirung eines solchen Eigenthums oder einer solchen Herrschaft einen Gegenstand der Untersuchung durch den weiter unten erwähnten gemischten Ausschuss bilden.

5. Die Principien des Eisenbahn- und Kanalverkehrsgesetzes sollen streng in Wirksamkeit gesetzt werden dadurch, dass man von jeder einen Kanal besitzenden oder beherrschenden Gesellschaft verlangt, ihn im Zustande völliger Benützbarkeit zu erhalten, jede Erleichterung für direkten Verkehr zu geben und jedes Hinderniss zu beseitigen, welches, sei es durch Erhebung von Sperrungszöllen oder anderweitig zum Zwecke der Verhinderung des direkten Verkehrs aufgestellt ist, und diese Verpflichtungen sollen im Processwege vor den weiter unten erwähnten Kommissären erzwungen werden.

6. Die Eigenthümer eines Kanals oder eines schiffbaren Binnengewässers sollen das Recht haben, direkte Zoll- oder Frachtsätze zu machen von oder nach jedem Platze ihres eigenen Kanals nach oder von jedem Platze eines anderen Kanals oder einer Eisenbahn, welche eine direkte Route bilden; der Zoll- oder Frachtsatz soll getheilt werden zwischen den Eigenthümern verschiedener Theile der Route und zwar im Allgemeinen nach der Meilenzahl, aber mit der Vorsorge, dass, wenn gegen den Zoll- oder Frachtsatz oder die Vertheilung als unbillig eine Einwendung erhoben wird und keine Vereinbarung zu Stande kommen kann, die weiter unten erwähnten Kommissäre über Verlangen einer der interessirten Parteien den Streitgegenstand entscheiden sollen.

3. Gleiche Meilensätze sind nicht zweckentsprechend.

4. Es ist undurchführbar, für die Revision der Fracht- und Fahrpreise einen auf Kosten und Gewinn basirten Maassstab aufzustellen.

5. Es wäre sehr schwierig und, wenn überhaupt thunlich, von geringem Gewinn für das Publikum einen Maximaltarif für Nebengebühren zu bestimmen.

6. Unmittelbare Herabsetzung von Fracht- und Fahrpreisen kann, selbst wenn sie durchführbar ist, nicht als dauernd wirksam angesehen werden.

7. Eine periodische Revision von Fracht- und Fahrpreisen ist ohne einen Revisionsmaassstab undurchführbar.

8. Die auf eine Beschränkung der Dividende auf einen fixen Betrag begründete Revision von Fracht- und Fahrpreisen ist im Interesse des Publikums nicht wünschenswerth.

9. Die auf eine Theilung des eine gewisse Summe übersteigenden Gewinnes zwischen den Gesellschaften und dem Publikum begründete Revision der Fracht- und Fahrpreise unterliegt in diesem Lande grossen, wenn nicht unüberwindlichen Schwierigkeiten.

10. Eine neue und einheitliche Klassifikation der Frachtsätze ist wünschenswerth und durchführbar, und es soll möglich sein, die Klassifikation von Zeit zu Zeit mit Zustimmung der weiter unten erwähnten Kommissäre zu verändern.

11. Die Gesellschaften sollen verhalten werden, durch Ausfolgung ihrer Tarife an jeder Station das Publikum zu informiren, welche Gebühren sie für Frachtgüter nach allen Stationen, nach welchen sie kartiren, erheben und zwar mit Unterscheidung zwischen Meilensatz und Nebengebühren und Angabe aller besonderen Sätze und Verträge. Wenn eine Klage vorkommt, dass diese Bedingung nicht angemessen erfüllt wird, sollen die weiter unten erwähnten Kommissäre das Recht haben, sie zu erzwingen.

12. Wenn ein Fall vorkommt, aus dem auf den ersten Anschein der Verdacht entsteht, dass eine Gesellschaft entgegen den Principien des Eisenbahn- und Kanalverkehrsgesetzes ungleiche und unbillige Gebühren einhebt, sollen die erwähnten Kommissäre das Recht haben, von der Gesellschaft zu verlangen, dass sie ihre Gründe für diese Gebühren angebe.

13. Es ist sehr schwer über Arbeiterzüge allgemeine Gesetze zu geben, aber wo sie nachgewiesener Maassen nöthig sind, kann die Verpflichtung sie einzuführen ganz gut als Bedingung der Fusion auferlegt werden.

14. Indem es einerseits Fusionen geben kann, welche so gross sind, dass man dagegen Einwendungen erheben kann, und indem es anderseits Fälle giebt, in denen eine Fusion offenbar wünschenswerth ist, ist es unmöglich, die Eisenbahnkarte umzugestalten oder durch einen allgemeinen Plan festzustellen, welche Fusionen erlaubt sein sollen und welche nicht.

15. Im Falle Zweigbahnen nöthig sind und von den bestehenden Gesellschaften verweigert werden, soll den Lokalbehörden die Ermächtigung gegeben sein, sie zu bauen oder den bestehenden Gesellschaften eine entsprechende Verzinsung des nöthigen Kapitals zu garantiren und wenn eine solche Garantie gegeben ist, sollen die Gesellschaften verpflichtet sein, die Linie zu bauen und zu befahren.

16. Das Eisenbahn- und Kanalverkehrsgesetz soll so ausgedehnt werden, dass jede Eisenbahngesellschaft berechtigt sei, direkte Fracht- und Fahrpreissätze von oder nach jeder Station ihrer eigenen Linie nach oder von jeder

Station jeder anderen Linie festzusetzen. Die Sätze sollen nach Abschlag der Nebengebühren als allgemeine Regel nach Meilenzahl getheilt werden, aber mit der Vorsorge, dass, wenn gegen den vorgeschlagenen Satz und seine Vertheilung als unbillig eine Einwendung erhoben wird und keine Vereinbarung zu Stande kommen kann, die weiter unten erwähnten Kommissäre auf Verlangen einer der interessirten Gesellschaften den Gegenstand entscheiden sollen.

17. Fahrberechtigungen können in gewissen Fällen mit Nutzen ertheilt werden, und die Angemessenheit sie zu ertheilen, soll von dem später erwähnten gemischten Ausschusse sorgsam beachtet werden, aber es ist nicht durchführbar und wünschenswerth, den Eisenbahngesellschaften im Allgemeinen Fahrberechtigungen über die Linien anderer Gesellschaften zu geben oder diese Berechtigungen als durch allgemeine Gesetzgebung aufzulegende Bedingungen zu behandeln. Differenzen betreffs der Fahrberechtigungen sollen, wenn sie vorkommen, von den genannten Kommissären entschieden werden.

18. Die Durchführung des Eisenbahn- und Kanalverkehrsgesetzes soll einem besonderen Gerichte, welches Kenntniss vom Eisenbahngeschäft besitzt, überwiesen werden. Ein solches Gericht findet sich in der weiter unten erwähnten Eisenbahn-Kommission.

19. Die jetzt vom Kriegsamte für Truppentransporte gezahlten Fahrpreise sollen auf einen solchen Betrag herabgesetzt werden, dass sie den Gesellschaften mit Rücksicht auf die Natur des Dienstes einen gleichen, aber nicht höheren Gewinn abwerfen, wie er aus dem gewöhnlichen Passagierverkehre mit Vergnügungs- oder gewöhnlichen Zügen sich ergiebt. Diese Fahrpreise sollen, wenn sie festgestellt sind, von Zeit zu Zeit einer Revision unterworfen werden, und Differenzen, wenn solche zwischen dem Kriegsamte und den Gesellschaften entstehen, sollen von den erwähnten Kommissären entschieden werden.

20. Der General-Postmeister soll das Recht haben, Postfelleisen mit oder ohne Diener mit jedem Zuge von oder nach jeder Station zu senden. Solche Felleisen sollen auf der Plattform ohne Kartirung und andern Aufenthalt übernommen und abgegeben werden; die Bezahlung soll so nahe als möglich dieselbe sein, wie sie die Gesellschaften dem Publikum für ähnliche Dienste auferlegen. Der Generalpostmeister soll auch das Recht haben, auf seine eigenen Kosten auf jeder Station einen Apparat für die Auswechselung für Felleisen ohne Aufenthalt des Zuges aufzustellen. Differenzen, wenn solche zwischen dem Generalpostmeister und den Gesellschaften entstehen, sollen von den erwähnten Kommissären entschieden werden.

21. Zur Erfüllung der verschiedenen, in diesem Berichte erwähnten Pflichten soll unter dem Titel: Eisenbahn- und Kanal-Kommission eine besondere Körperschaft zusammengesetzt werden, welche aus nicht weniger als drei Mitgliedern bestehen soll. Sie sollen Personen von hoher Stellung sein, von denen eine ein ausgezeichneter Rechtsgelehrter und eine mit den Details und der Praxis des Eisenbahngeschäftes genau bekannt sein soll.

22. Wenn immer in existirenden allgemeinen und besonderen Eisenbahn- oder Kanalgesetzen eine Verfügung über schiedsrichterliche Entscheidungen zwischen Eisenbahn- und Kanalgesellschaften getroffen ist, soll die Jurisdiktion der Schiedsrichter und Obmänner den Kommissären übertragen werden.

23. In zukünftigen Privatkoncessionen soll die Beziehung auf die Kommissäre an die Stelle ähnlicher Schiedsgerichte gesetzt werden.

24. Die gegenwärtigen und zukünftigen Fusionsvorlagen und alle Vorlagen, welche die Uebertragung von Rechten auf öffentliche Häfen oder die Uebertragung des Eigenthums oder der Beherrschung von Kanälen oder Schifffahrtslinien an Eisenbahngesellschaften in sich fassen, sollen einem permanenten und besonders erwählten gemischten Ausschusse zugewiesen werden. Es soll die Pflicht solchen Ausschusses sein, die oben vorgeschlagenen Bedingungen soweit als thunlich den Gesellschaften aufzuerlegen und es soll auch seine Pflicht sein, sorgfältig zu beachten, welche besonderen Bedingungen bei jeder einzelnen Fusion oder Uebertragung zum Schutze des Publikums oder anderer Gesellschaften nöthig sind. Es soll Sorge getragen werden, dass keine Geschäftsleute oder andere Personen, welche ein Interesse daran haben, billige Sätze und Bedingungen von den Gesellschaften zu erlangen, durch irgend eine die Zulässigkeits-Erklärung (locus standi) betreffende Regel von dem Erscheinen vor einem solchen Ausschuss ausgeschlossen werden, und der Ausschuss sieht keinen Grund, warum öffentliche Behörden nicht dasselbe Recht haben sollen, vor diesem (und in der That vor jedem) Eisenbahnausschusse zu erscheinen.

25. Wenn die obigen Vorschläge vom Parlament angenommen werden, werden sie nicht die Wirkung haben, das Wachsthum des Eisenbahnmonopols zu verhindern oder sicher zu stellen, dass das Publikum durch Herabsetzung der Fracht- und Fahrpreise an erhöhten Gewinnen, welche die Eisenbahngesellschaften machen mögen, Theil nehmen werde. Aber der Ausschuss glaubt, dass ihre Wirkung sein wird:

a) Die Konkurrenz, welche jetzt von Seiten des Meeres existirt, zu erhalten.

b) Der Konkurrenz durch Kanäle unmittelbar jene Unterstützung zu geben, welche durchführbar ist, und sowohl unmittelbar als auch endgiltig die Leistungsfähigkeit der Kanäle zu entwickeln und auszunützen.

c) Das Publikum wissen zu lassen, was es bezahlen muss und warum es bezahlen muss und ihm bessere Mittel, als jetzt existiren, für die Erreichung einer Abhilfe gegen ungebührliche Belastung zu geben.

d) Die harmonische Benützung und Entwickelung der gegenwärtigen Eisenbahn- und Kanalnetze zu bewirken, so dass von ihnen im Interesse des Publikums und gleichzeitig der Aktionäre die grösste Summe von gewinnbringender Arbeit, welche sie zu leisten im Stande sind, erzeugt wird.

BEILAGE II.

Aus dem vierten Jahres-Berichte der Board of Railroad Commission in Boston. (Januar 1873.)

Frachtwagen-Kompagnien.

Durch Kapitel 65 der Resolutionen von 1872 wurde dieses Amt beauftragt zu erforschen und der nächsten Legislatur zu berichten: „ob Wagen, welche anderen Personen oder Körperschaften als Eisenbahngesellschaften gehören, für den Waarentransport auf den Eisenbahnen in diesem Staate in Gebrauch sind; und, wenn ja, wem diese Wagen gehören, und zu welchen Bedingungen dieselben transportirt werden, und ob irgend ein ungerechter oder unbilliger Unterschied oder Vortheil entweder in den Frachtsätzen, oder in der Schnelligkeit der Beförderung, oder in anderer Weise den Eignern solcher Wagen von den in diesem Staate koncessionirten Eisenbahnen gewährt wird; und auch, ob die Beamten einer solchen Eisenbahngesellschaft aus der Beförderung solcher Wagen auf den Eisenbahnen, deren Leitung sie haben, einen pekuniären Vortheil erzielen."

Seit der Vertagung der letzten Legislatur wurde die öffentliche Aufmerksamkeit specieller auf den Gegenstand, dessen Erforschung hierdurch angeordnet ist, gelenkt in Folge von Mittheilungen, welche in der Presse in Bezug auf die Leitung gewisser Eisenbahnen, die unter den Gesetzen von Vermont betrieben werden, aber in enger Verbindung mit Gesellschaften dieses Staates stehen, gemacht wurden. Die Kommissionsglieder haben dem Gegenstande die beste Beachtung geschenkt und unterbreiten hiermit die Resultate, zu denen sie gelangt sind.

In der Praxis giebt es gegenwärtig 3 Arten von Eignerschaft an dem auf dem Eisenbahnnetze dieses Landes in Verwendung stehenden Lastwagenparke: 1. die Eignerschaft einzelner Eisenbahngesellschaften, 2. die Eignerschaft dieser Gesellschaften als Theile einer aus verschiedenen zusammenhängenden Bahnen bestehenden Organisation und 3. die Eignerschaft privater Partheien oder Gesellschaften, welche aus der Verwendung ihrer Wagen durch die Eisenbahngesellschaften Gewinn ziehen. Die erste Art des Eigenthums ist die gewöhnlichste und es ist nicht nöthig dabei zu verweilen. Die Wagen sind in diesem Falle das Eigenthum der einzelnen Gesellschaften und sind ausschliesslich für den Gebrauch auf ihren Bahnen bestimmt. Wenn jedoch sie für irgend einen

Zweck auf angrenzende Bahnen übergehen, wird ihre Verwendung nach gewissen einverständlichen Sätzen bezahlt, gewöhnlich berechnet zu so und so viel per Tag. Dies war die Form der Eignerschaft, welche in den früheren und einfacheren Zeiten des Bahntransportes fast ausschliesslich existirte und keinem Missbrauche unterworfen ist. Als jedoch das Netz sich entwickelte, und die in Verbindung stehenden Linien sich ausdehnten, hörte diese Form der Eignerschaft auf, den Ansprüchen des Publikums zu genügen. Die ihr nothwendig anhängenden Verzögerungen, Schwierigkeiten und Unzukömmlichkeiten waren die Quelle schwerer und wohlbegründeter Klagen. Wo Güter auf grosse Entfernungen über eine Anzahl zusammenhängender Bahnen befördert werden mussten, fanden es Aufgeber und Empfänger fast unmöglich, mit mehreren Gesellschaften zugleich geschäftlich zu verhandeln, wo die Verantwortlichkeit einer jeden von ihnen an der Grenze ihrer speciellen Linie aufhörte. Diese Thatsache gab der Entwicklung der verschiedenen Express- und Schnellverkehrsanstalten (express- and dispatch companies) einen grossen Vorschub. Diese unternahmen es, unter fortdauernder eigener Verantwortung für Sicherheit und pünktliche Ablieferung Güter in Empfang zu nehmen und sie über mehrere abgesonderte und in Verbindung stehende Bahnen nach ihren Bestimmungsorten zu befördern. Diese Organisationen besassen selbst nicht Wagen oder Rollmaterial, — sie verwendeten einfach das, was die einzelnen Eisenbahngesellschaften zur Verfügung stellten und zahlten für diese Verwendung. Dieses System entwickelte rasch schwere Missbräuche. Die Gewinne der Express- und Dispatch-Companies waren gross und die Beamten der verschiedenen Eisenbahnen wurden nach und nach mehr oder weniger pekuniär bei ihnen interessirt. Diese Leute wurden so direkt widersprechenden Interessen unterworfen. Als Beamte einer Eisenbahngesellschaft waren sie verpflichtet darnach zu sehen, dass die sie anstellende Gesellschaft eine volle Entlohnung für die Benützung ihres Rollmaterials und Bahnkörpers erhalte; aber als Theilnehmern an den Express- und Dispatch-Companies wurde ihnen, was immer die Eisenbahngesellschaften erhielten, im Verhältniss von ihrem Theilnehmerschaftgewinne abgezogen. Die Tendenz war jedoch bis zum Jahre 1865 stark in dieser Richtung.

Die Vortheile der Raschheit und Verantwortlichkeit in der Beförderung von Gütern, welche die Dispatch-Companies der Geschäftswelt boten, waren im Vergleich mit dem, was durch die Verhandlung mit verschiedenen einzelnen unzusammenhängenden Linien erreichbar war, so augenscheinlich, dass es unausweichlich schien, dass das ganze Geschäft des durchgehenden Frachtverkehrs nach und nach in ihre Hand übergehen müsse, und dass, so weit als dieser, der grösste und gewinnreichste Theil des Güterverkehrs, in Betracht kam, die Eisenbahngesellschaften sich endlich auf die reine Verpflichtung der Lieferung und Beförderung von Wagen für die Frachtführer beschränken würden, ohne dass sie mit dem allgemeinen äusseren Publikum in Verhandlung kämen. Die Express- und Dispatch-Companies würden unter diesem System die Stellung des befördernden Mittelsmanns eingenommen haben.

Es wäre schwer gewesen, ein System zu erfinden, welches besser als dieses Gelegenheit zum Uebervortheilen der Eisenbahngesellschaften durch ihre Beamten gegeben hätte. Dies wäre unausweichlich das Resultat in den Gesellschaften gewesen, welche zu möglichst billigen Sätzen die Hauptarbeit vollbrachten, während die Dispatch-Companies vom Publikum den grössten Gewinn eingehoben hätten. Diese klare Thatsache zog alsbald die Aufmerksamkeit der Direktoren gewisser leitender direkter Linien auf sich, und es wurde zuerst vorgeschlagen, dass sie selbst in ihrer Eigenschaft als Privatpersonen sich zu Kompagnien organisiren sollten, um das Beförderungsgeschäft über die von ihnen betriebenen Linien auszuüben im Gegensatz zu den existirenden Dispatch-Companies, und zwar diesen um einen Schritt voraus durch den Besitz ihres eigenen Rollmaterials und gleichzeitig die völlige Herrschaft über die Wege erlangend durch die Herrschaft über das, ohne welches die Wege nicht benützt werden konnten. In anderen Worten, soweit der direkte Frachtverkehr in Betracht kam, hatten die Beamten die Wagen zu liefern und alles Geschäft mit dem Publikum im eigenen Interesse zu verhandeln, die Eisenbahngesellschaften mussten sich auf die Eignerschaft am Bahnkörper und an der Zugkraft beschränken. Dieser Plan konnte nicht die Zustimmung gewisser Beamten erhalten, welche entweder mehr für die Rechte ihrer Arbeitgeber besorgt oder stark in den Papieren der von ihnen repräsentirten Gesellschaft interessirt waren. Diese Herren stimmten vollständig überein bezüglich der absoluten Nothwendigkeit einer Organisation der proponirten Art, welche für durchgehenden Verkehr eine praktische Vereinigung der verschiedenen einzelnen und zusammenhängenden Linien bilden sollten, um dem Publikum irgend eine verantwortliche Persönlichkeit, mit der man verhandeln konnte, zu bieten, aber sie bestanden darauf, dass die Gesellschaften selbst, und nicht ihre Beamten die vorgeschlagene Organisation bilden und die daraus entstehenden Gewinne einstreichen sollten. Diese Ansicht siegte, und ihr entsprechend wurden die verschiedenen als die „Farbigen“ bekannten Verkehrslinien, oder Rothe, Weisse und Blaue Linien organisirt. Jedoch nur gewisse Bahngesellschaften sind zu diesen Organisationen verbunden. Manche Gesellschaften sind entweder Theilnehmer an konkurrirenden indirekten Linien, oder sie haben es nicht für ihr Interesse gehalten, in das System einzutreten, und ihre Wagenkontingente dazu beizusteuern.

Es ist auf einer dieser konkurrirenden direkten Linien zwischen New-England und dem Westen, dass das ursprünglich vorgeschlagene und dann zu Gunsten der farbigen Linien aufgegebene System in diesem Theile des Landes seine vollste Entwickelung gefunden hat. Angesichts des grossen Erfolges und der Popularität der farbigen Linien wünschten die Leiter der konkurrirenden Route ein ähnliches System für die unter ihrer Herrschaft stehenden Bahnen zu organisiren. Als der Gegenstand verhandelt wurde, zeigte sich die Schwierigkeit des Mangels an Betriebsmitteln. Die leitenden Persönlichkeiten der Vermont Central-Bahn, welche das wichtigste Glied der Kette war, versicherten, dass diese Gesellschaft nicht in der Lage sei, ihr Wagenkontingent zu einer Organisation der vorgeschriebenen Art beizutragen. Es wurde sonach vorgeschlagen, dass gewisse Private mit Einschluss der Direktoren der Bahnen unter sich das nöthige Kapital aufbringen, die ihnen zu eigen bleibenden Wagen beistellen und über die zusammenhängenden Bahnen zu gewissen Meilensätzen fahren sollten. Dieser Plan wurde ausgeführt und die National-Car-Company wurde gebildet. Die Wagen unterschieden sich durch die grüne Farbe, mit welcher sie angestrichen waren. Die Gesellschaft trat 1868 in Thätigkeit mit dem Eigenthum von 200 Wagen, welche mit einer patentirten verschiebbaren Axe versehen waren, um sie zur Fahrt auf Bahnen von verschiedener Spurweite zu befähigen. Die Vergütung für die Verwendung dieser Wagen war zuerst

3 Cents für die durchfahrene Meile voll oder leer. In der Folge, als die Zahl der Wagen wuchs, wurde die Vergütuug für den hinzukommenden Theil derselben auf 2·5 Cents per Meile herabgesetzt; welcher Betrag bei einem weiteren Hinzukommen von Wagen wieder auf 2 Cents per Meile reducirt wurde. Das Geschäft zeigte sich äusserst gewinnreich für die Eigner der Wagen, deren Zahl rasch wuchs von 200 im Jahre 1869 auf 1000 im Jahr 1872. Jedoch in Folge des strengen Tadels gegen sie während des letzten Herbstes in Verbindung mit den finanziellen Wirren der Vermont-Central-Bahn veräusserte die Kompagnie die Hälfte ihrer Wagen an die Grand-Trunk-Bahn und hat jetzt 500 im Betrieb. Der Erfolg dieser Organisation jedoch und die fühlbar drängende Nothwendigkeit eines Ergänzungs-Lastwagenparks auf einer insolventen Bahn führte die Leiter der Vermont-Central zur Organisirung einer anderen Kompagnie im Jahre 1870, genannt Vermont-Iron- und Car-Co., welche bestimmt war, den Lokalverkehr auf der Vermont-Central und den mit ihr zusammenhängenden Bahnen zu bestimmten Meilensätzen zu besorgen in derselben Weise, wie die National-Dispatch den Durchgangsverkehr besorgte. Die Wagen dieser Kompagnie waren von gewöhnlicher Bauart und die Vergütung für ihre Verwendung war 2·5 Cents per Meile. Die Kompagnie begann ihre Operationen mit 200 Wagen, welche Zahl rasch wuchs bis etwa 700 im September 1872. Es versteht sich, dass das Unternehmen sehr gewinnreich für die daran Betheiligten gewesen ist, welcher Umstand in der That sicher aus dem raschen Anwachsen seines Eigenthums geschlossen werden kann, da nicht vorausgesetzt werden kann, dass das Anwachsen lediglich das Resultat eines von den Theilnehmern eingezahlten neuen Kapitals war.

Die Organisationen und Kompagnieen, von denen hier gesprochen wurde, bilden, soweit dieses Amt zu erforschen in der Lage war, die einzigen Eigner von in dem Güterverkehr auf dem Eisenbahnnetze von Massachusets verwendeten Wagen. Andere, sowohl diesen ähnliche als auch von ihnen verschiedene Organisationen existiren zweifellos in verschiedenen Theilen der Union; aber die Kommissionsmitglieder waren nicht im Stande, eine Spur ihrer Thätigkeit in Massachusets aufzufinden. Die United-States-Rolling-Stock-Co. ist ein solcher Fall. Diese Organisation, von welcher General George B. Mc. Clellan Präsident ist, macht Geschäfte durch das Eigenthum und die Vermiethung von Eisenbahn-Rollmaterial, indem sie auf diese Weise den Bedarf mancher Gesellschaften deckt, welche aus Mangel an Mitteln nicht genügend ausgestattet sind oder welche es gewinnreicher finden, einen zeitweisen Bedarf auf diese Weise zu decken, als zu Zeiten einen unbeschäftigten Ueberschuss in Vorrath zu haben.

Was somit die in Kap. 65 der Resolutionen von 1872 erwähnten besonderen Punkte betrifft, in Bezug auf welche dieses Amt zu berichten beauftragt war, erscheint Folgendes:

1) „Ob Wagen, welche anderen Personen oder Körperschaften als Eisenbahngesellschaften gehören, für den Waarentransport auf den Eisenbahnen in diesen Staaten in Gebrauch sind?"

Die als farbige Durchgangsfrachtlinie bekannten Organisationen, welche in einem sehr hohen Grade das Geschäft des direkten Frachtverkehrs absorbirt haben, sind fast ausschliesslich aus Eisenbahngesellschaften zusammengesetzt, welche je ihr Wagenkontingent zur Linie beisteuern. Diese Organisationen sind vollkommen unangreifbar und erfüllen eine sehr nützliche Aufgabe in der Transportthätigkeit, ebenso vortheilhaft für die Eisenbahngesellschaften, wie für das Gemeinwesen. So viel man weiss, existiren nur zwei Ausnahmen von der Regel, dass die zu diesen Linien gehörigen Wagen das Eigenthum der sie bildenden Bahnen sind. In einem Fall hat eine Dispatch-Linie, bekannt als die Merchants-Dispatch, von den vereinigten Bahnen die Erlaubniss erhalten, ein Wagenkontingent in derselben Weise, wie eine Eisenbahn, in die Linie einzustellen, indem ihre Wagen in Verwendung kommen, und für sie gezahlt wird in derselben Weise, wie bei den Wagen der verschiedenen Bahnen. In gewissen anderen Fällen, wo schwache oder vacante Bahnen berechtigt waren, ein Wagenkontingent beizustellen, aber dies zu thun nicht im Stande oder gewillt waren, wurden gewisse Privatpersonen autorisirt, solche Kontingente im Namen der Gesellschaft beizustellen. Ein solcher Vorgang giebt einem gewissen Tadel Raum, wie alle Operationen, an welchen eine Gesellschaft gewinnreich theilnehmen könnte, welche aber in Wirklichkeit auf ihre Beamten als Privatpersonen übergegangen sind. Gleichzeitig muss auch beobachtet werden, dass, obwohl es für die Eisenbahngesellschaft besser wäre, ihr Wagenkontingent für die Linie selbst zu liefern, es doch, da sie es nicht thut, wenigstens für das Publikum und nicht unwahrscheinlich auch für sie selbst besser ist, dass die Gesellschaft sie indirekt liefere, als dass gar nicht zur Linie gehöre.

Abgesehen von diesen Ausnahmsfällen von Wagen der farbigen Linien, welche anderen Partheien, als Eisenbahnen, gehören, ist zu bemerken, dass zwei verschiedene Kompagnieen, bekannt als die National-Car-Co. und die Vermont-Iron- and Car-Co., welche nicht die nothwendige Verbindung mit den Eisenbahngesellschaften, über deren Linien ihre Wagen laufen sollten, haben, auch eigene Wagen im Güterverkehr auf den Bahnen dieses Staates verwenden. Beide Kompagnieen sind unter der Gesetzgebung von Vermont organisirt, obwohl im Jahre 1868 in der Gesetzgebung von Massachusets eine Akte durchging (Caput 205), durch welche die erstere organisirt werden sollte.

2) „Wem solche Wagen, die nicht Eigenthum der Eisenbahngesellschaften sind, gehören?“

Bei den farbigen Linien sind die nicht den Eisenbahngesellschaften gehörigen Wagen Eigenthum der Merchant-Dispatch-Co., einer Korporation des Staates New-York und privater Personen, welche autorisirt sind, sie im Namen gewisser Eisenbahngesellschaften beizustellen, welche das Recht hatten, dies zu thun, aber es unterliessen dies selbst zu benützen. Die Kommissionsmitglieder waren nicht im Stande sicher zu stellen, dass Beamte einer Massachusets-Bahn zur Zahl derjenigen gehören, welche Wagen im Namen ihrer Gesellschaften liefern.

Die National-Car-Co. und die Vermont-Iron- and Car-Co. waren in ausgedehntem Maase aus Beamten der verschiedenen die Northern-Route zwischen Boston und dem Westen bildenden Eisenbahnen zusammengesetzt, und ein Theil von ihnen war im Dienste der Gesellschaften dieses Staates.

3. „Zu welchen Bedingungen werden solche Wagen, welche nicht Eigenthum von Eisenbahngesellschaften sind, transportirt?“

Die Wagen, welche den bei den Farbigen Linien interessirten privaten Gesellschaften oder Individuen gehören, werden zu demselben Satze — 1·5 cents per Mile — befördert, wie jene, welche den eigentlich die Linie bildenden Gesellschaften gehören. Dieser Satz wurde Gewinn bringend gefunden Dank dem Umstande, dass auf dem grösseren Theile der Eisenbahnen der Vereinigten Staaten Mangel an Rollmaterial herrscht; es giebt mehr Gesellschaften, welche Wagen miethen, als solche, welche sie vermiethen, und Frachtwagenpark ist so gleichsam zu einer Waare für die schuldenden und kreditirenden Gesellschaften geworden. Jene Eisenbahnen somit in den Farbigen Linien, welche ihr ganzes Kontingent oder mehr an Wagen liefern, nehmen eine gewisse Geldsumme für die Verwendung jener Wagen von anderen Bahnen ein, welche weniger als ihr Kontingent liefern. Da dies Geschäft meistens auf lange Distancen geht — wobei die Wagen fortwährend in Bewegung sind — wurde der Satz von 1·5 cents profitabel gefunden; für kurze Distancen würde es anders sein. Die Unterscheidung ist wichtig in Beziehung der Verwendung dieser Wagen im sogenannten Lokalverkehr, wo sie für die Ausladung aufgestellt, oder nach einer kurzen Fahrt bei Seite gestellt werden. Eisenbahnfrachtagenten versichern, dass sie glücklich sind, für direkten Verkehr oder lange Strecken Wagen zu einem Cent per Meile zu vermiethen, während für Lokalverkehr oder kurze Strecken sie ebenso glücklich sind, sie zu 2 Cents zu miethen. Es ist diesem Umstande zu verdanken, dass die Wagen der farbigen Linien sich als Gewinnquelle erwiesen haben, wenn sie zu dem niedrigen Satz von 1·5 Cents per Meile laufen.

4. „Ob den Eignern solcher Wagen von den in diesem Staate koncessionirten Eisenbahngesellschaften irgend ein ungerechter oder unbilliger Unterschied oder Vortheil zugestanden wird, sei es in Frachtsätzen, oder in Schnelligkeit des Verkehrs oder in irgend anderer Weise?“

Die Farbigen Linien wurden organisirt, um den Durchgangsverkehr zu erleichtern, und was immer für Vortheil in Bezug auf Unterschied in Frachtsätzen und dergleichen ihnen gegeben ist, muss augenscheinlich den Gesellschaften zuwachsen und in keiner Weise das äussere Publikum berühren. Was die National-Car-Co. und die Vermont-Iron- and Car-Co. betrifft, wurde angegeben, dass sowohl in als ausser diesem Staate das Resultat erfolgt ist, welches natürlich aus dem Umstande zu erwarten war, dass die Beamten der Bahnen ein direktes pekuniäres Interesse an den Einnahmen der Wagen dieser Kompagnieen hatten. Es wurde versichert, und die Kommissionsmitglieder sind dessen überzeugt, nicht ohne Grund, dass die Wagen dieser Kompagnieen, welche zu fixirten Meilensätzen ob voll, theilweise voll, oder leer laufen, für die Beförderung von Waaren zu Frachtsätzen in Bewegung gesetzt worden sind, welche zu Zeiten bewirkt haben, dass die Eisenbahn mehr als den ganzen für die Fracht eingenommenen Betrag für Wagenmiethe bezahlen musste. Dies ist in manchen Fällen fast beständig geschehen. In noch anderen Fällen wurde den Wagen jener Privatkompagnieen der Vorzug vor den Wagen der Eisenbahngesellschaften gegeben — indem man die letzteren auf den Seitengleisen stehen liess, während alle Waaren für die ersteren reservirt wurden. In keinem dieser Fälle jedoch können die Kommissionsmitglieder sehen, inwiefern das aussen stehende Publikum zu leiden hatte. Aktionäre und Eisenbahngesellschaften waren die Opfer und wurden möglicherweise zum Bankerott gebracht, aber die Waaren des Publikums wurden demzufolge nicht nur zu nicht höheren Sätzen befördert, sondern zu ungehörig herabgedrückten Sätzen, da das reine Faktum, Güter zu irgend einem Preise zu transportiren, den Wagenkompagnieen Meilengelder einbrachte, obwohl die Bahngesellschaften keinen Frachtgewinn einnahmen. Der Gegenstand betraf somit ausschliesslich die Bahngesellschaften und insbesondere, wie die Resultate gezeigt haben, jene von Vermont, aber nicht das Gemeinwesen im Ganzen.

Das Abhilfsmittel ist in der Hand der Besitzer von Eisenbahnpapieren, welche jederzeit, wenn sie es passend finden, ihren Beamten verbieten können, in diesen unabhängigen Kompagnieen interessirt zu sein, oder auch die Verwendung der Wagen solchen Kompagnieen auf ihren Bahnen verwehren können. Finden sie dies nicht passend, würde kein guter Grund vorhanden sein, warum das Gemeinwesen als solches in ihre Angelegenheiten eingreifen sollte, indem es dadurch in einem beträchtlichen Grade seine eigenen Versendungsvortheile schmälern würde.

5) „Ob die Beamten einer solchen Eisenbahngesellschaft einen pekuniären Vortheil an dem Verkehr solcher Wagen auf den von ihnen dirigirten Eisenbahnen beziehen?“

Es möchte scheinen, nach dem was gesagt wurde, dass ein Theil der Beamten der mit der Vermont-Central-Bahn zusammenhängenden Gesellschaften aus der Verwendung solcher Wagen auf den von ihnen dirigirten Bahnen pekuniären Vortheil ziehe; und unzweifelhaft, wenn die Eignerschaft an dem Parke der Wagenkompagnieen nachgewiesen werden könnte, würde gefunden werden, dass die Beamten von anderen Gesellschaften auch in höherem oder geringerem Grade dabei interessirt waren. Dasselbe kann gesagt werden von den Express-Companies und den Dispatch-Linien, und in der That bleibt auch die Praxis hierbei nicht stehen und findet auch nicht in dieser Gattung von Unternehmungen die schlimmsten Fälle. Im Gegentheile, das Uebel ist hier mehr auf der Oberfläche als fast irgend wo sonst, mehr der Kritik zugänglich und weniger dem Missbrauch unterworfen. Die Beamten von Eisenbahngesellschaften sind in der Regel nicht reich und sie sind grossen Versuchungen unterworfen, sie vertreten Gesellschaften im Verkehr mit Eisen- und Kohlenbergwerken, Landgesellschaften, Wagen- und Lokomotivfabriken, Walzwerken, Viehhöfen, Rollmaterial- und Express-Kompagnieen und zahllosen anderen Geschäftsunternehmungen, deren jede bestrebt ist, sich ihren guten Willen zu sichern. Es giebt natürlich keinen so sicheren Weg dazu, als indem man sie an dem Geschäftsgewinn interessirt. Es ist ganz unmöglich, einem Beamten bei jedem Geschäftsabschlusse nachzugehen, und die einzige Sicherheit von einigem Werth, welche eine Gesellschaft erreichen kann, liegt nothwendiger Weise in dem guten Charakter und der genügenden Bezahlung ihrer Beamten. Kommt hierzu für die leitenden Beamten ein direktes Interesse an dem Kapital und den Papieren der Gesellschaften, so besitzen diese alle Garantieen, welche für sie, zu erlangen, und für die Gesetzgebung, zu geben, möglich ist; ohne diese müssen nach der Natur der Sache Eisenbahngesellschaften immer ganz besonders ausgesetzt sein, von jeder Art indirekter Geschäfte seitens Derjenigen, deren Händen die Sorge ihrer Interessen anvertraut ist, zu leiden.

Zum Schlusse machen ihre Nachforschungen die Kommissionsmitglieder geneigt zu glauben, dass der besondere Interessenwiderstreit zwischen Gesellschaften und Beamten, auf welchen ihre Untersuchungen durch die Resolution von 1872 gerichtet war, auf den Eisenbahnen in Massachusets in einem sehr beschränkten Grade existirt; — dass, wo er existirt, seine schädlichen Wirkungen, wenn es solche gibt, auf die Gesellschaften selbst beschränkt bleiben, und keineswegs direkt von Jenen gefühlt werden, welche auf den Linien der Gesellschaften verkehren.

BEILAGE III.

Aus Mr. James Allport's

Bestimmungen über die Sicherung von Erleichterungen und Fahrberechtigungen.

Anmerkung. — In diesem Entwurfe ist unter „aufgelöster Gesellschaft" jene Gesellschaft verstanden, bei welcher das Aufgehen dieses Unternehmens in das einer anderen Gesellschaft (wie z. B. das Aufgehen der Lancashire & Yorkshire durch Verschmelzung mit der London & North-Western) die Nothwendigkeit den Verkehr anderer Gesellschaften zu schützen entstehen lässt. „Die Gesellschaft" bedeutet die durch das Verschmelzungsgesetz geschaffene vereinigte Gesellschaft. Der von den Bestimmungen in Aussicht genommene Schiedsspruch ist summarischer Schiedsspruch vom Kontrol-Amte oder der in der Aussage vor dem Ausschusse angedeutete Schiedsspruch.

— — — — — — — — — — — — — — — — — —

6. Die A. B. Gesellschaft kann zum Zwecke ihres Verkehrs jeder Art mit ihren Maschinen, Last- und sonstigen Wagen jeder Art befahren und benützen die Bahnstrecken der aufgelösten Gesellschaft mit Einschluss aller Bahnhöfe, Verbindungen, Wasserstationen, Werkstätten und Einrichtungen, welche jetzt oder später damit verbunden sind, und soll zu den Konvenienzen und Privilegien berechtigt, und den Anordnungen und Verpflichtungen unterworfen sein, welche in Folgendem erwähnt sind, und zwar:

1. Die A. B. Gesellschaft soll (innerhalb der durch die verschiedenen darauf anwendbaren Acts vorgeschriebenen Maximalsätze) das Recht haben, die direkten Fracht- oder Fahrpreise zu bestimmen, zu welchen ein solcher Verkehr besorgt werden soll, für die ganze Strecke, auf der er besorgt werden soll, auf ihren eigenen Linien und jenen der aufgelösten Gesellschaft. Von den erwähnten direkten Fracht- und Fahrpreisen sind zuerst abzuziehen die Regierungssteuer für die Passagiere und die von Zeit zu Zeit durch die Anordnungen der Eisenbahn Clearing House festgestellten gebräuchlichen Nebengebühren, oder solche andere Nebengebühren, welche zwischen der genannten A. B. Gesellschaft und der aufgelösten Gesellschaft vereinbart worden sind, und solche Nebengebühren über Kohlen und Kalk, und andere vom Clearing House nicht regulirte Artikel, welche vereinbart sind, oder im Streitfalle durch Schiedsspruch, (welcher der oder den hierzu berechtigten Gesellschaften zukommt oder bezahlt werden soll), festgestellt werden, und der Theil der direkten Fahr- und Frachtpreise, welche anderen daran betheiligten Eisenbahngesellschaften gebühren sollte; und der Rest soll im Verhältniss zwischen der Gesellschaft und der A. B. Gesellschaft nach einem

gleichen Meilensatz vertheilt werden, in Uebereinstimmung mit den erwähnten Anordnungen für die ganze Distance, auf welche solcher Verkehr von der genannten A. B. Gesellschaft auf ihren eigenen Linien und jenen der aufgelösten Gesellschaft besorgt wird, oder in einem solchen anderen Verhältniss, welches zwischen ihnen vereinbart wird; und ausser dem der Gesellschaft zugehörigen Betrage des erwähnten Restes soll die genannte A. B. Gesellschaft auf Rechnung ihrer Betriebsauslagen in Bezug auf diesen Verkehr eine solche Percentualgebühr erhalten, welche zwischen den Gesellschaften vereinbart, oder mangels Vereinbarung durch einen Schiedsspruch festgestellt werden kann: immer mit dem Bedinge, dass eine solche Gebühr auf Rechnung der Betriebsauslagen auf Verlangen jeder der Gesellschaften von Zeit zu Zeit einer Revision unterworfen, und falls eine Vereinbarung über diese Revision nicht zu Stande kommt, dieselbe durch Schiedsspruch entschieden werden soll: mit dem Bedinge ferner, dass in der Austheilung des vorerwähnten Restes der Gesellschaft in keinem Falle für jede Meile der Entfernung, über welche solcher Verkehr auf ihrer Linie geht, eine geringere Summe als folgende erhalten soll, nämlich:

Passagiere auf gewöhnlichen und Expresszügen:
I. Klasse per Kopf . . . .
II. Klasse per Kopf . . . .
III. Klasse per Kopf . . . .
Passagiere von Vergnügungszügen, einfache Reise:
I. Klasse per Kopf . . . . .
In bedeckten Wagen per Kopf . . . .
Passagiere mit Touristenkarten, einfache Reise:
I. Klasse per Kopf . . . .
II. Klasse per Kopf . . . .
III. Klasse per Kopf . . . .
Stückgut per Stück . . . .
Fische per Tonne . . . .
Pferde, wenn nur eines . . . .
ditto, wenn zwei . . . .
ditto, wenn drei . . . .
Wagen per Stück . . . .
Hunde per Stück . . . .
Handelsgüter, Durchschnittssatz per Tonne . . . .
Mineralien, Durchschnittssatz per Tonne . . . .
Vieh per Waggon . . . .

Alles dem früher erwähnten Abzuge auf Rechnung der Betriebsauslagen unterworfen; auch mit dem Bedinge, dass nach Ablauf von fünf Jahren vom Beginne der Wirksamkeit dieses Gesetzes und nach Ablauf jeder folgenden Periode von 5 Jahren jede der Gesellschaften berechtigt sein soll, einen Schiedsspruch zu verlangen darüber, ob eine solche Veränderung in den Betriebskosten oder in den für das Publikum festgesetzten Gebühren Platz gegriffen hat, dass eine Aenderung in dem der Gesellschaft zu zahlenden Minimalmeilensatz gerechtfertigt wäre, und was immer für eine Veränderung durch einen solchen Schiedsspruch bestimmt wird, soll fortan wirksam bleiben, bis ein neuer Schiedsspruch verlangt wird;

2. ferner wird bedungen, wo immer zwei oder mehr Eisenbahnrouten

zwischen Plätzen in oder ausser dem Netze der aufgelösten Gesellschaft und Plätzen in oder ausser dem Netze der A. B. Gesellschaft existiren und die Route über das A. B. Netz führt, soll die A. B. Gesellschaft berechtigt sein, so niedrige Fracht- und Fahrpreise einzuheben, als die Gesellschaft zwischen denselben Plätzen auf einer oder mehreren anderen Routen bestimmt oder zu bestimmen gestattet, und im Falle die Gesellschaft aus irgend einer Ursache lokal niedrigere Fahr- oder Frachtpreise einhebt, so dass eine Umkartirung des direkten Verkehrs herbeigeführt wird, dann soll die A. B. Company das Recht haben die direkten Fracht- und Fahrpreise zu demselben Betrage festzustellen, wie die Summe der zwei oder mehreren lokalen Fracht- und Fahrpreise; die Berechnung und Vertheilung dieses direkten Fracht- und Fahrpreises für jene Gesellschaft soll in diesem Falle der beziehungsweise von jeder Gesellschaft festgestellte lokale Fracht- und Fahrpreis sein, jedoch immer unterworfen dem früher erwähnten Abzuge auf Rechnung der Betriebsauslagen;

3. der Gebrauch von Maschinen, Personen- und Lastwagen, welche von Zeit zu Zeit auf den Linien der A. B. Gesellschaft verwendet werden, mit ihrem ihre Züge begleitenden Dienstpersonal auf den und über die Linien, welche so befahren und benützt werden;

4. der gebührenfreie Gebrauch genügender Maschinenschuppen, Remisen, Heizhäuser, Wasser-, Gas- und anderer Einrichtungen, welche von der Gesellschaft auf ihren eigenen Linien in solcher Ausdehnung hergestellt werden sollen, als von Zeit zu Zeit durch Uebereinkommen oder Schiedsspruch festgesetzt wird;

5. die gemeinsame oder abgesonderte gebührenfreie Benützung der gegenwärtigen oder künftigen Bureaux, Magazine, Bahnhöfe, Wechsel und anderen Vorrichtungen an den verschiedenen Stationen, Perrons, Halte-, Ein- und Ausladeplätzen, Weichen und Verbindungen der so befahrenen Linien einschliesslich, soweit die Gesellschaft berechtigt ist, aller Bahnhöfe, welche der Gesellschaft gemeinsam mit einer anderen Gesellschaft gehören und aller damit verbundenen Einrichtungen; die Ausdehnung dieser Benützung, sowie die Natur und Ausdehnung der Anordnungen und Vorkehrungen für den Betrieb des Verkehrs an den betreffenden Plätzen soll, wenn eine Vereinbarung nicht zu Stande kommt, durch Schiedsspruch bestimmt werden;

6. immer ist bedungen, dass, wenn die A. B. Gesellschaft zum Zwecke ihres Verkehrs von der Gesellschaft verlangt, dass sie einen ihrer bestehenden Bahnhöfe und die für den Betrieb des Verkehrs damit verbundenen Einrichtungen und Vorkehrungen erweitern oder verändern soll, die Art und Ausdehnung solcher Erweiterung und Veränderung und der Vorkehrungen, welche der A. B. Gesellschaft in Verbindung damit gewährt werden sollen, und die Termine und Bedingungen, zu welchen sie gewährt werden sollen, sollen, wenn eine Vereinbarung nicht zu Stande kommt, durch Schiedsspruch festgesetzt werden, und wenn die A. B. Company wünscht, für sich auf eigene Kosten Stationsgebäude, Maschinenschuppen, Remisen, Perrons und irgend welche andere für den Bahnbetrieb nothwendige oder damit zusammenhängende Arbeiten und Einrichtungen an irgend einem Platz in dem Netze der aufgelösten Gesellschaft herzustellen, soll die Gesellschaft jede Erleichterung für die Herstellung und Benützung einer Verbindung zwischen ihrer Bahn und solchem abgesonderten Stations- oder anderem Gebäude gewähren, und jeder Streit zwischen den Gesellschaften,

betreffs der Durchführung dieser Vorschrift soll durch Schiedsspruch entschieden werden;

7. die A. B. Gesellschaft soll in Beziehung auf Passagiere, Stückgut und anderen Güterverkehr, soweit solcher Verkehr von den Reglements des Eisenbahn Clearing House bestimmt ist, dürfen und kann auf ihre eigenen Kosten ihre eigenen Inspektoren und Buchführer an jeder gegenwärtigen oder zukünftigen Passagierstation in dem Netze der aufgelösten Gesellschaft verwenden, und die Gesellschaft soll kostenfrei für die A. B. Gesellschaft für jede entsprechende Unterkunft für solche Inspektoren und Beamte an dieser Station oder diesen Stationen versorgen; immer unter der Bedingung, dass solche Inspektoren und Beamte kein Recht der Einmischung in die Betriebsvorkehrungen auf solchen Stationen haben und den jeweils diesbezüglich in Kraft stehenden Anordnungen unterworfen sein sollen, indem solche Anordnungen immer gleichzeitig und in Uebereinstimmung mit der Absicht und dem Gegenstande der durch dieses Gesetz der A. B. Gesellschaft ertheilten Rechte und Erleichterungen sind: auch unter der Bedingung, dass in allen Fällen, wo die A. B. Gesellschaft nicht ihre eigenen Beamten und Diener auf der Station oder den Stationen der Gesellschaft verwendet, die Gesellschaft kostenfrei für die A. B. Gesellschaft, für das nöthige Personal, für Buchung, Beaufsichtigung, Empfangnahme, Manipulationen und Beförderung solchen Verkehrs so wirksam, als ob es ihr eigener Verkehr wäre, versorgen soll;

8. ferner wird bedungen, dass, wenn die Sammlung und Ablieferung im Stückgutverkehr an jeder Station der Gesellschaft von der genannten A. B. Gesellschaft unternommen werden soll, die nach den Anordnungen des Eisenbahn Clearing House für die Sammlung und Ablieferung im Stückgutverkehr anwendbaren Nebengebühren dieser Gesellschaft gehören und bezahlt werden sollen;

9. der A. B. Gesellschaft soll in Bezug auf Güter-, Mineralien- und Viehverkehr frei stehen, auf eigene Kosten an den gegenwärtigen oder zukünftigen Güter- und Mineralienstationen in dem Netze der aufgelösten Gesellschaft soviel Diener, Beamte, Agenten, und Zufuhrspersonale anzustellen, als ihr passend dünkt, zum Zweck der Manipulation, Fakturirung, Sammlung, Ablieferung und Zufuhr der Güter, und der Aufstellung und Zusammenstellung des Hauptbuches und der darauf bezüglichen Rechnungen, und zu diesem Zwecke kann sie betreten und benützen alle jene Stationen, ist jedoch den jeweils hierüber in Kraft stehenden Reglements der Gesellschaft unterworfen, sofern solche Reglements verträglich und in Uebereinstimmung sind mit dem Zwecke und den Objekten der durch dieses Gesetz der genannten A. B. Gesellschaft zuerkannten Rechte und Erleichterungen, und die Gesellschaft soll kostenfrei für die A. B Gesellschaft alle passende Einrichtungen für solche Diener, Beamten oder Agenten zur Verfügung halten; und, wenn der für solchen Verkehr eingehobene Frachtsatz Fuhrlohn einschliesst, soll für die von der genannten A. B. Gesellschaft besorgte Zufuhr dieser Gesellschaft ein den wirklichen Kosten per Tonne der von der Gesellschaft oder ihren Agenten besorgten Zufuhr an einer solchen Station oder solchen Stationen gleiche Tonnengebühr bezahlt werden mit . . . . für jede hinzukommende Tonne für alle Stationen ausserhalb London . . . . und für jede hinzukommende Tonne für Stationen in London; und im Verkehr von Station zu Station eine Gebühr von . . . . per Tonne für alle

Stationen ausserhalb London und von . . . . per Tonne an Stationen in London; und im Falle die Einrichtung getroffen wäre, dass die Gesellschaft für die genannte A. B. Gesellschaft an den Stationen der Gesellschaft fakturiren, und die Rechnungen mit Ausnahme der Trägerrechnungen aufnehmen und zusammenstellen soll, dann soll die Gebühr für diese Gesellschaft für den von ihr zugeführten Verkehr eine den wirklichen Kosten der Zufuhr per Tonne der Gesellschaft oder ihrer Agenten auf einer solchen Station oder solchen Stationen gleichkommende Summe sein mit . . . . für jede hinzukommende Tonne für alle Stationen ausserhalb London und . . . . per hinzukommende Tonne für Stationen in London; aber im Verkehr von Station zu Station soll von der Gesellschaft der genannten A. B. Gesellschaft keine Vergütung gezahlt werden: immer unter der Bedingung, dass im Falle einer Differenz zwischen den Gesellschaften mit Bezug auf die wirklichen Zufuhrskosten per Tonne dieselbe durch einen Schiedsspruch entschieden werden soll, und dass die genannten verschiedenen Vergütungen auf Verlangen einer der Gesellschaften nach Ablauf von 5 Jahren vom Beginne der Giltigkeit dieses Gesetzes und nach Ablauf jeder weiteren Periode von 5 Jahren einer Revision unterworfen und, wenn eine Vereinbarung mit Bezug auf diese Revision nicht zu Stande kommt, die Vergütungsbeträge durch Schiedsspruch festgestellt werden sollen; ferner unter der Bedingung, dass, wo die genannte A. B. Gesellschaft ihre eigenen Beamten und Diener auf der Station oder den Stationen der Gesellschaft nicht verwendet, die Gesellschaft das nöthige Personal für Fakturirung, Ueberwachung, Empfangnahme, Manipulation und Beförderung solchen Verkehrs mit gleicher Sorgfalt, als wenn es ihr eigener Verkehr wäre, beistellen, und in diesem Falle nicht verpflichtet sein soll, der genannten A. B. Gesellschaft irgend eine Vergütung über die wirklichen Zufuhrskosten zu geben, wo diese Zufuhr an der A. B. Gesellschaft besorgt wird;

10. die Ankunfts- und Abfahrtsstunden der Züge, welche von der genannten A. B. Gesellschaft in Ausübung der ihr hierdurch zuerkannten Rechte abgelassen werden, sollen von ihr bestimmt werden, aber im Falle einer Einwendung seitens der Gesellschaft soll die Streitfrage durch Schiedsspruch entschieden werden;

11. was den Lokalverkehr der Gesellschaft betrifft, so soll derselbe von der genannten A. B. Gesellschaft nur in ihren direkten Zügen besorgt werden, und die Gesellschaft soll berechtigt sein zu erhalten, und soll erhalten . . . . . . per cent, oder einen solchen anderen Procentantheil, als von Zeit zu Zeit vereinbart wird von jenen Fracht- und Fahrpreisen, welche von der Gesellschaft für ähnlichen Verkehr zwischen denselben Plätzen eingehoben werden, nach Abzug von solchen Nebengebühren für die Gesellschaft in Bezug auf Waaren, Stückgüter oder anderen Verkehr, wie sie von Zeit zu Zeit vereinbart oder bei Mangel einer Vereinbarung durch Schiedsspruch festgesetzt werden;

12. die genannte A. B. Gesellschaft soll in der Benutzung der Linien der Gesellschaft den jeweils geltenden Specialgesetzen und Reglements der Gesellschaft unterworfen sein.

Berichtigungen.

Seite	118	Zeile	10	von	oben	lies	Humber	statt	Humbre.
-	118	-	23	-	unten	-	Huddersfield	-	Hattersfield.
-	128	-	1	-	oben	-	Karren	-	Karten.

Buchdruckerei von Gustav Schade (Otto Francke) in Berlin.